·马克思主义研究文库·

理论心理学问题研究

基于马克思主义的理论视角

霍涌泉　王　静丨著

光明日报出版社

图书在版编目（CIP）数据

理论心理学问题研究：基于马克思主义的理论视角 /
霍涌泉，王静著 . -- 北京：光明日报出版社，2024. 8.

ISBN 978-7-5194-8152-0

Ⅰ. B84

中国国家版本馆 CIP 数据核字第 2024HF6839 号

理论心理学问题研究：基于马克思主义的理论视角
LILUN XINLIXUE WENTI YANJIU：JIYU MAKESI ZHUYI DE LILUN SHIJIAO

著　者：霍涌泉　王　静		
责任编辑：杜春荣	责任校对：房　蓉　温美静	
封面设计：中联华文	责任印制：曹　净	

出版发行：光明日报出版社

地　　址：北京市西城区永安路 106 号，100050

电　　话：010-63169890（咨询），010-63131930（邮购）

传　　真：010-63131930

网　　址：http://book.gmw.cn

E - mail：gmrbcbs@gmw.cn

法律顾问：北京市兰台律师事务所龚柳方律师

印　　刷：三河市华东印刷有限公司

装　　订：三河市华东印刷有限公司

本书如有破损、缺页、装订错误，请与本社联系调换，电话：010-63131930

开　　本：170mm × 240mm		
字　　数：317 千字	印　　张：19. 5	
版　　次：2025 年 1 月第 1 版	印　　次：2025 年 1 月第 1 次印刷	
书　　号：ISBN 978-7-5194-8152-0		
定　　价：98. 00 元		

序　言

"马克思主义与理论心理学问题"系霍涌泉等同志完成的新作。本书以国外马克思主义心理学发展的新取向为切入点，以现代心理学的前沿性热点与新思潮问题为主线，紧密结合当前心理学研究的热点议题，如现代心理学的新面貌、理论心理学、认知心理学、人本主义心理学、积极心理学、国际化与全球化等问题，开展比较系统且深入的专题化研究与客观评述。同时对辩证唯物主义与心理学的研究方法，如实证性、批判性、关怀性等进行分析探讨。近30年来，国内心理学的西化问题比较突出，老一辈学者开创的辩证唯物主义指导心理学研究的优良学术传统逐渐成为历史，不少人甚至感到这种研究是一件"奇怪"的事情。研究马克思主义与心理学理论的当代形态建构问题，具有重要的学术价值与现实针对性。

这一新著在研究学习国内外相关文献成果的基础上，坚持"马学为体，西学为用，一导多元，综合创新"的研究原则，以当前心理学研究的主要时代潮流主题为探讨重点，探讨马克思主义与心理学理论的当代形态建构融合问题，具有一定的学术创新力度。立足辩证唯物主义的立场分析探讨当代心理学的重要理论问题，在两条研究主线上进行了探索努力：一条是根据经典文献和新马克思主义取向考察马克思主义对心理学重要基本问题的论述和思想；另一条主线是在对当代心理学热点问题与马克思主义的异同比较中，凸显马克思主义理论在心理学研究中的价值作用，扩展马克思主义心理学理论本身的研究视域。这对以马克思主义为指导推进心理学科的建设与发展，发掘马克思主义对当代心理学理论建设的理论资源，为积极推进中国特色的心理科学理论知识谱系开展一些具有内生性的学术发展线索的研究工作具有重要意义。

　　首先是总体性与专题性相结合。本研究的一个重要特点是对马克思主义心理学问题进行了比较系统的总体性研究和专题化探讨。从总体性研究而言，首先就当前国内外马克思主义心理学研究的新进展、新成就和新特点进行了深度的概括。对当前心理学研究的新热点和新发展走向、变化加以分析探讨，从理论心理学的视角范式总结马克思主义心理学研究的价值地位。提出马克思主义心理学新发展取向是当前西方理论心理学研究的一支重要力量，能为心理学的理论创新带来新的思想资源。这样的阐述论证，有利于从整体上认识和把握马克思主义心理学研究的基本特征与重点论域。就专题化研究而言，本项目从本体论、认识反映论、需要动力论、认知心理学、人本主义心理学、后现代主义、社会建构论、积极心理学、马克思主义心理学传统研究学术成就等热点问题，开展了比较系统深入的探讨，进一步分析认识当前心理学发展的前沿问题与马克思主义的异同，揭示辩证唯物主义在当代心理学研究的价值，尝试通过阐释性研究与批判性研究、解释性与建构性研究相结合的理论视角，考察当今国内外心理学前沿热点研究所取得的新成就，评析这些新进展的学术意义及有待于进一步探讨的问题。

　　其次是学术性与事实性相结合。对文献史料性、研究事实性、信息丰富性的发掘是本项目追求的一个重要目标。在文献史料方面，本成果的附录部分梳理了西方马克思主义心理学研究大事记，涉及对西方以及苏联、日本和我国理论心理学研究发展进程的考述，特别是对传统马克思主义心理学研究成就的整理，这便是试图实现这种研究目标的积极努力。在学术性方面，本项目对一些重要问题的发掘探讨比较深入，特别是在研究方法上试图努力实现马克思所说的"在科学上正确的方法由两条道路组成：在第一条道路上，完整的表象蒸发为抽象的规定；在第二条道路上，抽象的规定在思维的行程中导致具体的再现"[①]。突出文献资料性、学术思想性、研究信息事实集成性、观点创新性，力求从中展现当代马克思主义心理学研究的新面貌、新研究形态，将马克思主义的心理学思想资源与当代科学视野相结合，进一步重新认识马克思主义的心理学意义价值，丰富马克思主义心理学当代研究的新论域、

————————

① 中共中央马克思恩格斯列宁斯大林著作编译局.马克思恩格斯选集：第2卷［M］.北京：人民出版社，1995：18.

新内容、新形态。

最后是思想深度评述性与集成研究创新性相结合，在守正创新中推进马克思主义与心理学的积极融合，力图坚守延续与开拓创新相结合。兼容及对接马克思主义在当代中国的新发展，需要继承与弘扬老一辈学者开创的辩证唯物主义心理学研究的优良传统，不断创新推进我国心理学理论研究的深度和广度。我国素有重视辩证唯物主义指导心理学研究的优良学术传统。以郭一岑、潘菽、高觉敷、曹日昌、朱智贤、刘泽如、车文博、陈大柔、林方、王丕等先生为代表的杰出学者在马克思主义心理学领域取得了许多重要成果。在继承的基础上，力争紧密结合国内外新的研究材料，体现出当前马克思主义心理学研究的新面貌、新局面。我们试图让马克思主义的大理论与心理学的中观、微观问题相沟通，积极融合辩证唯物主义心理学思想的科学内容，正确理解与评价西方心理学研究的新思潮、新主题和新热点，进一步深化马克思主义心理学中国化内容的科学性、真理性、人民性、问题导向性和实践针对性，进而凸显在这一领域研究上的创新精神。

在世界大变局的新时代形势下，马克思主义心理学再次进入人们的视野，这十分有助于拓展和深化马克思主义研究的视野和思路，进而带来关于理论心理学发展的新的认识理解和启迪线索。在理论范式上，中国特色心理学研究的创新问题主要有这样三种思想资源：一是以辩证唯物主义为科学范式的内核。不少国内外学者明确指出新的心理学理论形态可追溯到当代自然科学在人的科学研究进步中的作用，马克思开创性地提出的一系列心理学思想，能够为新时代理论心理学研究提供理论内核。二是以中国传统文化和现实探索与实践为基础，积极探索和总结当前及未来中国心理学理论创新的内涵、模式、突破点。三是以西方心理学的合理成分为科学养分。如何守正创新，开拓进取，积极推进心理学做出"更为基础性的贡献"，是体现中国马克思主义心理学理论研究特色创新的一项艰巨而复杂的战略任务。

具体地讲，马克思主义的科学观、本体论、认识论、动力论等思想论断为心理学的研究奠定了自上而下正确的宏观理论公理与前提方向。马克思主义是科学，是我们国家的立国之本，是当代中国建设社会主义先进文化之魂。马克思主义汇成了今天我们中国人的精神家园，成为建设中国特色的社会主义科学文化的理论思想资源。从心理学视域探讨国外马克思主义研究的当代发展，是积极推进马克思主义中国化、时代化和大众化的一条重要途径。在心理学研究的本体论方面，马克思主义倡导的科学思想、基本概念和功能分析方法，丰富并提高了心理学研究的内容与深度。马克思主义理论蕴含着丰富的自然科学精神和人文主义思想公理。当代心理学的理论研究首先要坚持马克思主义的自然科学与人文科学思想公理，在唯物主义本体论、认识论的辩证实践能动性和需要动力论领域为心理学的理论研究奠定坚实的基础。在科学观和人的本质观方面充分发掘马克思主义的思想资源，强调马克思主义的学说不仅成为哲学、社会科学、人文学科的学术准则中重要且被认可的组成部分，而且也成为自然科学研究学术准则的重要组成部分。在研究内容上，积极回应现实社会的重要现实问题并参与社会变革，才能丰富心理学理论领域的研究成果。在高阶心理认知和精神心理层面，需要重视对马克思主义关于人的本质性、真理性、人民性与人的全面自由发展的理想境界的探讨和发掘。马克思主义对人类未来理想的积极憧憬，对现实社会的双重批判，对人类前景的关怀，给人们留下了深刻的印象。当前马克思主义心理学研究者注意到需要运用马克思主义本身的要求批判地吸收现代心理学的成果。马克思主义与当代心理学并不能互相代替，二者应该是相辅相成、相互促进的。由于心理科学的自然科学与人文社会科学兼容的特殊性，人的心理现象的超越性决定了心理学不应该仅采取自然科学的研究范式。在低阶认知心理层面，现代科学心理学研究尽管有了很大的进步，但也无法完全揭示全部问题。无疑在高阶认知的研究层面，马克思主义开创的"自上而下"的宏大的科学性、真理性、批判性、建设性、关怀性研究方法论，在心理学的理论性研究中可以发挥更大的价值引领作用。

当代心理学的新发展可以丰富及扩充马克思主义研究的新内容和新形态。心理学研究可以从"自下而上"的理论模型和技术方法层面扩展和深化马克思主义的宏观内容。当前自然科学和人文社会科学进入了一个"理论科学"新发展的重要趋势。近年来新崛起的"理论心理学"虽然尚未定型，但心理学作为一门还不完全成熟的科学，目前已将马克思主义列入了理论心理学的研究范畴。近20年来，西方心理学中马克思主义取向的新发展，也表明了马克思主义取向研究是当前理论心理学研究的一支重要力量。这些研究为心理学的理论建构带来了新的经验和思想资源。理论心理学是心理学的学科体系中一个不可或缺的重要组成部分。美国理论心理学研究的代表人士穆扎弗·谢里夫（MUZAFER Sherif）曾提出，心理学理论包括三个层次：一是宏观层次；二是中观层次；三是微观层次。宏观层次的理论心理学，应该探讨作为整体的学科的同一性。中观层次的理论心理学应探讨心理学作为一门整体性学科的全局性问题。微观层次的理论应该阐明基本概念、研究方案、应用措施等背后隐藏的关于世界和人的基本假设，为具体研究提供理论咨询和参谋。马克思主义取向心理学的研究表明，不论在宏观、中观还是微观层面，马克思主义都会对心理学的研究产生重要的影响并起到启迪作用。从总体性研究而言，马克思主义心理学研究需要从"学科问题"与"时代现实问题"两条主线索加以继承和创新。在学科问题上，紧密结合马克思主义关于心理问题的经典论述与当代心理学发展的新热点取向，建构"理论心理学的马克思主义分支"，或者逐步形成"马克思主义理论心理学研究"。就时代现实问题而论，坚持问题导向与学科导向相结合，面向国际前沿和重大现实需要、确立以人民心理学为主体中心的中介理论具体研究成果，发挥"以小拨大"的研究优势，为积极推进马克思主义心理学中国化提供实证依据和学理支持。

面向现实关怀，在守正创新中积极推进马克思主义心理学研究的新高度。面向现实关怀的心理学是马克思主义心理学理论与实践研究的内核。马克思主义心理学研究的一个突出特点就是对现实社会的热切关怀和强烈参与社会变革的精神。这种精神为心理学的未来发展开辟了一条广阔的道路。我们需要回归马克思主义的经典文献，对马克思主义的心理学思想进行新的阐释，从马克思主义的人学观点和人的科学观点出发，坚持"多元一体"的方法论立场，加强和丰富科学向度的心理学研究内容，把握正确方向，引领并再造好科学心理学的顶层理论设计内容。就时代现实问题而言，根据国内外相关研究确立一系列重大及重要理论和实践需要问题。马克思主义的批判性、关怀性思想无疑要求我们确立人的心理活动的自然性与社会性相适应的规律，即"以生命为本"和"以人为本"的精神。探讨马克思主义心理学研究的当代论域问题，需要与时俱进，及时充实、调整发展重心。以专业化、标准化来引领心理学的学科方向，进一步提高心理学服务于社会的专业化水平，从数量增长走向内涵式发展的道路，通过坚持标准化引领心理学的发展。通过积极推进心理学的"理论＋应用"模式，提升应用性研究的学术水平。以新科技、新人文和"人民心理学"来引领心理学的未来发展。以真正实现在延续传统、开拓创新中积极推进马克思主义心理学研究的新水平和新高度。

　　未来的研究值得注意的是：其一，持续推进围绕马克思主义经典论述对人类重要心理问题的深度研究，需要将马克思主义相关成果和当代心理学的区别和联系，如对能力、幸福、智力、情感等问题，进行深入的剖析和解构。其二，进一步关注国内外马克思主义研究的新动态，不断扩展和丰富马克思主义心理学的研究论域。我期望未来的马克思心理学研究，能够在传承老一辈学者优秀研究的基础上，逐渐整合优势学科力量，进一步开展学科建设的基础性工作，从而推进我国马克思主义心理学研究的良性发展。

叶浩生

中国心理学会前任副理事长、广州大学特聘教授

2023 年 7 月 19 于广州

目 录
CONTENTS

第一章 马克思主义与当代心理学的新发展

　　马克思主义是科学。心理学作为一门兼具自然科学与社会科学双重属性的学科是否需要马克思主义？马克思主义是否对现代心理学的发展并不重要呢？马克思主义是我们国家的立国之本，是当代中国建设社会主义先进文化之魂。从心理学视域探讨国外马克思主义研究的当代发展，是积极推进马克思主义中国化、时代化和大众化的一条重要途径。当前我国哲学社会科学界掀起了一场轰轰烈烈的马克思主义研究热潮，在哲学、经济学、社会学、教育学等领域取得了许多有代表性的学术成果，反映了我国马克思主义研究的新水平。不过，从心理学的视角研究国外马克思主义的当代发展问题还存在着比较明显的滞后及缺位状态。我国素有运用辩证唯物主义指导心理学研究的优良传统，而如何与时俱进、在新的时代条件下进一步推动马克思主义心理学的新发展，是我们亟须探讨的一个重要理论和现实问题。在当今，国外马克思主义心理学流派的兴盛，"蔚成了当代国外理论心理学研究运动中的一支重要代表性力量"[①]。积极开展对马克思主义心理学发展成就的探索性研究，具有相当迫切的学术需要与现实针对性。

---

① PARKER I.Critical Psychology and Revolutionary Marxism［J］.Theory & Psychology，2009，19（1）：71–92.

第一节　马克思主义对心理学的贡献

一、是否承认马克思主义对心理学的贡献

心理学是19世纪末新科学运动时期诞生的一门现代重要学科和法定学科之一。随着西方主流心理学的强势发展，近30年来，国内心理学界的马克思主义研究进入了低迷时期。老一辈学者开创的辩证唯物主义指导心理学研究的优良学术传统逐渐成为历史，年轻一代人大多回避马克思主义，造成有不少人感到探讨马克思主义心理学是一件"奇怪"的事情的反常现象。甚至一些人以为心理学的马克思主义研究是在"搞投机"。相形之下，西方心理学有关马克思主义取向的研究并没有中断，而且得到了某种程度的新发展。

20世纪末以来，世界范围内尤其是西方国家的马克思主义心理学取向研究悄然升温，除以往的精神分析马克思主义、人本心理学的马克思主义和辩证法心理学等思潮，还涌现出了实证主义心理学的马克思主义、女权主义心理学的马克思主义、批判心理学和生态心理学的马克思主义等新取向。这些新的流派取向不仅对经典马克思主义理论进行了新的诠释和论证，而且展现出了不少新的时代精神、文化特征和意识形态领域的转换轨迹。虽然在西方心理学中，马克思主义者常常也是遭受攻击的目标对象，但是正像英国心理学家帕克（Parker）所讲，"在现代西方社会科学的几乎所有领域中，马克思的思想和学说都占有特殊而重要的地位。马克思、福柯、德里达、拉康、詹姆逊可以作为激励人心的典范，因为这些学者可以对类似心理学知识这样强有力的思想形式达到一个批判的高度"[①]。但是，长期以来国内外有不少心理学者对运用马克思主义研究心理学能够取得成果持有怀疑态度，甚至否定马克

---

① PARKER I.Introduction：Marxism，Ideology，and Psychology［J］.Theory & Psychology，1999，9（3）：291-293.

思主义对心理学的贡献。这些怀疑和否定的态度集中表现出以下几种倾向：

一种是直接否认的论调。许多西方学者径直否定马克思对心理学的作用。有人提出，任何与心理学相关的马克思著作都存在一个问题，马克思本人是否赞成对于个体本性的一般理论。对研究马克思的学者来说，这一直是一个存在争议的问题。[①] 另一种是过时论的观点。由于苏联和我国曾经出现过以马克思主义取代心理学的倾向，一些人以为马克思主义心理学的研究已经过时。甚至有不少人对运用马克思主义研究心理学能够取得科学成果表示怀疑。人所共知，苏联是世界心理学研究强国之一，涌现出了像维果斯基（Vygotsky）、鲁宾斯坦（Рубинштейн）、鲁利亚（Luria）、列昂节夫（Leontyev）等世界级的心理学大家，但随着苏联的解体，马克思主义在俄国已经走上了"精神祭坛"的阶段，马克思主义心理学研究也随之终结。在我国，老一辈学者开创的辩证唯物主义心理学研究由于受到过教条主义和极左思潮的干扰，以致有些人为了克服"有马克思主义就不需要心理学"这种错误的取代论倾向，便主张中国心理学的发展尽量不要涉及敏感问题，需要"继续强化实证研究"，于是会自然出现回避马克思主义元素的国内心理学研究的主流倾向。

我们认为，以上这几种不承认马克思主义心理学研究取向的态度和做法是不正确的。根据法兰克福学派重要代表人物霍耐特（Honneth，1992）的承认理论学说，一种理论思想能否得到承认取决于三个原则：一是需要原则，二是平等正义原则，三是贡献原则。从这三个原则来看，马克思主义的心理学思想无疑集中体现了这三项原则。马克思主义是心理学界不得不承认的科学资源。"只要世界上还存在不公平、不合理的现实，只要世界上还有人对公平、平等价值进行不懈追求，马克思主义就不会过时，马克思也永远不会被人遗忘。"[②]

美国著名的新马克思主义代表人士詹姆逊（Jameson）指出，虽然有人宣称1989年后随着苏联的解体，马克思主义已经死亡，但实际上马克思主义仍

---

① WOLFENSTEIN E V.Psychoanalytic-Marxism：Groundwork［M］.New York：Guilford Press，1993：37.

② 赵国友.审视马克思主义永不褪色的历史地位及当代价值：兼评"千年思想家"评选活动及西方各种社会主义思潮［J］.中共中央党校学报，2010，14（2）：33-37.

是唯一有能力描述当代资本主义的分析体系，因为它拥有比其他任何分析方法都好的认识矛盾的能力。我们不应把马克思主义看作一种哲学、意识形态或世界观，而应看作一种思维方式，其效率取决于解决问题的技巧。"加强西方马克思主义心理学取向的研究，是理解现实社会心理问题和探讨当代西方主流心理学发展的需要。西方马克思主义心理学新取向乃是西方学者试图从更广阔的视野以新的视角来解读和推进马克思主义心理学的一种努力，是一种现实感非常强烈的社会思潮，其核心是寻求心理学的理解方式和科学发展道路问题。这种理解方式不仅可以为我们认识西方主流心理学的发展提供新的思考线索，而且也可以为国内学者研究马克思主义心理学的新发展提供理论资源。"①需要指出的是，西方心理学流派对马克思主义经典理论或许可能有不少误解的地方，但是我们何尝没有一些误解和歪曲呢？因此，我们也不能忽视西方马克思主义心理学研究者们的积极努力。如一些新马克思主义者强调需要从实践的和实证的科学方面来理解马克思对科学、人的意义。英国马克思主义心理学的代表人物帕克尖锐指出，马克思主义是真正基于为大多数人利益服务的，是基于"穷人心理学"立场的公平正义的思想资源，而当代西方主流心理学则是为资本主义社会服务的"富人心理学"。马克思晚年的思想发展导致了他放弃"纯粹"的哲学，而试图寻找实践性的途径，这类似于当今的主流社会学和心理学的实证性基本探索方法。马克思的重要贡献在于揭示了心理与实践活动的关系，即一切理论或社会规律之所以被证明为真，往往并不是其具有普遍意义的真，而是因为人们认识到了之后通过实践使其为真。②也就是说，人的实践活动是首要的，现实与认知是次要的，心理活动的焦点在于人们"做什么"。心理学的理论不仅在于要反思生活实践，而且要创造生活实践。

从20世纪和21世纪之交开始，随着西方新马克思主义和社会主义研究运动的悄然升温，在西方心理学中又崛起了许多马克思主义的研究流派。除以往的精神分析马克思主义、人本心理学马克思主义和辩证法心理学等思潮，

---

① 霍涌泉，魏萍.试论西方马克思主义心理学取向的特点及成就［J］.心理学报，2011，43（12）：1468-1475.

② 陈学明，黄力之，吴新文.中国为什么还需要马克思主义［M］.天津：天津人民出版社，2013：14.

还涌现出了实证主义心理学的马克思主义、女权主义心理学的马克思主义、批判心理学的马克思主义和多元主义辩证法等新取向。马克思作为伟大的思想家，不仅在哲学、经济学和科学社会主义领域为人类做出了杰出贡献，在心理学领域也有着重要成就。[①] 无疑，积极总结西方马克思主义心理学的新进展、新成就，对于丰富国内辩证唯物主义心理学研究的学术传统，具有重要的理论参照意义和现实针对性。

二、马克思主义理论的科学性与心理学研究

当前，我国自然科学、哲学社会科学发展的主要学术研究发展目标是融入国际学科体系，打造中国特色的学科体系、学术体系、话语体系这"三大体系"，为世界做出中国人应有的贡献。这是我们改革开放40多年来科学研究、学术研究实现再次飞跃的中心任务内容之一。我们中国人究竟怎么样搞研究、做学问？在起步阶段，只有学习、引进一条路。向国外先进水平学习这是必须和必要的。然而，随着时间的延续、知识技术积累的进步，进入深层攻坚阶段之后，则需要重点解决创新问题。如果我们的研究方法、技术、范式、思想都是国外的，那么在科学研究的国际化发展中便只能处于补充性质的地位，不会受到别国的尊重。同时，在国内面临的重大社会现实需要问题上，也容易出现"失声、失语、失范"，导致脱离社会实践的窘境问题。而要把包括我们中国心理学在内的科学与理论研究推向新的层次和高度，仍然离不开坚持马克思主义的知识谱系。

一切重要的事业都是在继往开来中推进的。任何学术研究均需要遵循科学通道、科学规律、学术传统与学科知识谱系。"传道、授业、解惑"无疑是科学研究的基本任务。

科学研究是现代社会的根本发展通道。科学是包括心理学在内的一切学科研究的根本出发点和方法论工具。科学的本义是指分类的"知识""学问"。在英语、德语中的"科学"词义是有差别的，英语中"science"主要指"自然"的意思，在德语"wissenschaftlich"中则同时包含有"历史"的内容。中文"科

---

① PARKER I.Critical Psychology and Revolutionary Marxism［J］.Theory & Psychology，2009，19（1）：71-92.

学"一词是1893年康有为从日本福泽瑜吉的翻译中引进来的。

国内外学术界普遍认为，中国古代只有科学思想而没有科学技术知识体系。现代科学产生自西方，马克思主义也产生于西方。马克思主义是我们国家的立国之本，是我们国家的灵魂、信仰、精神支柱。马克思主义之所以能在中国落地、生根、开花、结果，我们中国人之所以对马克思感到如此亲切，主要是由于马克思主义与中国传统文化、革命与建设文化、改革开放文化心理存在着高度的契合性与亲和性。

（一）马克思主义自身的科学先进性

在人类思想文明史上，人性的觉悟、理性启蒙和自我发现经历了三次大的转折：第一次觉醒发生在公元前500年左右，即我国的春秋战国时代和欧洲的古希腊罗马时期；第二次人性的觉醒和思想启蒙运动，发生在公元1500年的文艺复兴时期至18世纪；第三次人性的觉醒和解放爆发于19世纪，特别是马克思主义、现代主义以及当代的后现代主义，成为人类灿烂思想的杰出代表。马克思主义理论的科学先进性集中反映在唯物主义的科学性、辩证性、能动性和实践性等诸多方面。

马克思主义理论的科学先进性首先体现在继承与创新上。科学研究的首要前提是处理好继承与创新的关系。没有继承就没有创新，只能是自我感言、自说自话。马克思主义理论继承吸收了人类有史以来的一切文明成果，在马克思主义的经典文献中既具有百科全书式的渊博知识思想魅力，又折射出专门性的深邃智慧光芒。即使是马克思的哲学理论，诚如有学者所言："我们找不到以往哲学那样由'纯粹'的哲学范畴所建构的巍峨体系，找不到以往用抽象的哲学话语表达的哲学文本，相反，我们看到的是马克思的哲学思想与政治经济学、人类学、政治学、历史学、文学以及自然科学等广泛而深层的互动和交汇。可以说，在与哲学社会科学各学科的批判性对话中锻造自己的思想武器，从自然科学的发展中汲取理论营养，构成马克思哲学重要的工作方式。""对自然科学前沿发展的密切关注和重视，贯穿马克思整个的理论生涯。"[①]与自然科学和近代哲学社会科学的结盟既是马克思主义的重要理论观

---

① 贺来.马克思哲学的理论探索对新文科建设的启示[N].光明日报,2021-02-22(15).

点，也是其理论探索过程的智慧结晶。马克思主义理论完全突破了学科体制所划定的学科之间的固定界限，抛弃了旧哲学思想试图成为凌驾于具体学科之上的绝对真理的幻觉，使人类思想在与社会文明丰富维度的互动沟通关系中，获得了广阔的学术和精神空间。这是人类思想观念史上的重大变革，也是理论工作和创造方式的重大变革。

马克思主义理论的科学先进性更体现在总体性和统一性上。在总体性和统一性方面，马克思主义理论为我们提供了世界知识框架。美国认知科学研究者杰克·拉德（Jack Rad）指出："世界的知识的典型形式是'框架'（formes）和'文本'（scripts）。知识表征的核心是'框架模式—文本内容'。"① 人类文化知识的关键是形成"框架—文本"，这两个概念都是与程式化情境有关的知识，其中框架更多涉及的是情境中与人无关的方面，而文本则与情境中社会的、时间的组织关系更为密切。这就典型地反映出了知识世界的"认知的总体结构"，理所当然地成为现代科学研究的目标。② 马克思主义科学经典理论正是给现代世界知识提供了系统而完整的"框架"与"文本"及"认知的总体结构"。

改革开放以来，我国学术界普遍认为，马克思主义哲学理论主要由辩证唯物主义、历史唯物主义和实践唯物主义三部分组成。③ 马克思主义创始人是坚定的唯物主义、理性主义和实证主义者，克服了神秘主义、唯心主义与庸俗唯物主义的各种片面性。马克思主义从世界物质第一性的统一性原理出发，坚持物质第一性、意识第二性即物质存在决定论的原则，科学地指出了人的心理、意识和精神不管看起来多么超感觉，其总是物质的、肉体的器官即人脑的产物。物质不是意识的产物，而意识却是物质的最高产物。"在本质上讲，心理是高度组织起来的物质即人脑的机能和属性，是社会的人对客观存在的高级反映形式。从内容上来说，人的心理和意识是客观存在的主观映象。"④ 辩

---

① 叶浩生，等 . 具身认知：原理与应用［M］. 北京：商务印书馆，2020：28.

② 刘晓力，等 . 认知科学对当代哲学的挑战［M］. 北京：科学出版社，2020：273.

③ 单传友 . 中国马克思主义哲学话语体系的百年探索［J］. 华中科技大学学报（社会科学版），2021，35（2）：1–9.

④ 李世棣 . 试谈马克思主义经典作家的意识观点［J］. 心理学探新，1982（2）：12–15.

证唯物主义首先在肯定物质决定心理意识的前提下，突出人的心理意识对物质的能动性作用。科学地把物质的决定性和心理的能动性统一起来，彻底解决了物质和心理的相互关系问题，使得人类真正地理解了人的心理的能动作用及其实现的途径。马克思主义理论克服了传统科学观中关于物质范畴理解的局限性，建立了新的物质科学观。其既与自然科学的基本成就相一致，又是能证明人类精神及其价值的实在性的物质科学观。人的心理活动依赖于生物性的物质活动，具有生理机能和心理机能的双重角色。生物因素是脆弱的，而人的心理活动潜能因素则是异常强大的。进入21世纪以来，坚持唯物主义的一元论、反对精神论和二元论是当前世界各门学科研究发展的共同趋势，更是马克思主义的科学价值所在。也正像塞尔所讲："所有当代的唯物主义形式都具有共同的目标，就是力图把一般的精神现象，特别是通常所理解的意识，归结为某种形式的物理的或物质的东西。"①

马克思主义理论的科学先进性还体现在辩证性与实践性上。辩证性和实践性是马克思主义理论的又一精髓所在。因为凡是科学都必须建立在辩证性和实践性的理论基础之上。只有体现出实践性与辩证性兼而有之的科学，才是人类真正需要的科学。"科学的发展归因于两种看似矛盾对立的态度的张力。"②在这方面，马克思主义创始人不仅继承了以往重视实践性与实证性的合理优势，同时也注重辩证地看待和处理客观世界的运动关系问题，坚持在事物运动、变化、发展的过程中考察、研究客观规律。无疑这种重视实践性与辩证性相统一的理论视界，可以为现代心理科学的健康发展更加夯实完善理论基础。坚持唯物辩证法和以人的"活动—实践"为中介的能动反映论原则，对于现代心理学研究具有特别重要的理论与实践意义。辩证唯物主义的能动性科学观强调实践活动在主客体相互转化过程中起着极其重要的中介桥梁作用。实践第一的辩证唯物主义原理在心理学中同样具有普遍性意义。"人的心理、认识、意识是实践性的反映，实践活动是人的心理、认识、意识产生和

---

① SEARLE J.Minds, Brain and Science [M].Cambridge: Harvard University Press, 1984: 43-44.

② 韩庆祥.马克思人学思想研究 [M].郑州: 河南人民出版社, 1996: 126.

发展的基础和源泉。"① 因为客观外界的物理刺激并不能直接产生人的心理和意识，人的心理和意识的产生，必须通过主体的活动及实践。在"刺激—反映"的过程中，必然存在着一个自主的、操作性的、活生生的人。人并不是机器，甚至动物也不是机器。人的心理活动以及人的实践行动活动，是产生和提升一切意识和心理的不可缺少的中介环节。许多心理问题需要通过实践来解决。这就要求心理学研究必须在继续坚持以物质为本原、以身体为基本的前提下，给予精神、心理以应有的地位。同时承认精神心理现象的不可还原性。实践活动是检验心理、意识正确与否的客观标准，而心理与意识又调节、制约实践活动的进行。实践活动对心理学的理论研究可能还将推动科学方法的扩展和创新。

就当前文化心理学的新视域而言，著名学者布鲁纳（Brunner）曾提出，目前心理学需要"物质—生命—心理—文化"这样的知识谱系维度，以促进与人文科学、社会科学这些解释性兄弟学科的联系。通过"生物性的限制—文化建构—置身于实践"这样的三维模型理论，才能充分反映文化智力研究的内在魅力。按照布鲁纳的观点，人类智力首先具有生物性。人类的肌体是生物性的物质载体，是一个生理过程与心理过程相互联系、相互作用，并与外界环境（包括社会）进行物质、能量和信息交换的整体。生物性对人类的智力具有限制作用，并与心灵的文化属性相关联，延伸出了文化神经科学等新兴学科。研究社会文化和神经生物学过程之间的相互关系，对于了解人性本质而言是必不可少的。这对于心灵与文化研究有很大的启示意义。当前认知心理学新出现的认知生成理论学说，"更是将认知与行动生成智慧统一了起来的思想，有力地佐证了辩证唯物主义的物质科学观与实践能动论的科学合理性"②。

马克思和恩格斯虽然没有写过专门的心理学著作，但并不意味着他们的理论不关心人的心理、精神问题。科学心理学1879年诞生时，马克思61岁，正是其思想理论成熟的年龄阶段。现有的史料上没有发现记载他与冯特等心理学者有过交往的记录。然而，马克思在年轻时代就对心理学很关注，马克

---

① 车文博.人类心理学思想史上的伟大变革：学习马克思心理学思想札记［J］.心理学探新，1983（1）：4-11.

② 叶浩生，曾红，杨文登.生成认知：理论基础与实践走向［J］.心理学报，2019，51（11）：1270-1280.

思的哲学思想中贯穿着先进的心理学思想。研究表明，马克思主义创始人的《1844年经济学哲学手稿》《德意志意识形态》《神圣家族》这三本著作集中反映出了心理学思想。恩格斯的《自然辩证法》更是凝结着丰富的心理学科学光辉。马克思在《1844年经济学哲学手稿》中明确指出："工业的历史和工业的已经产生的对象性的存在，是一本打开了的关于人的本质力量的书，是感性地摆在我们面前的心理学。"如果只是从外表的效用方面来理解这部心理学，如果从人的广泛而丰富的活动中"只知道那种可以用'需要''一般需要'的话来表达的东西"，那么人们就不能理解"这种高傲地撇开人的劳动的这一巨大部分而不感觉自身不足的科学"，"这种心理学就不能成为内容确实丰富的和真正的科学"。①

当然，马克思主义理论并不可能终结真理。马克思主义在宏观理论领域奠定的科学大前提、大道路和大格局是正确的，而在中介理论、微观理论上我们也不能超越历史条件苛求马克思。马克思去世以后100多年来在西方涌现出各种新思潮，无论是现象学哲学、存在主义和人本主义，还是认知科学、后现代主义以及建构主义，均无法超越马克思主义，依然无法达到马克思主义理论的境界、深度与高度。

（二）马克思主义与中国传统文化的兼容性

马克思主义自近代传入中国以来，在中华大地上显示了磅礴、旺盛的生命力。马克思主义对我国传统文化具有一定的兼容性。马克思主义科学理论蕴含的一些基本元素，如唯物辩证的哲学方法、实用理性的思维方式、群体本位的价值取向、追求平等公正的大同理想、注重整体性和天下观等，均具有与中国传统文化相通的某种精神气质。

传统文化是现代人心理形成发展的根基，是如今人的心灵加油站。当代中国科学研究要走向世界，迈向国际化，就难以脱离传统文化。在我们中国，这个世界上唯一保存文明的古国，特别是以汉唐盛世、近代落后又当代复兴而自豪的国家，我们世世代代的中国人常常能够使先人们过去的辉煌经历成为自己的记忆，并作为激励现实生活的一股强大的驱动力。

---

① 朱永新．马克思主义与心理学［J］．苏州大学学报，1983（1）：89-95，102.

最近何中华在《马克思与孔夫子》一书中写道："马克思主义同儒学之间无疑存在着不容忽视的时代性距离和矛盾。从文化的时代性维度看儒学代表的是传统社会的意识形态，属于'旧学'；马克思主义则是现代社会的革命学说，属于'新学'。"① 但两者之间又存在着极大的"亲和性"。

也有学者强调指出："马克思主义与中国传统文化之间的共性并不在于概念、范畴的相同，而在于文化精神的相通。文化精神是一个民族文化的本质，虽然不同民族文化之间在概念、命题、内容上存在差异，在文化精神上也不完全相同，但存在着文化精神相通的可能性，只有在文化精神上相通的两种文化之间才有融合并超越传统的可能。文化精神上的相通是马克思主义中国化的联结点或纽带。马克思主义中国化之所以能够实现，除了马克思主义特有的功能与近代中国社会的需要之间有着密切的关系，还因为马克思主义与中国传统文化之间在精神上是相通的。"②

马克思的共产主义理想虽然并没有产生于东方，但却反映了东西方人类文明的共同意识和追求。西方古代的《理想国》，文艺复兴时期的乌托邦空想社会主义，无产阶级的集体互助精神，等等，汇成了马克思主义先进学理论的重要思想资源。我国传统文化中推崇的"天下为公""大同""小康社会"，竭力倡导的家国同心、天下情怀、集体主义风尚，与马克思主义的共产主义理想、人类解放事业、社会主义建设思想具有一定的暗合性。中国自古以来便有"大同社会"的宏大思想（《礼记·礼运篇》）。"大同"世界是中华民族的理想，其核心是实现全人类的和谐、平等互利、天下为公的太平世界。正如中国革命的先行者孙中山先生所讲："将来世界上总有和平之望，总有大同之一日，此吾人无穷之希望，最伟大之思想。"③

马克思生活的年代（1818—1883），正是中国人民处在帝国主义和封建主义双重欺压的黑暗时期。马克思不仅关心欧美工人阶级的命运，而且对处于深重灾难的中国人民十分关切。他对东方文化十分关注，对中国人民的同情、关怀，更容易引起近现代中国人的共情。研究资料表明，马克思虽然并不懂

---

① 何中华 . 马克思与孔夫子 [M] . 北京：中国人民大学出版社，2021：32.

② 罗本琦 . 传统文化与马克思主义中国化 [M] . 芜湖：安徽师范大学出版社，2018：16.

③ 孙中山 . 孙中山全集：第三卷 [M] . 北京：中华书局，1984：25.

中文，但却毕生关注东方和中国。马克思"一方面广泛阅读欧洲各国学者关于中国历史文化的论著；另一方面，从议会通报、政府文件、军事要闻、媒体报道，以及来华的商界人士、外交官员、旅行家和传教士发表的记叙文章中，一点一滴地了解中国的历史文化和最新情况。鸦片战争以后，积贫积弱的中国很难再自立于世界民族之林。而中国变革和新生的希望蕴藏在民众保卫祖国、振兴祖国的斗争激情和顽强意志之中。马克思坚信，在这个世界上，没有任何势力能充当中国的拯救者和保护人，中国的命运必须掌握在中国人自己手中。马克思对中国人民反抗侵略和压迫的斗争表示充分肯定和坚决支持。"马克思预言："旧中国死亡的时刻正在迫近，中华民族将以崭新的面貌屹立于东方。"①

马克思主义传入中国时，对正处于半殖民地半封建社会的中国先进人士产生了极大的影响。救国救民、反帝反封建是当时中国人民的第一需求和奋斗目标。马克思主张超越资本主义的社会主义和共产主义，契合了曾经处于世界领先地位的中国先进人士的"共情心结"。②近代100多年以来落后挨打的耻辱，刺激了中国人学习西方和追求现代化的富强道路。中国需要学习西方先进文明，但资本主义社会本身也已经暴露了一系列无限追逐利润的私有制度的丑恶问题，有时候也是中国要直接反对的对象。而源于西方近现代文明，又批判西方资本主义和帝国主义的马克思主义理论，自然对当时的中国人有很大吸引力，经过中国共产党人长期卓越的创新努力，马克思主义与中国革命文化、建设及改革文化汇成了强大的精神合流。马克思主义之所以在中国迄今具有强大生命力，正是延续传统、继往开来的伟大文明复兴产生绵延的不竭动力所在。

（三）马克思主义理论的人民心理性

马克思主义理论是基于近代启蒙基础之上的科学文化，具有反封建的基本理念和基本思想。马克思基于现代化大生产，并自觉与工人运动相结合，

---

① 王强.马克思的思想轨迹：文本导读的视角［M］.北京：人民出版社，2020：16.
② 范玉秋.马克思主义中国化与儒学的关系［M］.天津：天津人民出版社，2019：208.

确立了具有反思和批判资本主义基本特征的宏伟思想。马克思主义理论具有既批判资本主义，又批判传统封建社会的双重性批判特征。不仅痛斥殖民主义的强盗行径，又谴责封建主义腐朽落后，十分符合当时处于半殖民地半封建社会的中国大众的呼声和需求。马克思主义唯物史观认为，人民群众创造历史。在历史发展的长河里，人民群众占据主导地位。人民群众决定历史发展的方向、影响历史发展的进程。人民群众创造文化，同时也享受文化生活。马克思主义给全世界下层民众开辟了伟大的思想传统，也铺就了中国人民持续奋斗的理论底色。

马克思主义理论不仅体现出科学性、真理性的内在魅力，而且反映出价值性与真诚性的崇高境界。国际共产主义的创始人马克思、恩格斯虽然出身于富裕家庭，但是为了人类的进步事业，为了劳苦大众的利益，他们不惜个人和家庭的牺牲，为人类的幸福追求而终生奋斗不懈。为了人类的幸福奉献个人和家庭是革命导师的光辉写照。马克思本人一生没有职业，自己没有资本而写《资本论》，凭借其家庭出身和个人才华，他本来是可以生活得非常好的。在我们今天看来，大家闺秀燕妮居然一生追随没有生计的马克思，企业家恩格斯找了纺织女工作伴侣，简直是不可思议的事情。近百年来，中国共产党内会聚了一批又一批人民精英，领导全国人民取得了革命事业和建设事业的辉煌胜利，谱写了中华民族现代复兴的精彩篇章。

现代哲学社会科学研究事业的繁荣须臾不能离开对多数人利益需求的关怀。根据心理学研究的科学知识谱系，目前心理学理论需要建立在"生物—心理—文化"这样三个维度上，即心理学的研究内容需要有三个层面的问题：一是生物个体；二是个体心理；三是社会群体行为的学术研究积累。

美国学者海尼（Heine，2015）从文化心理学的范畴提出，心理学研究元素应该包括：普通心理学（general psychology）、非普适（nonuniversal）、存在性普适（existential universal）、功能性普适（functional universal）、可达性普适（accessibility universal），进而需要建立一种新的"WEIRD 社会"——全球化、技术化的社会文化。[①]

---

① 赵志裕，康萤仪. 文化社会心理学［M］. 刘爽，译. 北京：中国人民大学出版社，2011：26.

长期以来，西方心理学的研究模式特别重视对"普通心理学模式"的建构，强调人类心理的普适性、共同性和相对稳定性，地球上所有人种的大脑神经系统类型差异并不大，无论是白人、黑人还是黄种人，都有着共同的心理、智力和精神要素。这种强调人类共同性的普通心理学研究模式有其科学合理的一面。然而，在研究对象和内容上，这种研究模式常常选择西方在校大学生和社会精英阶层，而对其他阶层的研究关注比较少，社会精英是社会的少数群体，这一群体不能完全代表社会的绝大多数人民的心理，需要重视人民性的品格和立场。人与文化的互动性要求我们积极关注人民的需要，回应人民的诉求。目前心理学发展面临的诸多困境，其本质上大都忽视了人民性的立场和品格。西方心理学主流研究集中在小部分群体如大学生、精英人士等取样上。精英心理无法取代大众心理，因而需要对大多数人的需要、动机、人格研究加以重视，同时还需要对阶层文化、边缘文化加强研究。建立面向活生生的人的文化，发展出基于人民、服务实践的文化心理学。当前西方马克思主义心理学家认为，现代心理学是"富人心理学"，甚至是"大学生心理学"或者"大二心理学"。马克思主义心理学取向的研究更需要加强"人民心理学"问题的深入研究。

（四）马克思主义对当代心理学研究的现实价值性

探索当代心理学的新发展与马克思主义理论的有机融合有着重要的科学理论意义和现实需要价值。马克思主义具有独特的科学性、普遍性、规律性和价值性。辩证唯物主义具有价值引领、观念先导、行为规范等难以替代的大尺度启发效应，是我们必须遵循科学规律、教育规律、人的发展规律和人的心理活动规律的大原则、大前提。无疑，积极借鉴当代心理学研究的先进成果，有助于从具体的小尺度启发效应角度，进一步加强马克思主义大众化的科学性、针对实用性，提升对心灵教育的认同性、积极参照性与深度性。现代心理学的新发展不仅可以为当前蓬勃发展的马克思主义理论教育事业服务，同时，马克思主义原理对心理学的专业建设也具有积极的引领指导作用。近30年来，我国的心理学研究事业虽然进入了前所未有的黄金发展时期，但是国内心理学的教材和学术研究基本上走向了西化的路径，辩证唯物主义与马克思主义在我国高校的心理学讲台上已经有所失声。促进马克思主义与现代心理学的积极融合，有助于改善心理学专业教育训练不足的现状，有助于心理学的专业人才培养教育工作。心理学尽管是一门科学性、实证性很强的专业，但是也普遍存在着"小、轻、散、薄"的缺陷。心理学研究的知识内容、实验范式、技术方法太多、太散、太小，缺少思想力度和行动实践智慧，长此以往发展下去，很容易走向偏离正常人的生活实际和实践秩序的轨道。

当前在我国心理学界已出现了"实证研究主导一切"的发展大背景，许多研究者提出没有必要过于强调心理学理论研究的重要性。只要突出心理学"以小拨大"的研究价值，便能发挥自身的独特优势。曼德勒（Mandler）评论指出："很多实验心理学定性为'认知'，但除了强调知识和信息在人类大脑的结构中的重要性，这种称谓并不提供任何理论上的主张，而是有限地证实或证伪的测试的几个理论命题。"[①] 格罗斯和巴雷特（Gross 和 Barrett，2020）的研究表明，目前心理学中仅在情绪方面便有30多个情绪理论，均声称有了实证性的研究力量，而类似的解释的例子在其他领域的心理学中也比比皆是。像感知、注意、记忆、思维等认知领域，都形成了大量的模型和实验范式，这样分散的理论建构是不可能与其他科学分支形成有力的竞争的。面对心理学实证研究发展中的"小、散、轻、薄"问题，加强心理学基础理论研究、回到实质关键性问题的探讨，特别具有学术意义和现实针对性。包括基本理论与历史在内的心理学理论研究需要提倡"虚实并举"的方法进路，既要反对空虚的宏大叙事，也要克服烦琐微观模式。心理学的发展不能停留在仅用简单的实证数据来说明一切心理问题的阶段，而需要更重视明确所研究的问题和相关理论的构建。心理学需要积极吸收辩证唯物主义的大尺度启发效应，把心理学的专业人才培养目标提升到更高的层次、境界和水平。

---

① MANDLER G.Crises and Problems Seen from Experimental Psychology［J］.Journal of Theoretical and Philosophical Psychology，2011，31（4）：240-246.

第二节 当前心理学研究热潮的新变化

心理学作为现代社会一门重要的法定性学科，进入20世纪90年代中期以来，又进入了一个快速发展的黄金时期。随着信息技术的迅速发展和现代社会日新月异变革的迫切需要，许多发达国家纷纷把心理科学列为国家科学技术发展规划中的重点学科之一。例如，日本颁布的"人类新领域研究计划"中有近1/3的内容属于心理学研究的内容。美国的国家科学基金资助项目也将心理学作为国家重点发展的一门前沿学科。为迎接21世纪国际竞争需要的挑战，许多发展中国家也开始加速发展本国的心理学研究。2000年以来，西方发达国家的心理学研究进入了一个新的迅速发展的高峰时期，心理学研究的主流和范式出现了许多重要的变化。其知识领域和研究技术方法更新的速度之快，所涉及的研究和应用领域之广，均超过了以往任何时期。持续出现的新进展、新方法和新概念不断为心理学的核心主题输入新的研究内容和血液，特别是当前西方心理学的三大前沿发展取向——认知心理学、神经生理心理学、人文心理学领域所取得的一系列新的进展成果，已经对世界心理学的发展格局和秩序产生了新的规范及导向，同时也对处于非主流地缘国家的心理学研究范式产生了日益重要的影响与冲击。

一、当前心理学研究的新热潮与发展问题

当前，国内外心理学研究迈入了一个前所未有的新阶段，许多领域的学术发展呈现出了"今非昔比"的新格局。其中"认知热""神经热""文化热"和"应用热"等诸多热潮日益冲击着人们的认知视野与理解深度，极大地影响了世界性的心理学发展潮流。[①] 进入2000年以来，这些领域所取得的一系列新的研究成果，对整个心理学科的发展趋势形成了新的影响与导向。本节

① 霍涌泉，王静. 当前心理学研究的三大热潮及学术引领［N］. 中国社会科学报，2018-01-15（6）.

尝试将三大"热潮"运动联系起来加以考察，力图分析、探讨当前心理科学研究热点议题以及伴随着的新的发展愿景。

（一）认知心理学的新发展

认知心理学是当代心理学的时代精神。崛起于20世纪50年代末期的认知心理学，是20世纪90年代国际心理学研究的前沿性主战场，是衡量一个国家的心理学研究水准的主要指标，更是现代心理学发展的积极生长点。由于20世纪90年代计算机科学与人工智能技术的迫切发展的需要，世界各发达国家纷纷投入大量的人力物力，用以资助认知科学的基础性学术研究，从而将心理学的研究也带进了"更深、更新的研究认知活动的重要阶段"。近20年来国际认知心理学的研究较之于20世纪80年代以前出现了许多新的变化与特点。

首先，认知心理学成为当代心理学发展的核心基础学科。改革开放初期，我国的心理学研究重心也由普通心理学、实验心理学转向了认知实验心理学。目前则又出现了认知神经科学唱主角的新趋势。当前认知心理学已不仅是母体心理学中的一个分支学科，而且是"认知科学"这门新的学科群中的核心基础学科。人们通常把20世纪50年代中期视为认知心理学运动形成的关键年代，而"认知科学"则是20世纪70年代中后期才开始使用的概念。认知科学这门科学制度化的标志是1975年美国率先对认知科学给予资助和1977年《认知科学》杂志的创立。20世纪80年代之后许多大学相继将认知科学列入研究生的高级学位课程培养计划之中。这门科学是研究广义的认知问题的新科学领域。有的学者认为认知科学的研究范围涉及六个方面的交叉内容："哲学、语言学、神经科学、计算机科学、心理学和人类学"。这些不同的研究领域被总称为认知科学。进入2000年来，认知心理学和认知科学更是进入了一个快速发展的黄金时期，涌现出了以"认知4E+"为突出代表的新范式，极大地改变着心理学研究的新发展格局。

其次，认知心理学成为当今人工智能科学发展的重要理论技术支撑。目前认知心理学已成为认知科学的前沿性攻关项目，其所取得的很多最新进展迅速成为人工智能、神经网络计算机等高新技术研究的理论模型和技术路径。人工智能（AI）开发系统体现的是人类智力行为的特点，诸如理解和使用语言，学习、推理和求解问题，使不灵活的机器变得灵活起来。因此，人工智能领域的研究亟需认知心理学的理论先导和技术支撑。由于认知心理学强调"人类的所有智能活动都是可以用符号和计算来实现的""认知即计算"，这就把智能与计算紧密地联系在一起，形成了计算智能的新概念。因此，认知心理学领域出现了一场被称为"神经计算（又称人工神经网络）的革命"①。这对智能的基础研究乃至电子计算机产业都产生了空前的刺激和推动作用。2000年以来的认知心理学一方面是要阐明人的大脑工作原理和思维的本质，探索人类智能的本源；另一方面则要设计出具有大脑的某些神经计算性质的人工智能系统，即神经网络计算机，这就为人工智能的研究开辟了崭新的领域。现阶段认知心理学的研究除了与人工智能科学技术紧密结合，同时也与生物神经科学密切结合，逐步实现了从数字化计算的功能类比发展到神经计算机的功能模拟，从而在生物脑和计算机之间架起了一座桥梁。最近几年的脑功能模拟研究在系统水平、细胞水平、分子水平等不同层次上进行了大量的实验研究，取得了许多高水平的研究成果。有的学者认为，这有可能在21世纪初期引发一场以人脑为中心的新的技术革命。

最后，认知心理学已呈现出向人类日常认知与社会认知等领域拓展的多重发展趋向。20世纪80年代以前的认知心理学主要注重于对那些诸如逻辑思维、知识结构等具有完整结构问题的认知活动过程的研究，产生了一系列完整的人类科学认知活动的理论模型，这些卓有成效的研究极大地丰富了心理学的理论知识体系。而20世纪90年代的认知心理学又进一步探讨了人类认知活动中的"结构不完善问题"，例如，对人的创造性思维、直觉活动、歧义性理解等日常生活行为的计算模拟和符号表征，有力地证明了人类的这些非常规活动也可以用简单的、符号的计算机办法来加以模拟。而对内隐记忆、内隐社会认知等课题研究热潮的兴起，则更标示着当前认知心理学出现了从注重意识层面的研究转向对潜意识和社会认知等复杂问题的探讨，越来越接近人类在自然情境中的心理活动方式。当前认知心理学的另一个异常活跃的研究领域是对认知发展研究的高度重视。现阶段的认知发展心理学不仅强化了对儿童青少年认知活动发展历程的研究，而且特别重视对中老年人认知能力的学术探讨。有关老

---

① 何振亚. 神经智能：认知科学中若干重大问题的研究［M］. 长沙：湖南科学技术出版社，1997：19.

年人认知活动问题的研究已成为近10年来国际心理学研究的一个新的兴奋点，这从另一个侧面反映出当前认知心理学研究对时代精神的强烈关注，即随着老龄化社会的到来，认知心理学正在寻求更有效的方法，为改进和促进社会对老年人口的服务质量，进行积极的学术探索和理论准备。20世纪90年代以来，认知心理学在上述新的领域不断取得进展，使心理学更为深刻地理解有关人类认知过程的问题，同时也为进一步帮助人们解决生活实践问题提供了新的概念和图式，还有可能为心理学重建新的理论体系提供新的方法和研究工具。但是，由于当前认知心理学研究面对的是人类十分复杂的深层心理问题，人类科学研究认识活动的无限性与现代人认知加工信息能力的有限性之间的矛盾，也使得当前的认知心理学研究不断面临着许多新的难题和挑战。

（二）认知神经科学研究热潮的兴盛

认知神经科学研究热潮源于神经生理心理学分支的蓬勃发展。神经生理心理学是近20年来国际心理学发展的又一重点。在世纪之交国际心理学高速发展的进程中，各国心理学家对生理心理学与神经心理学研究表现出从未有过的浓厚兴趣。近20年来认知神经科学的不断进步，将心理学的发展带进了一个激动人心的新时代的前夜。

生理心理学与神经科学相结合的研究旨在揭示行为活动变化与大脑神经生理活动的内在机制，因而长期以来成为心理学工作者渴望解决的一大科学难题，但由于这一研究取向受科学发展现状、科学仪器及学术理论诸多因素的影响，因此自心理学独立以来，这一领域的研究进展一直比较迟缓。随着当代生物科学研究技术和脑科学研究手段的进步，这一领域的心理学研究从20世纪80年代以来进步非常快，已经成为主流心理学的重点研究对象之一。

当前国内外心理学界掀起了一场脑科学与认知神经科学研究的新浪潮。当前心理学的这一前沿领域研究运动的勃兴，是与现阶段的带头学科——神经科学的迅猛发展分不开的。进入20世纪60年代以来，国际上的"神经科学呈爆炸性发展"。由于当代微电子技术的日新月异，使传统的宏观层次的生理学研究技术开始向微观层次的电生理技术和分子化学领域发展，把神经生理学的研究推向了细胞水平和分子水平，从而确立了现代神经生理学的理论体系。目前生理心理学和神经心理学的成果主要依赖于脑神经科学、实验心理学和计算机科学这三个学科领域的协同攻关。在1995年，许多发达国家便相继推出了雄心勃勃的脑科学研究计划，像美国兴起了"脑的十年"研究热潮，日本实施了"新人类计划"，欧洲也开始了脑科学与认知科学的研究项目。在这些重大研究政策中有近1/3的内容与心理学有关。2001年美国又启动了"行为的十年"计划，2007年提出了"心智的十年"行动方案。在2013年，美国总统奥巴马更是宣布"推行创新神经技术脑研究计划"。受西方发达国家的影响，我国也将"脑科学及类脑研究"列入"十三五"规划，着重从两个研究方向展开脑科学攻关目标：一是以探索大脑奥秘、攻克脑疾病为主线的脑科学研究；二是以构建和发展人工智能技术为导向的类脑研究。杨雄里院士概括指出，"中国脑计划"的研究方向是以认识脑认知原理（认识脑）为主体，以类脑计算与脑机智能（模仿脑）和脑疾病诊治（保护脑）为两翼。[①]

当今脑科学研究热的兴盛是与当代神经生理技术的不断进步分不开的。脑研究技术日新月异的发展，为心理学研究的深入推进提供了很大助力。有关神经生理机制的研究在心理学界呈现出前所未有的高涨热情。近年来，涉及认知神经方面的研究报告日益增多，认知神经被视为当前心理学最重要的研究方向之一。认知神经科学探索心理与行为脑神经机制的途径主要有三种：其一是对不同机能进化水平的动物进行分子、细胞、神经环路等多层次的神经生物学研究；其二是对脑损伤病人进行神经心理学临床研究；其三是对正常人进行脑功能成像研究。[②]虽然神经影像技术还没有完全证明身心同型论的假设，但是至少现在我们正朝着心理过程对应的大脑活动的方向迈进。回顾近20年来认知神经科学在诸多领域取得的令人值得关注的进展，可以说对传统心理学的研究范式和发展趋势产生了极大的影响。有些学者甚至非常乐观地预言：运用认知神经科学能够打开大脑的"黑匣子"，揭开"大脑产生心理"的秘密，必将引领心理学发展的方向。也有学者指出："如果我们想要认清认知神经科学在心理学中最合适的角色，这是至关重要的。我们认为认知神经科学在未来跨学

① 杨雄里. 为中国脑计划呐喊［J］. 中国科学：生命科学，2016，46（2）：201-202.

② 张卫东，李其维. 认知神经科学对心理学的研究贡献：主要来自我国心理学界的重要研究工作述评［J］. 华东师范大学学报（教育科学版），2007（1）：46-55.

科的心理学中会非常有优势，它能够补充和扩展其他心理学的分支。"①

毫无疑问，认知神经科学是距离心理活动最近的自然科学分支，是承载心理活动的物质本体性研究领域。运用神经科学的新技术手段，可以进一步拓展心理学研究的广度及深度，补充传统心理学对生理机制研究的薄弱环节，进而有可能建立一系列新的、丰富而深刻的理论范式与实践模式。当前，国内外许多知名心理机构名称的更换，也表现出了对神经科学的关注。譬如加利福尼亚大学、斯坦福大学、波士顿大学等高等院校的心理学系改名为心理与脑科学研究中心，杜克大学的心理学系改为心理与神经科学研究中心。目前美国国家卫生基金会下属的4个有关心理研究的机构——儿童健康与人类发展研究所、心理健康研究所、药物滥用研究所、酒精滥用与中毒研究所，同时将资助力度向神经生物学领域倾斜。近年来，由于美国联邦基金资助重心的迁移，以及来自政策方面的支持力度，使得神经科学和某些生物学领域更多地享有资助优先权。美国心理健康研究所最新起草的文案声称，美国将大力扶持从事基础研究的科学家探究心理功能在神经生物学层面上的解释。未来的战略目标之一就是鉴别复杂行为背后的神经生物学机制，厘清复杂行为背后的分子、细胞和神经回路，对精神类疾病进行神经层面上的寻本探源。这一目标的实施确实为今后精神类疾病的诊疗带来了新的希望。最近，由美国国立卫生研究院（NIH）资助的研究人员还设计开发了一种软件，能够自动定位这些区域的"指纹"。卡斯伯特（Cuthbert）表示这些全新的见解和工具将有助于我们解释大脑皮层如何进行演变，以及其在健康和疾病等特定领域发挥的作用。这项研究最终可能会为脑外科及临床工作带来前所未有的希望。② 近几年，神经科学在美国心理学招聘岗位中的比率，从2011年的33%，提高到2012年的40%，又增加到了2013年的50%，这期间的增幅比任何时期都大。社会与人格心理学聘用的神经生理学背景的人员也从2011的24%，提

---

① SCHWARTZ S J, LILIENFELD S O, MECA A, et al.The Role of Neuroscience Within Psychology: A Call for Inclusiveness Over Exclusiveness [J].American Psychologist, 2016, 71 (1): 52-70.

② GAINOTTI G.Neuropsychological Theories of Emotion [M] //BOROD J C.The Neuropsychology of Emotion.Oxford: Oxford University Press, 2000: 214-236.

高到2012年的29%，又增加到2013年的48%，这部分反映了社会神经科学的发展势头。①

虽然有关心理学研究中"神经主义"的崛起尚有很多争议，但是，越来越多的迹象表明这种运动的影响在心理学中是十分突出的，其中明显的标志有以下几点：

一是对认知活动功能的物质生理机制有了更为深入的揭示与把握。认知神经科学主张利用认知心理学与神经生物学的方法对复杂的运动、意识、注意、语言以及学习记忆等高级神经机能的生物学机制进行研究。随着神经科学以及神经影像技术的迅猛发展，心理学家的兴趣点转移到了研究人类认知的脑机制上，即人类大脑如何调动其各层次上的组件，包括分子、细胞、脑组织区和全脑去实现各种认知活动。由于神经科学是心理学研究中不可回避的一个重要组成部分，它能够帮助我们深入了解大脑的运作，心理和神经功能损伤的影响，与特定精神活动相联系的大脑区域与过程。这些信息非常有用，也相当重要。为此，美国政府的全民健康计划第一次将心理幸福感的生物学指标，作为社会科学术语列入2020年全民健康计划指标。

二是对社会认知神经的研究异军突起。近年来，社会神经科学和文化神经科学从跨学科研究中异军突起，通过将神经生物和经验现象两个方面的证据予以整合，为人文社会科学研究注入了新的活力。社会认知神经科学这一新兴交叉学科诞生于认知神经科学和社会心理学的联姻，其尝试从"社会—认知—神经"三个维度上解释一些复杂的社会心理现象。当前该领域主要涉及认知、态度、情绪、自我、自尊、经济决策、道德判断等多种社会现象的研究，并且取得了明显的进展。有学者发现，无论东西方文化背景的异同，自我概念在心理学、神经科学、哲学等领域内都有着相同的话语体系。对自尊的研究是建立在自我复合体的神经机制基础上的，来自神经影像学和电生理学的材料证据表明，自尊与海马体的体积以及P300成分的激活有关。② 自

① SCHWARTZ S J, LILIENFELD S O, MECA A, et al.The Role of Neuroscience Within Psychology: A Call for Inclusiveness Over Exclusiveness [J].American Psychologist, 2016, 71（1）: 52–70.

② 杨娟，张庆林. 从社会认知神经科学角度谈自尊研究[J].心理学探新,2010,30(2): 15–18.

尊是个体必要的调节机制，是影响心理健康的核心变量。研究者通过运用心理咨询或者药物治疗来提升个体的自尊水平，并采取神经科学的检测手段来判断自尊水平是否提高，这一新的研究取向具有重要的学术价值和实践意义。同时，文化与脑科学研究可以说是在社会认知神经方面的突出成就之一。近年来文化神经科学的出现、越来越多的研究证实了不同的文化塑造了不同的大脑，进而产生不同的反应模式。来自神经影像方面的研究证据表明：诸如价值观、习俗、信念等文化特质，影响着多层次认知功能的神经机制，并表现出其对大脑的可塑性。有学者采用"映射"这一术语来描述脑成像所揭示的模式，并且表示："当你一辈子都在和一种文化打交道时，你的大脑发生了重构。神经元之间的连接发生了变化，随后，大脑逐步形成了文化视镜。透过这些文化视镜，你感知了这个世界。"①美国一项新的研究发现：通过历史文化中的意义形成个人的心理世界；文化的形式化模塑人的认知结构。国外的研究表明，把文化划分为集体主义文化和个体主义文化是一个较为妥当的方式。西方人的个体主义和东方人的服从主义源于某些基因的不同，这些基因控制五羟色胺的分泌量；一种形式的基因与个人主义和独立思考有关，另一种形式的基因与集体主义与服从精神相关；文化影响人的心理和行为，人的大脑也在不断被塑造。

最近中国学者提出了"文化—行为—大脑"循环模型解释。该循环模型认为：首先，文化情境中的行为对大脑产生了形塑；其次，被形塑的大脑产生文化自发性行为；最后，文化自发性行为改变或者适应某种文化，行为实践作为该循环链条的中介。这三个动态环节深化了我们对文化、行为和大脑三者关系的理解，为人类自身发展提供了新的解释视角。也有学者发现，不同文化背景的人脑结构并不存在显著的差异。但是，特定的文化氛围使得某些神经回路更加牢固，这些神经结构上的差异会影响人们的思维、情感、态度和行为。塔夫茨大学的心理学教授安贝迪（Ambady）这样描述文化对大脑的影响，她认为："依赖于不同的文化接触，大脑的神经结构中存在着可塑

---

①　CHIKAZOE J，LEE D H，KRIEGESKORTE N，et al.Population Coding of Affect Across Stimuli，Modalities and Individuals［J］.Nature Neuroscience，2014，17：1114-1122.

性，大脑像是一个吸收文化信息的海绵。"[①]麻省理工学院脑科学研究所的一项研究表明，东西方文化背景的人在处理同样简单的知觉任务时，脑成像结果表现出了不同的加工方式。这从某种程度上证实了东西方大脑的差异根源在于不同的生物基础。尤其值得一提的是，人类智力的神经生物学机制是当前文化神经科学视域下浓墨重彩的一笔；人与人之间智力的差异既体现在与生俱来的生物性差异，又依赖于后天经验对大脑的重塑。最新脑科学研究发现，大脑体积/头围与智力存在较为显著的正相关。有学者进一步研究发现，运用MRI技术测量前额叶灰质密度及相关脑区的体积，发现前额叶灰质的密度和体积与瑞文智力测验的成绩之间存在显著正相关，[②]这说明前额叶灰质的结构可以部分解释个体智力差异。运用神经科学的范式研究智力是新时代智力研究理念的重大进步，也是21世纪心理科学研究的鲜明时代特征。

　　近年来神经科学研究热潮对情绪脑机制带动作用十分明显。研究表明，人的情绪这种"不能自制"的行为，有着不同于认知、意志过程的神经生理机制。有研究者通过探讨情绪加工特点和性质与部分大脑结构间的关系，提出了"情绪脑"这一概念，认为诸如愉快、悲伤、惊奇、厌恶、愤怒和恐惧等基本情绪都可以在大脑的相应区域找到功能定位，主要包括杏仁核、前额叶、扣带前回、腹侧纹状体、脑岛、小脑等结构。美国有学者提出，情绪的神经心理学理论主要包括三方面的内容：情绪加工系统的成分与相应的大脑结构；情绪加工系统的等级组织；情绪和认知系统的联系和区别。[③]可以相信，未来随着情绪研究在神经科学领域的不断推进，不仅可以回应一些重大的科学问题，而且可以为一些神经精神类疾病的诊疗提供重要的科学支撑和技术保证。更值得关注的是，神经科学有关积极情绪与消极情绪、情绪与道德的

---

① AMBADY N.Culture, Brain, and Behavior［M］//GELFAND M J, CHIU C Y, HONG YY. Advances in Culture and Psychology.Oxford：Oxford University Press, 2011：53–90.

② GONG Q Y, SLUMING V, MAYES A, et al.Voxel–Based Morphometry and Stereology Provide Convergent Evidence of the Importance of Medial Prefrontal Cortex for Fluid Intelligence in Healthy Adults［J］.Neuroimage, 2005, 25（14）：1175–1186.

③ GAINOTTI G.Neuropsychological Theories of Emotion［M］//BOROD J C.The Neuropsychology of Emotion.Oxford：Oxford University Press, 2000：214–236.

生理机制的探讨，引起了人们的广泛重视。

美国国家心理健康研究中心主任英赛尔（Insel）主张，将精神疾病视为大脑的障碍，从本体还原论的观点出发，所有心理现象都是由大脑及神经系统来调节的，在解释心理疾病时应当重视生物水平上的分析结果。因此，从事心理干预的人员也将神经科学技术应用于临床和教育实践，展开了"大脑心理疗法"的运动，神经科学的浪潮也涌入了心理干预等应用领域。例如，通过对恐惧的神经机制的探究，制定出了治疗焦虑症的有效措施。还有研究者运用神经功能成像技术，检测重度抑郁症患者体内五羟色胺的再摄取情况，为临床抑郁症的诊疗提供了新思路。英国医学杂志刊登的一篇文章表明，个体注意缺陷或多动症与大脑某些区域容量的差异有关，并认为脑成像技术对于临床疾病的生物层面寻源有着举足轻重的作用。类似的一些神经科学研究成果竞相涌现。例如，前额皮质发育不成熟易导致青少年的冒险行为，镜像神经元的功能障碍致使个体患孤独症障碍。也有媒体陆续报道了一些脑成像方面的数据，证实了大脑结构和精神疾病之间错综复杂的关系。这里仍需注意的是，将神经科学引入心理治疗领域的深层次问题在于：只有悉知大脑和行为之间的复杂关系，才能设计出行之有效的心理治疗方案。[①] 当前，在理解心理现象像情感、思想、情绪和焦虑障碍、成瘾与社会问题时，"我们已经看到心理学越来越接受大脑作为最重要的层次分析"。这种对神经科学关注增加时代的到来，是不是很像20世纪早期和中期那样的精神分析和激进行为主义运动？

面对这一热潮，也有许多不同的声音。有学者认为，神经现象复杂、解释困难而可操作性有限，"我们也需要对神经革命的未来保持适度的警惕"。美国心理学会前任主席艾森伯格（Eisenberg）也对这种倾向提出了一些警告，即越来越多的倾向去假设研究基因、神经和身体生理的过程比研究行为和心理过程更加重要，本质上是因为生理发现将会最终解释人类心理的大部分功能。他进一步担忧国家健康机构的资助优先放在这方面的倾向越来越明显，一直都忽视

---

① WALSH R T，GOKANI R.The Personal and Political Economy of Psychologists' Desires for Social Justice［J］.Journal of Theoretical and Philosophical Psychology，2014，34（1）：41-55.

了社会心理因素和病人主观经历的作用。也有人担心心理学会步精神病学的后尘，比如，对超过9000份的国际精神病会议的摘要进行分析发现：75%的研究关注生物关联和影响，只有5%关注社会心理因素。但研究表明生活压力在维持和引发精神病方面起着重要作用。如果把注意力焦点集中在遗传倾向上，则很难谈得上在医疗过程中对症下药。因此，过分狭隘地强调神经科学是有问题的，这不仅仅有悖于心理学的传统研究维度，同时对神经科学本身也是有问题的。"心理学中的神经科学方法一定不能切断其与心理学领域中的至关重要的血液供应。"极端化的思维立场与方法在心理学、精神病学中是非常有害的。神经科学难以完全描述产生的各种行为和经验、社会或文化心理有没有类似或相同的机制。

（三）人文社会心理学研究热潮对当前心理学发展的影响

从社会文化的视角探讨人类行为活动规律即人文心理学的研究取向，是20世纪90年代以来国际心理学发展的又一个重要研究方向。人文取向的心理学家尽管反对心理学中的自然科学中心主义的弊端，但他们仍然力图保持研究的科学性质。他们着重于整体分析、临床观察、案例研究等科学方法，系统地研究和探索个体的内在心理世界和主观经验，从而使人文心理学的观点和研究纳入科学研究的形态和规范之中。从心理学研究的发展来看，人文心理学代表着心理学发展的最高级复杂阶段。心理学最初主要研究个人的心理和行为活动，随着社会心理学科分支的出现，人和社会的相互作用问题成为心理学的主要研究课题。20世纪30年代以后，心理学者在社会心理学、实验心理学和人类学的知识基础上创立了文化心理学和人格心理学。进入20世纪80年代以来，随着第三世界文化本位心理学的崛起，给人文心理学的研究又注入了新的活力。有的学者预言，人文领域的研究不久将会成为心理学发展的中心领域。未来人文心理学的贡献将会日益增大，而且人文心理学的研究将有可能促使产生一种崭新的思维方法，从而导致心理学领域内出现新的更具有生命力的理论。就心理学的研究方法论而言，人文心理学的研究取向代表了一种新的心理学研究范式的出现。因为这一新的心理学研究范式一方面吸收了主流心理学的主要研究方法——定量方法，即通过观察、实验、测量的方法研究人类的高级行为活动模式；另一方面又通过质化研究范式揭示个体心理活动的社会文化原本形态。这两种研究方法的综合运用、相互补充，有力地促进了包括社会心理学、人格心理学、文化心理学和本土心理学在内的人文心理学领域的整体研究水平，极大地提高了人文心理学在心理学界的学术地位。西方兴起的"质化研究"的热潮，并不同于传统的以思辨推理和经验描述为主的定性方法。提倡定性研究范式的学者认为，"观察、实验和测量属于经验的方法"，是一个由理论假设到实际调查的"自上而下"的研究过程，其只有验证性和重复性，而缺乏对研究对象的真实的阐述与诠释。所以通过这种方法所取得的资料成果，只关心自己的研究是否符合研究程序或统计要求，而不重视研究现实生活中相互作用的复杂情境，并对此加以解释和理解。质化研究方法的实质是要"发掘当事人的经验，通过当事人的经验来了解其生活世界，而不是沿用一些社会上或者学术上已经存在的见解或结论；定性研究的大前提是要抛开空洞的词汇，发掘具体的细微的经验，以此来发现人与事物、人与社会的关系；质化研究要达到的目的就是要从当事人的经验中抽丝剥茧地看到结构性的现象，进而从中分析出结构性的一般关系"[①]。在他们看来，这一研究的特点是从研究对象的内在意义来定义抽象的概念，然后再来建构理论，因而是一个"自下而上"的研究过程，有着很强的创造性。其不仅能够描述活生生的人和事，而且能够揭示出不同族群的社会差异性和文化差异性，包括真实的心理生活世界的价值及意义。[②]积极心理学、人本主义心理学和后现代主义心理学思潮，可以说是在这一研究领域做出了积极的探索。

人文社会心理学研究取向中的另外几个有代表性的核心主题，如社会心理学、人格心理学、文化心理学、管理心理学等也对此做出了卓有成效的学术努力，其中近年来文化心理学的蓬勃发展相当引人注目。

文化心理学是研究文化和社会条件下的人类行为和人格活动特点的相似性与区别性，是近20年来十分活跃的心理学研究领域。有关文化与人格、文化与认知、文化与动机、文化价值观、生态心理学等方面的跨文化心理学的

---

① 万明钢.文化视野中的人类行为：跨文化心理学导论［M］.兰州：甘肃文化出版社，1996：13.

② 万明钢.文化视野中的人类行为：跨文化心理学导论［M］.兰州：甘肃文化出版社，1996：13.

实证测量研究与理论探讨，已经作为一个成熟的研究领域得到了西方主流心理学的认可和接受，设立了专门的国际学术组织并出版刊物。这一领域的学术研究成就为人们展示了一个多元文化的世界与多样化的人类行为模式的图景，必将对科学地阐述人类行为活动规律做出重大的贡献。文化问题汇成了当代心理学研究的又一重要热点主题。文化研究热潮的兴起已被誉为当代心理学发展中的"第四个解释维度"，即平行于精神分析、人本主义、行为主义和认知革命的一场跨学科研究浪潮。美国学者皮特森（Peterson）曾指出："以文化为中心的观点提供了除精神分析、人本主义和行为主义对人的行为进行解释之外的第四个解释的维度，其意义就像三维空间之后发现的作为时间的第四个维度。"[①] 心理学的文化研究取向促进了多元研究方法的发展，提升了心理学理论研究的普遍性和适应性，为实现心理学多样化的统一提供了可能。当前方兴未艾的认知神经科学更是将文化与脑研究结合在一起，企图将生物性与文化性的关联综合起来，成为心理学理论的一个基本解释谱系；即便是当代心理学研究时代精神的认知心理学的第二次革命运动，也是以文化论为基础的。正如有学者所讲："所谓的第二次认知革命事实上指文化论在人文科学中的发展。"[②] 著名学者布鲁纳（Bruner）就提出了"文化—心理取向"这一新名称。还有不少学者将心灵视为一种社会文化现象。[③]

当前文化心理学研究的实证化与解释化浪潮势头正在逐步深入发展，它不仅谱写了现代心理学的新篇章，而且在研究模式和方法技术方面取得了不少明显的突破。文化在科学心理学诞生之初虽然有了一定的根基，但长期以来并没有受到应有的重视。在心理学之父冯特（Wundt）开创的科学心理学体系中，民族心理学或文化心理学是其重要组成部分。冯特建立了世界上第一个实验室常常被心理学界所称道，然而，他晚年有20多年时间致力于民族心

① PEDERSEN P B.Multiculturalism and the Paradigm Shift in Counseling：Controversies and Alternative Futures［J］.Canadian Journal of Counseling，2001，35（1）：15–25.

② 宋文里.当代文化心理学的缘起及其教育意义：美国心理学会前主席布鲁纳《教育的文化》评述［J］.民族教育研究，2010，21（6）：23–29.

③ EDWARDS D，POTTER J.Discursive Psychology［M］.Thousand Oaks：Sage Publications，1992：25–34.

理学的研究著述，却长期未能受到学术界的重视。甚至有学者认为，冯特仅仅开创了一个"半科学的心理学"，他的民族心理学研究是"非科学的"。伴随着近10年来国际心理学的文化研究热潮的日益深入发展，国内外学术界已出现了开始重新认识冯特晚年对科学心理学贡献的端倪。例如，我国台湾有学者提出，应该将冯特的民族心理学一词翻译为"文化心理学"才更为恰当一些。实际上，冯特开创了"两个心理学"的科学体系内容，而他的许多后继者则把"两个"变成了"一个"。包括民族心理学在内的文化心理学是现代心理学"多元一体"知识框架中不可或缺的重要组成部分。当前，国际上方兴未艾的文化研究热潮，在一定程度上有力地推进了有关心理人类学、民族心理学、跨文化心理学和文化心理学等论域问题的深入开掘。

第一，文化热为心理学研究提供了新的理论视角。从最广泛的意义上讲，文化是人化的自然。文化是人类创造的活动方式与成果，所以凡是被人类染指的所有一切都是文化。文化包括了物质文化、行为文化和精神文化。在核心内容上，文化意指特定社会的价值和意义系统，包括了信念和价值观、社会风俗、社会规范和意识形态等。学者们常常将文化划分为浅层次的、直观的物质文化，中层次的、次直观和较抽象的制度行为文化，深层次的、抽象的观念文化这样三种类型。文化影响行为，不同的文化条件下，人们的思想意识和行为表现是不相同的。[①] 正如格尔兹（Geertz）所讲："若没有文化的构成作用，我们人类是不完整或未进化完全的动物，需要文化来完善自我。"[②] 因此，文化实际上是一个充满了魅力和歧义的概念。从理论的视角来看，文化心理学带来了以下7种新的认识维度与理解内涵：个体主义与集体主义、生态系统、文化生态、社会认同、生态文化、社会文化、中介机制和多元文化。[③] 从理论学说上来看，近20年来在文化心理学中诞生了布鲁纳的认知文化论、

① 叶浩生.后经验主义时代的理论心理学［J］.心理学报，2007（1）：184-190.

② GEERTZ C.Learning with Bruner［J］.New York Review of Books，1997，10：22‑24.

③ COOPER C R，DENNER J.Theories Linking Culture and Psychology：Universal and Community‑Specific Processes［J］.Annual Review of Psychology，1998，49：559-584.

米德的亚文化认知论、格尔兹的文化深描理论和文化循证学等重要学说。从文化取向的心理学研究模式来看，当前文化心理学研究不仅涌现出了跨文化心理学、本土心理学、多元化心理学和全球化心理学模式，同时，在实践应用方面引发了心理学其他分支领域对文化因素的拓展，像认知心理学的文化模式、发展心理学的文化模式、管理心理学的文化模式和健康心理学的文化模式。当前认知生态学在研究中加入社会文化因素，并结合认知风格、个性特征等因素，来探讨社会文化对认知的影响机制。发展心理学也将文化因素纳入研究的范畴，这正像米勒（Miller）所讲，儿童的发展是对社会文化的适应过程，任何发展都处在一定的文化背景之中，不可能离开文化的特点而发现一个普遍性的发展规律。[①]健康心理学作为一门新兴学科正在不断发展和逐步完善。近年来，越来越多的心理学健康工作者注意到了文化因素对心理健康的重要意义；意识到心理障碍的诊断和治疗不能脱离文化背景，只有找到了文化根源上的诱因才能找到心理治疗的良方。这使得心理治疗家需要对患者所处的文化环境给予充分的关注，当前正在建立基于特定文化的心理治疗和咨询模式。

　　第二，文化心理学研究在方法技术上有一定的创新，加速了文化研究的实证化发展趋势。研究方法的创新是学术发展的重要标志。在这方面，文化研究运动仅促进了客观实验法与主观内省法的联系，更为重要的是促成了多样研究方法的应用推广，使得文化要素成为并不是外在的变量，而是内在的变量。文化心理学在研究方法上更强调以下这几方面：理解和描绘重于测量、计算或者预测；追求意义而不是因果关系；解释而不是统计分析；重视语言、话语和符号而不是把资料还原为数据；整体论而不是元素论的观点；重视特殊而不是重视一般；强调文化背景而不是情境中立；既重视客观性也重视主观性。[②]文化心理学研究者特别强调质化研究与量化研究的统一、普遍性与特殊性的统一。许多文化心理学者常常使用文化普遍性（etic）和文化特殊性（emic）两个概念来描述心理学中两种

---

① MILLER J G.Taking Culture into Account in Social Cognitive Development ［J］. Psychology & Developing Societies，1997，9（1）：9-24.

② 麻彦坤.当代心理学文化转向的方法论意义 ［J］.心理学探新，2004（2）：3-6.

研究方法之间的关系。强调文化特殊性的文化心理学的研究主张：用对某一特定文化成员有意义的概念来描述行为，并考虑到这一文化成员本身的价值观以及他们熟悉的事物；提倡跨文化研究的最好方法是"镜像法"（CLA），即强调本地成员与外来成员的合作，即"局内人"与"局外人"的密切合作。研究的第一步是，局内人收集数据并以局内人的角度去解释这些材料；而第二步则是从局外人的位置向内看来考察和解释这些材料。为了使跨文化研究有意义，首先是在文化内部进行文化特殊性研究，然后再补充不同文化间的比较研究。在研究目标上，跨文化心理学力图检验现有心理理论的普适性，建构具有普适性的心理学理论体系。镜像法（CLA）描绘了一系列具体的步骤来评估文化效度，这将导致产生关于可操作化的结构的文化差异和理论命题的可测验的假设。另外，还有叙事方法也进一步使我们认识到文化、叙事和语言符号在个体的意义建构过程中扮演着极其重要的角色。"叙事成为一种认知工具和认知资源库：通过叙事，人类可以认识自己的经验、环境和同伴。正是通过创造、记忆和连接类似的故事，人类才能够环游世界并理解大量的事件及过程。叙述者对一个或多个领域中的人物、状态、行动、事件进行讲述，并经常从认知或情感的角度进行评论。"[①]按照布鲁纳的观点，叙事不仅是意义建构的工具，更是一种思维的方式。叙事法作为一种思考的模式和一种文化世界观的表达方式，帮助我们建构自身存在于世界的一个版本，而文化也正是通过它自己的叙事方法才能为它的成员提供身份认同的种种模型，从而在许多情况下，扩大了理论研究的跨文化应用。

　　当然，我们也需要清醒地看到，在当今世界性的文化研究热潮中，心理学界所出现的这种转向也面临着很大的挑战与难题。客观地讲，目前文化心理学的研究水平尚未走到全球性文化探索的最前沿。当前，心理学范式中的文化研究所涉及的大多是研究对象和内容的多样性以及多元方法的异质性；心理学对世界文化理论的贡献多属于局部的、补充性质的。心理学界对有关文化心理学研究的核心问题、跨学科目标、认识论和方法论所提出的更深刻的挑战，所做出的积极回应尚不多见。这就造成了心理学较之于其他人文社

---

① 费多益.同中之异：心智的表观遗传视角［J］.自然辩证法通讯，2014，36（6）：86-91，96，127-128.

会科学，在文化研究的开放性与学术内涵上的滞后局面。[①]同时，在当前文化的全球化、多元化的异化问题上，仍然一味站在追随性、肯定性的表层上；批判性、解释性力度尚没有达到哲学、教育学和社会学的研究高度，这说明文化心理学对人类的共同命运的关切研究亟须深入。

（四）心理学的情绪革命

在当前心理学认知革命快速发展的进程中，"冷认知"研究逐渐向"热认知"研究转变。人的本质具有"知"的一面，同时又具有"情"的一面。人类是知情意行合一的社会动物，人们在为生存和幸福而奋斗。因此，动机、情绪问题汇成了当前心理学的新潮流。近年来，国际上有关情绪的研究十分活跃，国内心理学界也广泛掀起了一股情绪研究的革命性热潮。情绪研究作为21世纪心理学发展的新焦点，已成为多学科交叉研究的前沿和热点地带，进而改变了学术界多年来以认知主导心理学的研究偏差。目前情绪研究热潮主要涉及三个焦点问题：一是情绪与认知的关系；二是情绪计算；三是情绪与健康的关系问题。

情绪计算是当前情绪心理学研究的一个突出进展。有神经科学家在《自然神经科学》杂志发表的一项研究证实：尽管情感极具个体性和主观性，但是大脑会把它们转换成一个标准的代码体系，这一代码体系客观地代表着不同感官、内心状况甚至是人的情感。实验过程中，研究人员向被试提供了一系列图片和味道，然后让被试做出主观经验评级，脑成像记录被试的大脑激活模式。文章总结道："尽管我们的情感是个人的，但证据表明，我们的大脑使用一种标准的代码，来说出同样的情感语言。"[②]目前情绪计算在人工智能领域已有了技术化、工程化的实现。

对于情绪与认知关系问题的探讨，是心理学中长久以来备受争议的话题。以往的研究主要集中于"是情绪控制认知，还是认知支配情绪"，现阶段研究则认为两者相互依存、相互作用，情绪与认知本身作为心理研究中的两大板块，是人类生存于社会的必要条件。情绪不仅与认知相互依存、相互作用，

---

① 叶浩生.试析现代西方心理学的文化转向［J］.心理学报，2001（3）：270-275.

② CHIKAZO J，LEE D H，KRIEGESKORTE N，et al.Population Coding of Affect Across Stimuli，Modalities and Individuals［J］.Nature Neuroscience，2014，17：1114-1122.

而且认知、情绪与大脑结构有着千丝万缕的联系，因此了解情绪的本质就必须探究情绪的内在生理神经活动机制。

当前情绪心理学关于积极认知与情绪作用问题的深入研究，极大地从实证角度加深了人们对积极情绪与认知的理解。在实验研究中，一般将认知分为积极、中性与消极认知三种类型，这种分类在某种程度上与积极情绪及消极情绪有一定的关系。积极认知指个体在一定的程度上，对未来抱有积极预期的思维过程，与个体的行为存在内在的关联，相反，消极认知指对未来抱有消极预期的思维过程，也与个体的行为存在联系。在情绪、认知与行为中，存在着作用与反作用的关系，积极情绪会促进积极认知、积极行为并增强认知能力；积极认知和积极行为反过来也会促进积极情绪，就像发现积极情绪与认知资源之间是螺旋式增长的一样。积极情绪或消极情绪对认知过程中的具体点的影响已有实验证明。有学者发现，积极情绪会促进注意加工过程，拓宽注意范围，消极情绪会抑制这种加工过程，缩小注意范围；[1] 积极情绪会增加认知资源，消极情绪会减弱注意促进效应。积极情绪会加速冲突的解决过程，消极情绪也会增加对立反应倾向之间的冲突。[2] 在积极情境中，相比于中性情绪启动的被试，追求积极情绪的被试所体验到的快乐情绪显著降低，且报告出更多的负性情绪；而在消极情境中，二者的情绪体验则不存在显著差异。当然，这些研究结论有待进一步实验证据的支持。

---

① FREDRICKSON B L.Positive Emotions Broaden and Build［J］.Advances in Experimental Social Psychology，2013，47：1-53.

② KANSKE P，KOTZ S A.Emotion Triggers Executive Attention：Anterior Cingulate Cortex and Amygdala Responses to Emotional Words in a Conflict task［J］.Human Brain Mapping，2011：32（2）：198-208.

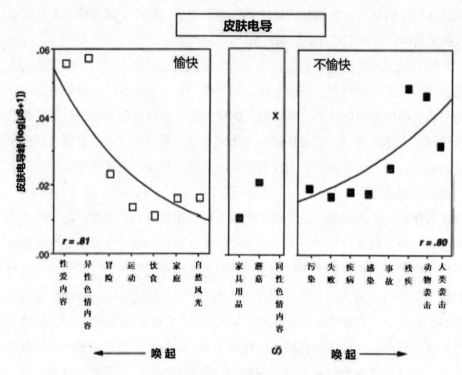

图 1-1　快乐与不快乐情绪对人皮肤生物电活动的影响

资料来源：FREDRICKSON B L.Positive emotions broaden and build［J］.
Advances in experimental social psychology，2013，47：1-53.

在图 1-1 中，有关情绪唤醒维度与皮肤生物电活动的研究结果发现，积极与消极的情绪刺激产生的心理愉悦度效价（pleasure）有明显的差异。左边为快乐维度的皮肤生物电活动聚集曲线，右边是不快乐维度的生物电活动趋势。说明人们对不快乐更敏感，更容易引起身体反应。

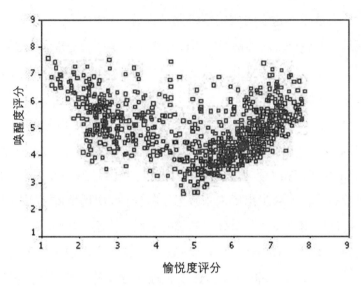

图1-2　积极情绪与消极情绪的不同愉悦唤醒程度图

资料来源：白露，马慧，黄宇霞，等．中国情绪图片系统的编制：在46名中国大学生中的试用［J］．中国心理卫生杂志，2005（11）：4-7.

在图1-2中，散点图左边为积极情绪的效价反应，右边为消极情绪的效价反应。说明消极情绪更容易对人影响大，更不利于人的身体状态。众多的情绪与健康关系问题的实证性研究结果表明，虽然负性情绪是人类生存进化的产物，适度的负性情绪像焦虑、恐惧、抑郁等有利于人们的生存和工作，但是超过3个月以上的长时间的负性消极情绪对人的身体生理健康会造成极大的损害。情绪与人的身体健康关系问题是情绪心理学研究的重大现实课题之一。

二、心理学的实践应用热及挑战

应用是对当前心理学研究呼声极高的领域，更是全社会关心的焦点议题。近半个世纪以来，对心理学理论和方法的应用已经深入社会生活的各个领域，形成了极为庞大的学科分支群，这众多的应用心理学研究成果对人类社会的各个领域产生了重要影响。当前心理学的应用热正在持续升温，并成为心理学研究领域的制高点。在西方发达国家，心理学专业的研究领域，第一活动圈为学术型，第二活动圈为应用型。长期以来，第二活动圈较之于第一活动圈规模大、人数多，这表明应用性研究已成为心理学发展的主战场。在我国目前心理学的发展呈现两种最为突出的趋势：一是基础心理学人才的国际化；二是应用心理学人才的专业化。目前，迫切需要重视解决的问题是应用心理学人才的专业化服务水平有待进一步提高。

近年来，国际应用心理学大会对推进全球心理学应用研究的发展意义深远，成为促进应用心理学家学术交流和合作联系的重要平台。有学者预言，"心理学的未来将依赖于职业心理学的发展"。2014年第28届国际应用心理学大会在巴黎召开，会议提出了未来致力于将应用心理学的研究成果服务于社会，并且促进应用心理学各个分支领域的发展。大会有4000多位与会人员一致表决通过了ICPA2014宣言。该《宣言》支持联合国设定的可持续发展目标（2015—2030年），并商议如何做出心理学方面的贡献。《宣言》还强调：应当将心理健康和幸福感作为实现可持续发展目标的基础，并提议联合国把"健康"定义为"身心健康与幸福感"；建议将"最高水准的身心健康与幸福感的权利"作为可持续发展的目标。在未来，心理学的基础研究和应用研究将做出更多的努力，来实现这些可持续发展目标和"我们期望的未来"。

毫无疑问，应用化给心理学的学术发展与人才培养体系带来了机遇与挑战，更为学科建设与学术研究提出了新的要求和新的标准。应用热对心理学服务于社会的水平提出前所未有的高要求。而影响应用心理学发展的瓶颈因素主要有三个：一是研究基础与师资队伍有待加强；二是应用发展的理论研究需要提高；三是需要重视专业化的外部社会保障机制。应用心理学的发展需要有高质量、高水平、高效率的社会服务水准，这就对应用心理学的内涵式发展提出了更高的要求。在这方面，国内心理学界还需要做出更多的努力和实践探索。改革开放以来，关于心理学理论与实践应用如何结合问题，始终是国内外心理学界关注并重视解决的一个重大课题。10年前我国许多高校纷纷兴起创办应用心理学的热潮，但效果并不理想，就业市场上频频被亮红牌。由于中国应用心理学的发展是在学习西方国家和苏联的基础上形成和发展壮大起来的，所以现在仍然面临着发展中的不足问题。特别是宏观实践问题和微观实践问题较多，大的实际问题和小的实际问题普遍存在。尽管多年来我国广大的心理学工作者已经重视到了社会应用问题，然而应用研究、开发研究一直停留在低层水平上；心理学的应用型专业人力资源的培养模式与国际上有相当的距离；学术研究和应用推广工作现在还远远不能适应社会主义市场经济建设和人民群众日益增长的迫切需要。如何在21世纪初，抓住机遇，超越危机，努力使中国的应用心理学在较短的时期内再上一个台阶，这是我们国内心理学需要解决的最重要发展课题。否则，将会进一步影响到我国心理科学研究为物质文明和精神文明建设服务的力度。

值得指出的是，即便是在国际上关于心理学应用和基础研究的改革呼声也从来都没有停止过。早在40年前，当时的美国心理学会主席就声称临床心理学已经进入了一个矛盾发展期：在这个时期，临床心理学的自身同一性和关联性问题使得它面临消失的危险；但同时，它的发展空间却又几乎是无限的。第二次世界大战以前，"应用心理学之父"斯科特（Scott，1869—1955年）率先将心理学的大批成果融入广告业、商业、企业及军事等领域，并且取得了突破性的进展。二战以后，国际上应用心理学的发展令人震惊，心理学被广泛应用于医疗卫生、军事、工业技术、社会治安等领域的研究。当前，一些欧美发达国家从事实践应用的心理工作者已逾六成，他们大多供职于政府机关、商界、医疗行业、教育部门、军队及法院等，成为有职业背景的实践工作者。当前美国有30多万心理专业工作者，其中服务于健康领域的心理工作者占到52%，高等教育机构有15%，中小学教育机构有19%，商界和政界有12%，私营执业者达到8%。心理学这门学科要想坚实地屹立于现代科学之林，并且在世界范围内获得突飞猛进的发展，从理论走向实践是心理学发展历程中不可缺少的重要环节。

但是，目前心理学的应用即使在发达国家也面临着许多突出的问题，例如，在专业化水平很高、行业规范严格的美国，应用心理学的发展道路并不平坦。美国心理学会前任主席指出：心理学界所面临的一个重大问题就是其社会角色定位不清晰。由于心理学这一术语本身涵盖的范围太广，且缺乏明确的社会指向性，所以为了迎合社会的需要，很多心理学研究领域，包括美国的也存在着模糊问题。[①] 近十年来，很多心理学研究领域开始放弃对"心

---

① BERRY J W, POORTINGA Y H, SEGALL M H, et al.Cross-cultural Psychology：Research and Applications［M］.New York：Cambridge University Press，1992：17.

理学"这一名词的使用，转而用"认知科学""行为科学""神经科学"等名词来代替。还有一些领域虽然大量运用了心理学原理，从其名称中却很难看出它与心理学之间的关联，如"行为经济学""发展科学"等。与此同时，临床心理学家和咨询心理学家跟普通的心理健康工作者争夺工作岗位。于是在社会大众看来，心理学家跟社会工作者相差无几，其博士阶段所受到的独特训练和所具备的独特专业优势无从显现。管理咨询心理学家和工业组织心理学家甚至不叫心理学家，而被称作商业和组织顾问。总而言之，心理学的实践应用由于没有突显其独一无二的优势，因此缺乏社会竞争力。为了解决应用心理学所面临的问题，美国心理学会主席布雷（Bray，2010）提出当前的两个工作重点：第一，成立特别工作组。为了凸显心理学家在国家发展领域中的独特地位和所具有的独特专业优势，美国心理学会决定成立一个首席特别小组，该小组的主要职责是帮助美国心理学会的成员满足实践应用的需要，并且拓展未来的心理学应用方向。第二，召开峰会。美国心理学会在2009年5月召开了关于心理学应用前景的主席峰会。为了广泛听取来自心理学界外部的声音，这次峰会总共召集了150位分别来自商界、服务界、经济学界、保险界、医学界和政界的思想领袖，并听取了他们的意见，集思广益，博采众长。特别工作组和峰会的与会专家对心理学职业改革提出了一些良好的建议。这些建议涵盖经济可行性、职能评估、心理学模型在基础卫生保健领域的运用等7个方面：为心理健康工作者争取与其他健康工作者同等的合理报酬；确保心理学家包含在医疗保险的覆盖范围内，完善治疗指导方针和职能评估系统；完善对心理健康服务效果的评估机制；加强对心理学家的再教育，确保将心理学家纳入 PCMH（Patient-Centered Medical Home）中；开创用于研究健康促进、疾病预防和慢性病管理的新工具；健全应用心理学家的职业准入机制；加强对心理学社会效应的宣传力度等。这些深化心理学应用的举措值得我们借鉴参考。当前，"中国社会正在经历前所未有的变迁，人们承受着各种精神压力，可能诱发多种身心疾病。我国心理学界的各个分支特别是生理心理学、人格心理学、医学心理学等都一直密切关注身心健康的相关研究。心理学家们在生物—心理—社会模式基础上，关注行为与脑的关系及身心交互作用，特别是心理行为因素影响健康的机制。相关研究正在厚积薄发，从多学科交叉角度研究其作用和机理，为疾病防治和健康促进提供服务"①。

我国心理学在坚定不移地推行应用研究的过程中，特别需要澄清四点认识：一是应用研究仍是未来心理学研究的主战场，继续推动应用研究是年轻一代人主要的服务领域；二是心理学的应用不能囿于教育教学、心理健康等传统领域，还应投入经济建设、政策制定以及人工智能等国家核心行业领域；三是加强心理建设需要有配套的法律政策和专业标准，并按照相关规定落实这些奖惩措施，否则应用就会引发泛滥，严重影响心理学的社会声誉；四是众多心理的应用领域都存在着深层次、长期性和高难度的问题，相关的理论化、技术化和程序化尚不成熟，其实践性、科学性仍需要不断探索和提高。可以说，应用心理既没有灵丹妙药，也必须与时俱进。当前应用心理学需要通过深化学术性理论研究，提升发展应用创新水平。这样，应用心理学才能在现代化过程中发挥重要的作用，不断凸显心理学的重大现实意义和自身价值。

第三节　国外马克思主义心理学研究取向的新发展

一、国外马克思主义心理学取向及其新发展

探讨国外马克思主义心理学取向的新特点，首先需要区分国外马克思主义心理学取向与西方心理学的马克思主义取向这两个既有联系又相区别的概念。前者主要是指国外马克思主义运动中的心理学发展思潮，而后者则是指在西方心理学领域中兴起的马克思主义研究取向。我们这里重点讨论的是在西方心理学范畴中的马克思主义取向。当前西方心理学界存在着众多的马克思主义研究取向，在20世纪80年代以前主要盛行着精神分析马克思主义、人

---

① 杨玉芳.应用心理学领域的学术创新:《高尔夫心理学》评介［N］.中国社会科学报，
2010-05-18（18）.

本心理学马克思主义和辩证心理学等思潮，进入20世纪90年代以来又兴起了不少新的马克思主义心理学研究流派，像实证主义心理学的马克思主义、女权主义心理学的马克思主义、批判心理学和生态心理学的马克思主义等分支取向，汇聚成西方理论心理学研究的一支重要力量。这些心理学分支流派不仅对经典马克思主义理论进行了新的论证和阐释，而且展现出了不少新的时代精神、文化特征和价值观的转换。

精神分析的马克思主义取向的研究崛起很早。早在1911年，阿德勒便在维也纳心理分析研究会上宣读过一篇《马克思主义心理学》的论文。弗洛伊德（Freud）的另一弟子赖希（Reich）也对弗洛伊德所提出的攻击性本能论提出了异议，认为攻击性的本能在社会结构中存在有现实根源，需要求助于马克思主义来加以认识。西方新弗洛伊德主义的主要代表人物弗洛姆（Fromm）更是长期致力于把弗洛伊德与马克思主义理论相结合，认为马克思为心理学这门有关人和社会的新兴科学奠定了基础。在这些新精神分析学者看来，弗洛伊德和马克思之间有很多共同之处：第一，他们都属于唯物主义哲学的领域，因为二者均把人类的需要和经验、爱欲和饥饿这样的具体物质事实作为理论出发点；第二，两者都具有辩证思想的成分，主要表现在"伊底"和"自我"之间的辩证法交互关系，以及对梦的分析的辩证关系；第三，马克思和弗洛伊德均属于批判的、革命性的理论主张，他们都看到了资本主义条件下人的"异化"。尽管弗洛伊德没有使用"异化"这一概念，但他描述了与"异化"相类似的心理活动现象。

人本主义心理学的马克思主义取向在西方具有重要地位。马斯洛（Maslow）等学者普遍把人、人的本质、异化、人的自我实现、人的解放和人的全面发展作为议论的中心，强调马克思主义的人道主义性质，重视对马克思早期著作和哲学本体论、方法论问题的发掘。反对极端的、唯科学主义的倾向，主张把"理解"作为研究人的基本方法。人本主义心理学家关注如何通过心理治疗，帮助病人恢复健康。他们发现，心理治疗学面对的不是严格科学意义上的生理疾病，而是各种关于价值选择的道德问题，关于幸福与人性善恶的定义等。例如，罗洛·梅（Rollo May）曾说："如果心理学不能研究人类的全部经验和困境，那么，作为一种科学的心理学的概念或许就是一个很大的错误。"①人本主义心理学家的这种观点与马克思主义关注人的主体性及主观能动性的努力不谋而合。

辩证法是马克思主义哲学的重要组成部分，也是马克思主义的有力武器之一。心理学中的辩证法理论从诞生之日起就自觉或不自觉地运用了这一武器，特别是里格尔（Riegel）模仿《共产党宣言》的论文写道："一个幽灵，科学的辩证法的幽灵，在西方心理学中徘徊。科学世界的支架正在动摇；改造它的时刻临近了……辩证法心理学家们联合起来！你们失去的只是对庸俗唯物论者和虚夸的心灵论者的顶礼膜拜……"这标志着辩证心理学试图为与马克思主义的高度融合而做出努力，具有突出的时代意义和学科发展意义。

进入2000年以来，英国批判心理学家帕克发起并成立了国际"马克思主义与心理学组织"（Marxism and Psychology Research Group，简称MPRG）。该组织是为了提升跨学科研究，寻找马克思主义和心理学之间的交汇点即人的全面发展。他们号召全世界心理学者一起关注、研究和处理现代社会面临的一系列重大事件，从实验室里走出来，注重对现实世界的热切关怀。该组织认为马克思主义已成为哲学、社会科学、历史学等人文学科的学术准则中重要而且被认可的组成部分，且更需要成为当今马克思主义心理学新发展的重心。2010年8月，在加拿大爱德华王子岛大学召开了首届国际马克思主义与心理学大会。2012年8月又在墨西哥的墨雷利亚召开了第二届国际马克思主义与心理学大会。2014年在伦敦召开了会议。近20年来，国际权威的《理论与心理学》杂志发表了10多篇有关马克思主义的研究性论文。我国学者叶浩生、杨文登也在这一著名刊物上发表过中国心理学与马克思主义的文章。这表明马克思主义作为一种认识论和方法论体系，已经得到了一些国外心理学家的认同。

当前国外马克思主义心理学研究者关心的主要问题有：马克思主义与心理学，马克思主义与教育心理学、临床心理学、社会心理学、批判心理学、精神分析、人本主义心理学、女权主义心理学，以及马克思主义与解放心理

---

① ANTHONY S.Australian Marxist review［C］.Sydney：Conference in Critical Psychology，1999：16.

学、社区心理学等内容，其宗旨是为改变及消除目前大众对心理学所持的悲观态度，重建心理学的科学地位以及在社会中的应用价值。其中马克思主义批判心理学家的观点尤为令人注目。

在国际马克思主义与心理学组织中，有几位十分活跃和影响力较大的学者。其中最为著名的是英国学者帕克，他是曼彻斯特城市大学心理学院的心理学教授，是马克思主义心理学组织的最早发起者之一。帕克曾讲："马克思主义的相关理论、意识形态方法论为我们研究社会、人和心理打开了视野，是心理学和社会学研究的指南。"其研究领域主要集中在精神分析、心理学和社会理论、批判心理学、精神卫生和政治实践，代表性著作有《马克思主义和心理学》《心理学和社会学：激进理论与实践》《心理学的革命：异化到解放》等。帕克提出，现行的心理学虽然关注"个人幸福"，但却忽视了个体幸福所依赖的事实基础，而这些基础乃是社会和政治环境。心理学需要一个新的研究途径，马克思主义可以提供一个新的视角，并为心理学作为一门学科的发展思索提供了划时代的意义。

另一位有影响力的学者是美国心理学家霍兹曼（Holtzman）。她既是一位女权主义者，又是一位马克思主义心理学家，在大学与社区问题方面进行了30多年的研究，特别是在马克思、维果茨基、维科根斯坦等领域有独到的洞察和发现，同时将这些成果运用到精神治疗、青少年发展教育和组织发展、社区发展等领域中。她的后现代马克思主义方法论研究在国际上享有盛誉。

加利福尼亚大学教授拉特纳（Ratner）也是一位成果突出的马克思主义心理学者。他运用马克思主义进行文化理论根基研究，在文化及心理文化相关的领域里形成了独特的观点，尤其是在心理学理论的政治运用领域和方法论方面建树良多，出版有《文化心理学》《宏观文化心理学》《心灵的政治哲学》等著作。

加拿大理论心理学与历史学家梯欧（Teo），也是当今著名的马克思主义学者，更是一位批判心理学的代表性人物。根据梯欧的观点，马克思的辩证法与黑格尔的思辨哲学有着本质的不同，如何使马克思的辩证法更具有创新性、革命性，是当今理论心理学发展的一个主要任务。

需要提出的是，目前西方马克思主义心理学研究取向也存在不少问题，主要是思想性多于科学性、批判性多于建设性，操作性的内容也尚未定型。同时，西方政府历来打压马克思主义研究者，像帕克组织的马克思主义心理学研究组织仅举办了两次国际会议之后，英国当局便阻止他们开展活动，网站都被查封了，帕克本人也离开了英国去加拿大一所大学任职。西方马克思主义心理学研究活动受限制很多。

二、国外心理学的马克思主义研究新取向

（一）实证主义心理学的马克思主义研究取向

实证主义心理学的马克思主义是在继承实证主义的马克思主义传统基础上，形成的一种突出经验内容和科学实践的心理学流派，代表人物主要有法国的阿尔杜塞（Althusser）、美国的马雷（Malei）和澳大利亚的阿瑟（Arthur）。他们站在经验主义、实证主义、解构主义和科学主义立场上，对马克思主义的经典文本进行解读，热心推行一种经验性的科学研究和发展计划，同时采纳了"辩证唯物主义及其解释经验特性的一般概念"，进而形成了一种突出经验内容和科学实践的马克思主义，即"综合辩证唯物主义的经验科学"，并声称"马克思本人经历了一种经验的社会科学家的变化历程。马克思早期一直到晚期的许多论著中对一般规律的精确描述以及详细的研究探讨，已经很明显地出现了从历史哲学范畴向社会学转变"[1]。澳大利亚学者阿瑟认为，马克思主义是关于人的科学，自然科学也是人的科学的一部分。"马克思主义给我们理解上提供一种框架，特别是理解科学、人的本质和生活方面，不能以强调实证主义的观点理解个体的主观经验，我们需要考虑意义、需要和动力模型，以便更好地解释人的行为及本性问题。"[2]

在科学观和认识论领域，实证主义的马克思主义心理学取向强调辩证唯物主义是心理学研究的科学基础，认为唯物主义原理是以实证研究为导向的心理学价值观。按照实证主义马克思主义取向研究者的观点，马克思主义理

[1]　BENSAID D.Marx for Our Times：Adventures and Misadventures of a Critique［M］．London：Verso，2002：28.

[2]　ANTHONY S.Australian Marxist Review［C］.Sydney：Conference in Critical Psychology，1999：13.

论的最主要意义在于，作为一种工业社会的或"生产主义的"（productivist）哲学话语，"它提供了一种分析工业生产的语言、概念和导向，并为认识工业资本主义社会始终内在地具有创造性活力，即工业是一种把握自然与改变现实物质和社会世界的能力，是持久革命的力量"①。同时，马克思晚年的思想发展导致了他放弃"纯粹"的哲学，而试图寻找实践性的途径，这类似于当今的主流社会学和心理学的实证性基本探索方法。马克思理论的重要贡献在于揭示了心理与实践活动的关系，人们在改造客观世界的同时通过实践改造着自己。"有关与世界互动的人类历史及其心理活动，更多地受个人和集体对食、衣、住等其他生存手段的需要的人类实践活动，所涉及的问题基本上都是经验主义的，而且马克思号召科学性而不是哲学性的应对策略。"②

　　在方法论上，实证主义的马克思主义心理学研究取向重视以社会历史的方法考察研究心理学。美国学者杰斯特（Jester）等人指出，实证主义的马克思主义是一种研究方法，它把所有的理论结构包括马克思主义都植根于生机勃勃的环境之中，以保证这个概念不仅适合于它所需要理解的客体，也适合于它试图达到的目的。一些新马克思主义者的最严重问题就是忽视了"当代的具体现实"③，而生机勃勃的马克思主义必须使自己适应变化的环境和人类异化的形式。人类的创造性和想象力才真正是有活力的马克思主义的根本源泉，他们试图恢复马克思主义的科学性，使之再次成为进行真正的阶级分析和预测的决定性的认识工具。主张不应该把马克思主义的基本原理仅限于历史事件、社会现实、经验现象和模糊不清的自然语言或形而上学，而要致力于抽象的原则，把理论程式化、逻辑化、规范化、模式化和简洁化，特别是要寻找马克思主义的抽象理论得以确立和存在的微观论据。从具体问题和概念入手，建立一种马克思主义心理学的"微观基础"的基本方法论，其中包括功

①　JOST L J, JOST J T.Why Marx Left Philosophy for Social Science［J］.Theory & Psychology, 2007, 17（2）: 297–322.

②　HOLZKAMP I.On Doing Psychology Critically［J］.Theory & Psychology, 1992, 2（2）: 193–204.

③　JOST L J, JOST J T.Why Marx left Philosophy for Social Science［J］.Theory & Psychology, 2007, 17（2）: 297–322.

能解释的方法、逻辑分析的方法以及唯物辩证分析方法。实证主义心理学的马克思主义继承了实证主义的马克思主义传统，这一分支流派的学者站在经验主义、实证主义、解构主义和科学主义立场上，对马克思主义的经典文本进行重新解读，进而形成一种突出经验内容和科学实践的马克思主义。他们积极推行一种经验性的科学研究和发展计划，运用辩证唯物主义原理及其解释经验特性的一般概念，推动一种旨在"综合辩证唯物主义和经验科学"，并声称马克思本人就是一个经验的社会科学家的运动。

（二）女权主义心理学的马克思主义取向

女权主义心理学是在20世纪60年代末70年代初西方女权主义运动中形成和发展起来的一个心理学分支。女权主义心理学者在解读心理学科发展过程中，运用马克思主义对资本主义的深刻批判，以及消灭压迫、消灭异化、实现人的全面发展一系列武器，对传统心理学发起了猛力抨击。在女权主义心理学者看来，马克思从来就把人的解放及人的全面发展问题作为自己理论的核心。这里面不仅包括男人，也应包括女人。作为西方女权主义运动重要组成部分的女权主义心理学，与女权主义的马克思主义所相似的是，她们普遍怀疑绝对的社会历史真理，揭露人类性别之间的不公平事实真相，倡导赋权给弱势群体。认为整个人类的历史几乎可以用父权宰制来概括，而性别歧视伴随着人类这一漫长的历史。由于女性受到压迫有其特殊性，因此女性要取得更多的社会参与权和平等权利，其斗争将是全方位的：政治的、经济的、社会的、文化的和心理的。①

女权主义者对西方主流心理学的发展实质和知识建构过程开展了系列性的挑战，试图通过对研究议题的重新规划、解释和修正，以及基本概念、理论和方法的变革来重建与传统相异的女性主义心理学。他们认为心理学长期以来在追求人类心理一般规律的目标指导下，有意或无意地忽视了女性心理

---

① VINDHYA U.Feminist Challenge to Psychology：Issues and Implications［J］.Psychology and Developing Societies，1998，10（1）：55-73.

的研究，造成"女性在心理学中的地位很少被看见，也很少被听见"[①]。有证据表明，心理科学不去质疑情境因素和权力关系，而是通过歧视妇女的方法论为贬抑女性、解释女性在社会上的从属地位提供依据，而这一切又被贴上"科学"的标签。著名女权主义心理学者吉尔根（Gilqun）指出，心理学所存在的弊端至少在以下五方面需要变革：科学家是价值无涉的，普适性原理，价值中立性，客观性原则，科学方法的霸权地位。[②] 女权主义心理学者试图分析不同政治力量对心理学知识的生产产生的不同影响，强调心理科学的社会情境性与价值负荷性，提倡心理学研究的多元化。他们认为"在处理性别同其他社会地位与身份问题的关系时，仿佛它们可以一刀切开……许多理论已呼吁重视这样一种方法的危害性，并指出社会地位的其他方面，如种族、民族、阶层映射了性别的重要意义；性别心理的分析不能脱离或独立于这些因素的分析……"[③]。由于在传统心理学的女性心理研究中，通常的研究方式是男主试面对着一个或几个女被试。主试严格控制实验条件，避免文化和历史背景对被试的影响。实验者认为在这样的实验情境中所产生的行为是女性最"真实"的行为。实际上，实验室中的男主试和女被试已经把父权制社会中男女权力结构关系中的不平等地位带进了实验情境，其研究结论必然受到男女社会地位等文化因素影响。因为女性心理的研究不能脱离女性的社会地位，女性行为的分析不能脱离产生这一行为的社会背景。[④]

女权主义心理学取向的马克思主义者秉承女权主义运动的基本信念，以社会性别视角为基本分析范畴，透视主流心理学中所包含的男性中心主义偏见，使社会性别和社会性别理论成为女性研究与心理学研究的革命性工具，

① BURMAN E.Feminists and Psychological Practice［M］.London：Sage Publications，1990：14.

② GERGEN M .Feminist Reconstructions in Psychology：Narrative，Gender，and Performance［M］.Thousand Oaks：Sage Publications，2001：29.

③ MARECEK J.Gender，Politics，and Psychology's Ways of Knowing［J］.American Psychologist，1995，50（3）:162–163.

④ DOUGLAS J.Power and the Pathologizing of Sexuality in Marx and Foucault［C］.Washington，DC：Marxism & Psychology Conference，2010.

进而力图改变在父权制社会体系下心理学知识领域中"要么看不到女性的作用，要么扭曲、病态化妇女形象"的不合理状况。这一流派在西方心理学中独树一帜，对正确而全面地认识人类心理、探索心灵的奥秘起到了独特的作用，日益受到人们的关注。不少学者指出："在回顾心理学研究的百年历史时，我们感谢女权主义心理学家对关于女性与社会性别的知识所做出的贡献。女权主义的马克思主义取向对于心理学无论在学术建制方面还是在知识生产方面都产生了不可忽视的影响，充当着心理学学科变革的发起者与促进者的作用。"[①] 女权主义心理学是在20世纪60年代末70年代初西方女性主义运动中形成和发展起来的一个心理学分支。女性主义学者在解读心理学科发展过程中，坚持马克思主义对资本主义的深刻批判，以及消灭压迫、消灭异化、实现人的全面发展等一系列武器，对传统心理学发起的冲击。这一分支流派为提高妇女的社会地位、消除男女之间的就业不平等现状等社会问题，做出了突出的、难以替代的贡献。

（三）批判心理学的马克思主义取向

批判心理学是当今西方马克思主义研究取向的主要代表。批判心理学者以达尔文的进化论作为分析自然发展史的起点，将历史唯物主义作为社会分析依据，对长期以来就心理学所秉持的"实证主义"研究模式进行了反思，试图重构基本的心理学范畴，如对需求、认知、情绪、动机等概念提出了与主流心理学不同的界定和看法，并创建了以"行为能力"为基点的一系列具有批判心理学自身特点的新观念，以便建立新的个体发展观、学习观和治疗观。批判心理学研究者普遍强调理论心理学建设的反思和批判功能，认为理论心理学类同于科学哲学，其主要功能是经验工作之后的反身思考，探求为什么这样做和怎样才能做得更好。

批判心理学在当今世界各地正如火如荼地发展。受批判理论、拉丁美洲解放运动、后现代主义思潮以及女权主义和反种族主义运动的影响，批判心理学分化为许多不同的研究方向和不同的派别。目前批判心理学在国际上

---

① NICOLSON P.Feminism and Psychology [M] //SMITH J A，HARRE R，LANGENHOVE L. Rethinking Psychology.London：Sage Publications，1995：216.

有两个重要组织：曼彻斯特和悉尼的批判理论比较协会。批判心理学的代表人物帕克指出，"批判心理学的任何形式，在某种意义上说也是马克思主义的"①。他们普遍强调理论的反思和批判功能，认为主流心理学需要来自基于哲学本质的批判作为一种急救措施。按照西方批判心理学者的观点，批判理论包含两方面的内容：第一是解释——诊断方面，利用社会科学的发现和方法，对当前潜在的危机在经验上进行富有成效的分析；第二是展望——理想（乌托邦）方面，应当以更好的未来和更人道的社会名义指出当前社会的机能障碍，从社会基本结构的激进变革观点来看待当前社会，解释实际存在的生活危机。他们批评主流心理学抛弃了先哲们所创立的伟大传统，提出心理学理应去探讨先哲们所讨论的问题，也就是人性、人生的幸福与价值等问题。在认识论层面上，理想主义和唯心主义已经成为更普遍地影响社会科学危机的最重要的紧张状态，其中就特别包含心理学内容。他们认为应当把马克思的理论当作"是一个批判的理论，是一个要实践的理论，也是一个现实的理论。也就是说，该理论一方面是自我超越的，因此它需要很多具体类型的实践。另一方面，它揭示了世界万物是由客观的现实构成和理解的"②。批判心理学研究者提出要大力发展"理论心理学"，因为理论心理学类同于科学哲学，其主要功能是经验工作之后的反省思考，探求为什么这样做和怎样才能做得更好。"心理学作为一门科学，对它的理论和实践进行批判时应该铭记：马克思是为了社会科学而离开哲学的，而且他这样做有很充分的理由。"③

批判心理学的马克思主义取向批评西方主流心理学本质是一种"富人的心理学"，即把抽象孤立的个体看作"人类的全部"或者"全部有机体"。科学心理学真正的研究对象应当为全体的人。在他们看来，马克思主义基本原理强调人具有客观属性、社会属性和主观能动性，因此不能孤立地看待个体

① PARKER I.Introduction：Marxism, Ideology and Psychology［J］.Theory & Psychology, 1999，9（3）：291–293.

② DOUGLAS J.Power and the Pathologizing of Sexuality in Marx and Foucault［C］. Washington, DC：Marxism & Psychology Conference, 2010.

③ JOST L J, JOST J T.Why Marx Left Philosophy for Social Science［J］.Theory &Psychology, 2007，17（2）：297–322.

心理及其行为。而西方许多主流心理学家混淆了人类和动物主体性的差异，同时也抹杀了工人阶级和资产阶级主观经验的差异。心理学应当是人的共性心理的研究，研究的意义在于指导全体人的心理发展，而不是某个阶级群体。他们批评西方主流心理学所热衷的"变量研究范式"，认为该种研究途径实际上割裂了心理学研究对象的属性与社会人的属性之间的必然关联。科学心理学的创建标志为冯特创建心理学实验室，而这无疑将心理学的研究方法局限于模拟个体行为，而致使研究对象的社会性背景被最大限度地控制。这样的后果是心理学的理论为资产阶级所用，其研究意义被简单化。批判心理学的创始人霍尔茨坎普（Holzkamp）进而提出了一种新的研究思路——历史经验法（empirical - historical method），即在马克思主义自然辩证法思想指导下，使用历史经验法追溯心理机能与结构的起源和发展，认为心理学必须是一门具有历史性和社会文化性的学科。运用历史经验法是站在高处俯视人类的心理，不是微观的。心理现象的分析必须在文化历史过程中分析心理是怎样被语词建构的，这些建构又受到哪些文化历史因素的影响。①

（四）多元主义辩证法取向

辩证法是哲学研究的基本理论问题之一，也是心理学理论研究难以回避的一个重大理论问题。苏联心理学曾有过较长时间重视贯彻辩证唯物主义的历史，我国老一辈心理学家们也普遍强调以辩证唯物主义的观点、方法指导心理学的研究实践。辩证法心理学（dialectical psychology）是当代美国心理学中出现的新的研究思潮，它亦称为辩证心理学。在西方，自20世纪70年代末里格尔（Riegel）的辩证法心理学的出现，到20世纪80年代以来新皮亚杰主义思潮的兴盛，再到当前哈夫曼的拓扑辩证法心理学的问世，以及社会建构论对辩证法问题的积极关注，均为重新反思辩证法和重建辩证思维世界提供了一个新的时代机遇。然而，辩证法心理学的发展道路并不平坦。探讨辩证法心理学的成就及问题，对于克服当代心理学理论研究的深层困境、寻求未来发展的方向具有重要的启示意义。

---

① HOLZKAMP I.On doing Psychology Critically［J］.Theory & Psychology，1992，2（2）：193-204.

1.皮亚杰主义的辩证法心理学思想

皮亚杰（Piaqet）于1950年在《辩证法的发生认识论》中第一次提出"辩证法"一词，同时指出他所说的辩证法是"内在的辩证法"，即主体与客体相互作用的辩证法和所有科学本身所固有的辩证法。他认为，统一体内部对立面本质上的两极性是运动发展的普遍逻辑。因此，辩证法的本质是存在着真正的发展，而不仅是变化，当然，并不是认识过程的所有方面都是辩证的，只有认识的发生过程是辩证的。经典皮亚杰理论中蕴含着辩证法心理学的思想：（1）同化和顺应的对立统一。在同化和顺应过程中，由于主客体的相互作用活动的丰富和发展，主客体分别形成主体的内部结构（内化建构）和客体的外部结构（外化建构），而心理正是由于在低级阶段向高级阶段过渡过程中经历着这种内化建构和外化建构的辩证统一过程而得到发展。（2）儿童认识发展阶段论中从量变到质变的建构过程。皮亚杰根据儿童认知图式的发展是连续的从量变到质变的过程，将儿童智慧的发展分为相互联系的四个阶段，前一阶段内量变的积累达到一定程度会导致质变。正如朱智贤所说，"皮亚杰的有关认知活动发展的连续性和阶段性相统一的思想，认知发展年龄特征的稳定性和可变性相统一的思想，认知发展的结构在不断发展、完善和成熟的思想，都体现了心理学中量变和质变的思想"[1]。新皮亚杰学派坚持"信息加工"的立场，进一步发展了皮亚杰的辩证法心理学思想。新皮亚杰主义的辩证法心理学思想：（1）强调人与环境相互作用中环境的作用。费谢尔（Fischer）指出发展是人与环境相互作用的产物，他比皮亚杰更强调环境的作用，认为儿童自身与环境对于发展具有同等重要的作用。（2）更强调发展阶段划分的连续性和阶段性。费谢尔将人的发展阶段从儿童扩展到成人，并将人的发展分为三大阶段，即感知动作技能阶段、表征技能阶段和抽象技能阶段。前一阶段的最高级水平对应于下一阶段的最低级水平，每一阶段有四个水平，共十个水平。凯斯（Case）将思维的发展分为四个阶段：感知动作阶段、相互关系阶段、维度阶段、向量或抽象思维阶段，每一个阶段又有若干个亚阶

---

① 朱智贤，林荣德.思惟发展心理学［M］.北京：北京师范大学出版社，1986：47.

段。① 可见，新皮亚杰学派更加强调各个阶段之间的紧密连续性及连贯性。（3）认知的发展是积极主动的建构和先天知识应用的结果。A. 卡米洛夫·史密斯（Annette Karmiloff-Smith）认为，儿童通过人与环境的相互作用、通过表征重述（representational redescription）而进行主动自发的建构过程，从而获得认知的发展。②

2. 里格尔的辩证法心理学思想

里格尔（Riegel）是美国著名辩证法心理学家。他在去世前一年套用马克思著名的主张说："一个幽灵——科学辩证法的幽灵，在西方心理学中徘徊。……辩证法心理学家们联合起来！……你们将会赢得这个由永恒变化的人类所创造的变化着的世界。"③ 他的辩证法心理学以一生发展心理学为跳板，向心理学的形而上学传统思想观念发出了挑战。里格尔的观点全面阐释了普遍联系、变化发展及人与环境相互作用的思想：（1）任何心理现象都是随着时间序列和事件序列的变化而发展的。里格尔认为，正是随着时间而产生的社会历史背景的变化才是所有心理事件的基础，辩证过程恰好说明了这个过程。他认为发展就其本质来说是辩证的过程，它在四个方面同时进行：内在生物方面、个体心理方面、社会文化方面和外在物质方面。④（2）正是由于在整体联系中体现出来的心理现象变化发展的多样性和复杂性导致了理论研究的多样性和复杂性。里格尔还主张心理现象是在同现实世界的普遍联系中存在、变化和发展的。他的思想对心理学界产生了重大的影响，使人们从孤立地考察人的心理、遗传、环境转向了辩证综合的研究思路，跳出了一贯的行为主义搭建的象牙塔。

---

① CASE R.Handbook of Child Psychology［M］.Hoboken：John Wiley & Sons，Inc，1998：246.

② 史密斯.超越模块性：认知科学的发展观［M］.缪小春，译.上海：华东师范大学出版社，2001：1.

③ 陈大柔.国际上心理学辩证理论探索的兴起［J］.心理科学通讯，1982（4）：17-21，60-67.

④ SMITH N W.当代心理学体系［M］.郭本禹，修巧艳，方双虎，等译.西安：陕西师范大学出版社，2005：68.

3. 哈夫曼的拓扑辩证法心理学

哈夫曼所讲的辩证是指"思想或事实的对立面以正题、反题、合题的方式发生的逻辑发展"①。某一客体（或概念）与其他客体的区别导向了关于世界本质的辩证的观点。考虑一下图形与背景之间的关系，就会发现任何事物都有其对立面，每一思想都是由若干元素构成的混合物。这些元素包括全集（正题）、补集（反题），以及解决这些差异造成矛盾的途径、方法和手段（合题）。任何表面现象都有其深层事实，卡尼曼（Kahneman）与米勒（Miller，1986）指出所有被知觉到的事件都被比作对应于事实的转换物，事实的对应物构成了所经历的选择性事实。②哈夫曼在辩证法与辩证法心理学的双重背景下，引入新的符号" $ "，通过对对称差法的集合论运算提出了新的公式，验证了辩证法的主要定律。他提出的集合论拓扑学的对称差法运算，既可用以表征辩证逻辑的基本运算，也可用以表征辩证法心理学的基本运算。用对称差法表达正题与反题，用补集来表达合题与背景。上述算法已被应用到了皮亚杰发展心理学、记忆与学习、创造力和社会心理学等领域。

4. 社会建构论与辩证法心理学

实证主义范式排斥辩证法研究方法，其把社会文化和人的精神视为外在于人的意识的客观事实，忽略了人的社会文化属性。社会建构论把个体放在"个体—社会"相互作用的系统中进行研究，视个体为社会文化的一部分，个体与社会是相互影响、相互制约的。人的心理处于各种不同的关系之中，对心理的研究只描述机体本身是不够的，还必须研究机体与环境的关系，特别是与社会文化环境的关系，这些正是研究生态化特点的反映。③而实际上，任何一种心理现象（包括认知活动）只是不断发生着的人与环境的相互作用

---

① HOFFMAN W C.The Formal Structure of Dialectical Psychology［J］.The New Ideas in Psychology，2001，3.

② KAHNEMAN D，MILLER T.Norm Theory：Comparing Reality to its Alternatives［J］. Psychological Review，1986，93（2）：130–153.

③ 黄希庭.中国高校哲学社会科学发展报告：1978–2008：心理学［M］.桂林：广西师范大学出版社，2008：79.

动态演化过程中的一个片段，而且这动态演化还有历史进化的一面。① 肖特（Short）的社会建构论把个体放在与他人他物相联系的关系中研究，认为应该分析人与人之间的相互作用和社会建构过程。社会建构论反对实证主义心理学中个体主义的立场与辩证法心理学强调交互作用或相互关系的观点是不谋而合的。社会建构论者主张心理学应采用多元方法论，如格根（Gergen）指出任何一种方法都有存在的理由，并应用经验实证方法验证社会建构论观点的合理性；普特（Potten）采用话语分析的方法在社会互动和协商中探讨人类心理现象等。社会建构论否定的是客观真理的唯一性，主张以多样化的可能性代替单一的必然性，具体在心理学中表现为以多种"可能性"取代一种"必然性"，以"多样性"取代"统一性"。② 辩证法心理学也是主张研究方法的多样性，它可以使用任何一种方法，包括实验方法、现象学的方法、调查方法以及定性与定量分析法，致力于研究确定的事物和情境的意义，并将这些内容放到社会背景中来考察。社会建构论作为现代心理学的研究取向之一，明确否定了在心理学中导致外源论和内源论争论的主客两元论的思想，认为个体不可能把自身置于主体和客体之外，从而客观地观察二者的匹配；认为心理学理论研究不是对经验或事实的映照或者解释，而是在社会文化的影响下、在社会需求的导向下对心理学实证研究取向获得的事实、数据进行有选择的、积极的筛选，并有所创新和创造，为心理学注入新的资源，推动心理科学的发展。辩证法心理学对双向性的强调认识到了机体（主体）与环境（客体）的"个体—世界场"的特征，认为二者是互相改变的，认识到应该验证交互作用，而不是企图从机体内部分离出因果关系。持此观点的辩证法心理学家认为因果关系不在于内部（大脑或心理）或者外部（世界），而存在于历史和辩证影响的关系场中。而反对者克沃勒（Kavle）则明确拒绝接受这种内—外因果的二分法，他说"心理学的辩证取向反对主—客二分法和内部意识与外部行为的二元论，而意义既不存在于内部也不存在于外部，而是存在

---

① 李其维."认知革命"与"第二代认知科学"刍议［J］.心理学报，2008，40（12）：1306-1327.

② 杨莉萍.析社会建构论心理学思想的四个层面［J］.心理科学进展，2004（6）：951-959.

于人与世界的持续对话之中"①。上述可以看出辩证法心理学与社会建构论在许多立场方面是一致的。与此同时，社会建构论心理学所取得的成功在一定程度上也鼓舞着与它有着某些共同语言的"兄弟"。

5.理论心理学与辩证法心理学

当代实证心理学和理论心理学对峙的局面趋于缓和，表现出一些互相学习、互相促进交融的新迹象。没有实证支持的理论心理学只是建筑在沙堆上的建筑物，就成了纯粹的主观臆测；而没有理论的实证心理学只是一堆杂乱无章的资料堆积，就会见木不见林，变成没有思想的空壳。目前西方心理学积累了大量的实验资料，但因受唯心论和形而上学的束缚，理论上比较落后，甚至很混乱。恩格斯在发展唯物辩证理论时早已指出："无论如何，自然科学现在已发展到如此程度，以致它再不能逃避辩证的综合了。"②西方心理学者已开始认识到这一点，并试图建立辩证法心理学的理论体系。罗伊斯（Royce）提出理论心理学的研究要采取所谓"建构主义辩证法"（constructive dialectics）的立场。其中辩证法的作用是"保持各种可行概念之间的矛盾关系，而建构主义则关系到研究者推理的概念化。""就认识论而言，这个观点意味着一种综合的辩证法，即阐明经验主义、理性主义和隐喻主义在认识论方面的互补作用。就心理学理论而言，它意味着一种解释的辩证法，即阐明许多有关理论和行为的互补作用。"③理论再次受到关注，就像国内学者认为的那样，"在后经验主义时代里，人们对理论和经验观察的关系有了新的理解。理论不再是经验观察的附属物，相反，经验事实是被理论决定的。在不同的理论框架下，一个经验事实具有完全不同的意义"④，而对经验事实的理解要参照已经理解了的东西，因此，理解的运作必定是循环辩证的。而理论也不是一成不变

① SMITH N W.当代心理学体系［M］.郭本禹，修巧艳，方双虎，等译.西安：陕西师范大学出版社，2005：68.

② 恩格斯.反杜林论［M］.中共中央马克思恩格斯列宁斯大林著作编译局，译.北京：人民出版社，1971：8.

③ 罗伊斯，晓竹.哲学问题、心理学及其未来［J］.国外社会科学，1982（11）：46–48.

④ 叶浩生.后经验主义时代的理论心理学［J］.心理学报，2007（1）：184–190.

的，例如，在认知心理学中，物理符号论以表征或信息加工观点作为自己的元理论基础、单元网络论以联结主义作为自己的元理论基础，而当代认知心理学又出现了以具身主义为元理论基础的取向。这种元理论的变化趋势也体现了理论的辩证发展的观点。当前理论心理学追求提高其研究方法的科学性，并把寻找主观性研究方法转变为客观性研究方法的途径作为理论心理学的基本任务之一。科学实在论、科学解释学和社会建构论的多元方法论成为重建理论心理学的方法论基础。这与辩证法心理学所坚持的研究方法多样性是一致的。同时心理学方法的辩证多元化可服务于复杂的心理现象和心理学理论的评价以及整合，并且随着时间的推移这种方法可能有助于减轻心理学的分裂。① 有的西方学者提出，辩证法就是对非同一性的一贯认识，标志着"思想或事实的对立面的统一这种以正题、反题、合题的方式发生的逻辑发展"。这种思想智慧对于克服当代心理学的深层困境、推动理论研究的未来发展具有重要的启示意义。心理学的研究应当首先发现活动中的那些具体的矛盾和对立性，它们的相互转化给人的一切形式的生命活动提供真正的推动力。不研究这种推动力，心理学就不可能成为像人的活动那样的动态的，在自己的一切表现中是统一的有机系统的理论。② 在心理学历史上，各派心理学家形成了不同的心理学理论观点，这些观点之间有差异性，同时也有相似性，正是这些差异性促进了心理学理论研究的深入，而这些相似性是心理学理论发展的基本条件。

辩证法心理学是把辩证法的规律和范畴扩展到人的心理，这并非庸俗的传播，而是具有严格的科学性质的，它强调了人与社会的物质属性之间的不可分割的关系。辩证法心理学揭示了心理的物质基础，即社会存在决定意识，不仅决定意识，而且还决定无意识。辩证法超越了客观绝对主义与相对主义抽象的两极对立，实现了绝对与相对、无限与有限、理想与现实等一系列矛盾的和解。而当前心理学的分裂与整合难题也需要辩证法。在辩证逻辑领域

---

① GORERTZEN J R.Dialectical Pluralism：a Theoretical Conceptualization of Pluralism in Psychology［J］.New Ideas in Psychology，2010，28（2）：201-209.

② 达维多夫，杨德庄.列宁关于辩证法和心理学相互联系的思想（纪念列宁诞辰110周年）［J］.心理学探新，1982（1）：28-34.

中长期研究的历史表明，当人们把自己的全部知识和实践经验用于在客体中发现它的对立的侧面和倾向，用于查明它们彼此斗争和彼此相互转化（统一）的特点时，他们才会接近真理，① 心理学再也不能逃避辩证的综合了，它将处于向辩证的心理学转型的过程中。

6. 辩证法心理学发展的曲折道路原因辨析

首先，辩证法与科学心理学的矛盾冲突是阻碍其发展的一个重要原因。受近现代科学实证主义的影响，辩证法与哲学、形而上学一起被拒斥了。甚至科学哲学家波普尔（Popper）也认为："辩证法模糊而灵活，足以解释说明这种出乎预料的情况，正像它可以圆满解释说明不出乎所料的以及碰巧不曾实现的情况一样。不管事情怎么发展都合乎辩证法的图式；辩证法将永远不必担心未来经验的反驳。"② 依据逻辑实证主义的经验证实原则，所有的命题、陈述和理论观点都必须依据经验，从经验观察中提炼和抽取，任何理论概念表述的都必须是经验观察获取的事实和内容，只有能被经验观察证实或证伪，才是有意义的，否则就是无意义的和非科学的。③ 按照波普尔的科学理论的无矛盾性标准，辩证法思想中的"矛盾"学说也是与其格格不入的。于是科学实证主义一方面真正批判和冲击了传统辩证法和形而上学脱离实际的致命弱点，另一方面又由于其极端性主张，使自己自觉或不自觉地通过固定的研究方式重建了一种新的形而上学标准。现代心理学中充斥着隔阂与争论、分歧与对立、悲观与乐观等问题，对心理学分裂危机的忧虑并非杞人忧天，心理学家由于缺乏一个共同的基础而陷入破碎和分裂之中，其他学科的蚕食也对心理学的存在构成威胁。④ 按照波普尔的科学理论的可证伪思想，心理学中的许多理论都是无法证伪的，而可证伪性一向被科学实验研究者奉为科学理论的必备性质之一。

---

① 达维多夫，杨德庄. 列宁关于辩证法和心理学相互联系的思想（纪念列宁诞辰110 周年）[J]. 心理学探新，1982（1）：28–34.

② 波普尔. 猜想与反驳：科学知识的增长 [M]. 傅季重，纪树立，周昌忠，译. 上海：上海译文出版社，1986：69.

③ 叶浩生. 后经验主义时代的理论心理学 [J]. 心理学报，2007（1）：184–190.

④ 叶浩生. 再论心理学的分裂与整合 [J]. 心理学探新，2000（2）：3–7.

其次是辩证法心理学自身研究的"两难问题"困境。由于辩证法心理学理论本身存在的不足,其发展还并不成熟。

因为任何一种理论的产生都不是绝对有积极影响的。皮亚杰在研究儿童认知发展与自然环境、社会环境的关系时带有明显的生物学化倾向,并深受机能主义的影响。他强调个体、主体的能动性而忽视社会主体的能动作用;还有他关于认知改变的模糊性、对发展时间表解释的不精确性,以及对儿童认知发展阶段的划分过于绝对等不足,而使他的理论受到批评。①

20世纪60年代末辩证法进入了美国发展心理学,但辩证法的地位即使是在采用辩证法思想的心理学家中也大有争议。美国心理学家贝尔兹(Beltz)等人把辩证法划分为作为存在的变化方式的辩证法和作为理解变化的方法的辩证法,认为辩证法只是指导心理学发展的世界观,辩证法心理学只是把辩证法当作一般的理论方向,而不是详细说明的方法。而里格尔等人借鉴苏联心理学中的辩证法试图把辩证法全面应用于西方心理学,进行辩证综合的探讨。

同时,辩证法心理学还存在一些缺陷,如里格尔的辩证法心理学虽然承认事物发展的普遍联系和不断变化发展,但是他仅满足于对动态状态的描述和理解,他只注重于现实过程的表面的外在的联系和变化,而放弃了对变化发展的本质和规律的探求,进而导致了他在认识论上的折衷主义混乱,最终陷入了形而上学的泥潭。因此,有人说里格尔的辩证法心理学是以辩证的探讨开始,而以形而上学的归结告终。贝尔兹等人把辩证法划分为"作为存在的变化方式的辩证法与作为理解变化的方法的辩证法两种",认为辩证法是指导心理学发展的世界观,辩证心理学是把辩证法当作一般的理论方向,而不是当作详细说明的方法。罗伊斯提出理论心理学的研究要采取所谓"建构主义辩证法"的立场。"建构主义辩证法"是一种综合的辩证法,即阐明经验主义、理性主义和隐喻主义在认识论方面的互补作用。

苏联心理学曾经有过重视辩证心理学研究的优良传统,柯尔尼洛夫

---

① 葛鲁嘉.评美国辩证法心理学的代表性理论[J].吉林大学社会科学学报,1987(1):34-40.

（Kornilov）在1930年发表的论文《辩证唯物论心理学》阐明了辩证唯物论与机械唯物论的主要区别，论证了辩证法三大规律应作为心理学的方法论前提。维果茨基（Lev Vyqotsky）进一步提出，辩证唯物主义并不否认作为脑的机能和高度组织起来的物质属性的意识的实在性，也不否认对它进行科学的也是严格客观的研究的必要性。他特别强调，人的各种心理机能之间，诸如感知、记忆、思维等，都是处于相互联系、相互影响、相互制约之中，心理的发展不仅有各种心理机能的变化，还有这些心理机能之间联系与相互关系的变化。

中国老一辈心理学家普遍强调以辩证唯物主义的观点、方法指导心理学的研究。他们认为，辩证唯物主义有助于揭示心理活动的本质，即存在决定意识，社会存在决定社会意识。辩证法超越了客观绝对主义与相对主义抽象的两极对立，在反映论和实践论的指引下，实现了绝对与相对、无限与有限、理想与现实等一系列矛盾的和解。同时认为，当前心理学的分裂难题也需要并可能在辩证法的指引下予以整合。

三、国外马克思主义心理学取向的主要特点

国外马克思主义心理学的新取向是一种现实感非常强烈的社会思潮，其并没有形成统一的学派，各分支学派之间经常存在着不少差异和冲突，但在一些基本问题上也有着许多共同的倾向。

第一，批判性成为国外马克思主义心理学发展的主要趋势。批判性既是现代西方马克思主义思潮发展的立足点，也是心理学取向的马克思主义研究者的反思性出发点。高扬批判的旗帜，弘扬马克思主义的批判精神，从宏观批判走向微观批判，从对发达资本主义国家后工业社会制度的现实批判，走向科学批判、技术批判、道德批判、艺术批判和精神心理批判，这是20世纪西方马克思主义发展的主要特点。而西方马克思主义心理学研究则在微观的精神心理的批判领域做出了新的贡献，他们强调精神和心理的批判才是对资本主义制度的本质性批判。众多的西方马克思主义心理学研究者在对主流心理学进行批判的同时，也在积极寻找新的理论支撑点，认为这个支撑点本质上涵盖了马克思关于社会历史发展规律的学说，体现了马克思主义新的生命活力、科学批判精神和创新精神。当前无论是女权主义心理学的马克思主义、

批判心理学的马克思主义，还是实证主义心理学取向的马克思主义，都重视对西方主流心理学的批判和反思。女权主义心理学和批判心理学运用马克思主义自身所具有的科学性、深刻性、批判性和逻辑性的巨大威力，不仅向西方主流心理学的狭隘的经验主义、价值中立论、机械论、还原论发起了一轮又一轮的冲击，而且对心理学的认识论和方法论进行了新的解构，力图以新的视角来批判地面对现代心理学主流研究，并将这种批判深入西方文化的根基处。"一提到主流心理学，我们就是指在大学中最常常教导的和在临床、研究和管理咨询顾问等实践方面所运用的心理学。这样的心理学被描绘成一门科学，因其有客观的研究者和实践者，他们要去揭开人类行为的真相，帮助个人更好地适应现代生活……因为心理学自从作为一个研究领域诞生以来，它的价值观、假设以及规范都一直是支持社会的主导机构，该领域的主要研究是关于社会的不公和破坏人类福祉方面的。我们认为，有必要提倡一定的价值观和政治行动，而不是为了保留合法性就尽力显得客观。"[1]当然，实证主义心理学的马克思主义者的批判性则与这两种取向有所不同。实证主义心理学的马克思主义取向更关注方法论的批判性本质。"在心理学中促使我们为批判方法的姿态所关注的或者所关心的，也是和批判心理学鼓吹者所关心的方面是不一样的。"[2]其更侧重于讨论科学研究的批判性本质和实施程序，包括对旧方法的持续反思和修正，对新方法的创新和发展，加强对理论探索和批判评估的自我反思的迫切性。同时，提倡方法的创新和持续对设想的批判性反思，提高定量方法的研究质量，以摆脱当前西方主流心理学的刚性实证方法中心论所面临的困境，以便给心理学的进一步发展提供新的研究方法论和策略。

第二，强调心理学研究对象的社会关系和文化历史性问题是西方马克思主义心理学发展的一大重要特点。当代西方主流心理学是在科学主义和实证主义的框架中发展起来的，它代表了心理学的现代主义理想，体现了当代西方社会的现代主义价值观。在经验实证科学范式的指导下，西方传统的心理

---

[1]　BHASKAR R.Dialectic：The Pulse of Freedom［M］.London：Verso，1996：48.

[2]　YANCHAR S C，GANTT E E，CLAY S L.On the Nature of a Critical Methodology［J］. Theory & Psychology，2005，15（1）：27–50.

学把客观化作为理想的目标，崇尚实验室实验等实证主义的方法，排斥文化历史背景的分析，把个体看成脱离社会文化背景而存在的抽象的个体，文化因素、价值观念、社会背景被作为无关的干扰而被排斥在研究者的考虑之外。当前西方心理学界兴盛的马克思主义新流派普遍强调心理学要向"更社会"的方向发展，而不是更"自然科学化"。女权主义者质疑西方主流心理学的科学观和方法论，认为自然科学的经验实证范式不适合心理学，心理学不可能脱离社会文化的影响而进行价值中立的研究。批判心理学否定了主流心理学对心理学的"变量研究范式"，认为此种研究途径实际上割裂了心理学研究对象的属性与社会人的属性之间的必然关联。因此，他们一直呼吁要重视心理的社会属性内容。根据批判心理学的代表人物帕克等人的观点，马克思主义和心理学有着密切的关系，都以人与人的心理为研究对象，并且马克思本人也在心理学领域有着惊人的建树。马克思强调人是社会关系的总和。因此，心理学的研究对象，并非实在，而应是社会关系。传统心理学的研究对象如人格、态度、情绪、认知等主题，并非一种内在的实在，而且这些心理现象并不存在于人的内部，乃是存在于人与人之间，是人际互动的结果。知识不是通过客观方法"发现"的，而是人们在社会生活中互动、协商和建构出来的。[1] "马克思运用历史唯物主义的方法，把人的主观能动性理论、人的本质理论、人的对象性实践活动理论、人的类特性理论以及人的需要理论包含于人的本质特性理论。这些理论之间的内在联系全面科学地揭示了人的本质的科学内涵：人是自然的、社会的、精神的统一体。"[2] 心理学知识的生产，无论是通过科学的程序还是其他方式，都不能脱离文化，并且是文化的一个部分。马克思主义必须根植于理性选择理论之上，特别是个体参与革命活动的合理性。而"问题在于，在社会与认知心理学界进行的实证研究对微观经济学的理性选择理论带来了很大的挑战。一些研究生活中人类的判断、决策的制定以及行为表现的研究，反映出个体自我很少能够满意理性自利的标准。而分

---

① GERGEN K.The Saturated Self: Dilemmas of Identity in Contemporary Life [M].New York: Basic Books, 1991: 79.

② SQUIRE C.Significant Differences: Feminism in Psychology [M].London: Routledge, 1999: 64.

析马克思主义有助于推动传统马克思主义借用心理学研究相关道路向社会科学前进"[1]。换句话说,马克思主义研究需要运用社会科学的方法,通过考虑心理学以及社会学、经济学的研究进程,才能丰富马克思主义的科学解释,并预测人类社会活动。有学者指出,马克思的社会心理的理解在某些方面是准确的。社会历史文化模式应该是心理学研究的基本内涵和框架。新的心理健康运动并不能代替马克思主义对心理学的作用,而且这些运动并不比所谓的后建构主义更加激进,即使一些方法用解构去研究激进的思想。[2]但是学术的批判心理学中仍有许多疑问,"当与其他社会活动相比较时,批判心理学的信奉者去挑战和揭露心理学与社会形势之间的共同联系"[3]。

第三,研究关注的元素和概念出现了下移。当前西方马克思主义心理学研究出现的另一个显著特点是,所关注的元素与概念较之传统的元素与概念出现了下移的趋势,即不再只研究大的宏观叙事问题,而是侧重微观具体层面,使得马克思主义的概念更贴近心理学的话语系统。长期以来,西方主流心理学界忽视马克思对心理学所做贡献的一个重要原因是,人们认为马克思仅关心经济现象和唯物主义的概念,而这不属于心理学的概念范畴。马克思主义和心理学属于两套不同的话语系统。为了改善这种现状,以前精神分析的马克思主义者弗洛姆曾经对此做出过巨大的努力,近年来西方马克思主义心理学的新流派在这方面又进行了进一步的尝试。像批判心理学的代表人物帕克便分析提出了这样几个思路:一是需要对马克思主义的元素进行更接近于心理学运作优势的分析,而不是仅停留在"心理学模式"上,更重要的是聚焦于心理学的研究方法论层面,如果将心理学作为一门历史性理论性分析的学科,则需要细致的文化分析,而马克思主义的分析元素则提供了合理的基础;二是需要对马克思的唯物主义分析元素和心理学的标准概念加以对照,

---

① PARKER I.Critical Psychology:Critical Links[J].Annual Review of Critical Psychology,1999,1(1):3-18.

② SLOAN T.Critical Psychology:Voices for Change[M].London:Palqrave Macmillan,2000:19.

③ ARNETT J J.The neglected 95%,a Challenge to Psychology's Philosophy of Science[J].American Psychologist,2009,64(6):571-574.

建立适合心理学的话语系统，譬如，可以把马克思关于"人是社会关系的总和"、家庭、物质、私有财产和国家、剩余价值和文化资本、自由、异化和剥削等概念，转换为心理学中常用的社会、自我、机制、适应、不健康经历、错误信念、个人心理模型等范畴；三是运用马克思主义的核心论点，可以把诸如社会革命、阶级意识、制度空间和个体解放等命题加以科学知识的改善，建立相对稳定的规律秩序，以便同主流心理学的实证主义、经验主义和模型图式等标准概念相抗衡。现在西方所使用的每一个心理学的标准框架都是资本主义开辟新市场所必需的条件，而马克思使用的概念也将成为了解人类心理的一种有效途径。[①] 还有学者认为，"有一个问题值得去探讨一下，那就是诸如达尔文、马克思和弗洛伊德等智慧英雄的观点是怎样被转化吸收进通俗心理学中的。马克思的科学概念将为建构日常生活实践，抵制传统的心理学中不合理的方面发挥效用"[②]。

四、国外马克思主义心理学研究的积极成就

当代西方马克思主义心理学研究取向的兴起，再一次证明了马克思思想的强盛生命力。在20世纪80年代以前，除了以苏联为代表的社会主义阵营的心理学工作者坚持运用马克思主义研究心理学，在西方国家曾出现了精神分析马克思主义、人本心理学马克思主义和辩证心理学等流派，新近崛起的实证主义的马克思主义、女权主义心理学的马克思主义和批判心理学的马克思主义新取向，虽然对马克思主义可能有歪曲的地方，但我们也不能忽视马克思主义对他们的积极影响。这充分表明马克思主义作为一种认识论和方法论体系，已经得到了一些西方心理学家的认同。而随着马克思主义研究运动的日益高涨，如何认识西方马克思主义的心理学理论资源，把辩证唯物主义的精神财富纳入科学心理学研究的思想长河，是我们中国心理学研究需要进一步探讨的一个重要理论和现实问题。

---

① PARKER I.Critical Psychology and Revolutionary Marxism［J］. Theory & Psychology，2009，19（1）：71-92.

② ANCHIN J C.The Critical Role of the Dialectic in Viable Metatheory［J］.Theory & Psychology，2008，18（16）：801-806.

首先，运用马克思主义研究心理学是能够取得科学成果的。心理学与马克思主义有着共同的研究对象，这就是人和人的心理。然而，长期以来不少心理学者对运用马克思主义研究心理学能够取得成果持有怀疑态度。然而，更多的学者则以为，马克思作为伟大的思想家，不仅在哲学、经济学和科学社会主义领域为人类做出了杰出贡献，在心理学领域也有着重要成就。西方新近涌现出的马克思主义心理学思潮，说明运用马克思主义研究心理学是可以大有作为的。我们只有在了解掌握西方心理学流派的马克思主义取向的内容、特点及局限后，才能为真正的马克思主义心理学的发展提供借鉴和启迪。这不仅对于克服当代心理学理论贫困的痼疾有着极为重要的作用，也为今后心理学的研究提供了许多有益的启示。同时，运用马克思主义本身要求批判地吸收现代心理学的成果。当前西方马克思主义心理学提出的基本概念和进行的功能分析，为心理学的深入发展增添了新的内容。因此，重新审视马克思主义及其辩证唯物主义在心理学中的地位，反思新的时代背景下面临的问题，做到真正利用马克思主义理论来武装、指导心理学的发展，是我国当前心理学工作者必须思考的一个重要现实理论课题。我国老一辈心理学家素有重视辩证唯物主义指导心理学研究的优良传统，但令人遗憾的是近年来国内心理学界基本上回避这一问题。固然，改革开放前30年在这个问题上出现过教条主义和专制主义的不良倾向。教条主义把马克思主义当作现成的"原理"，并将其从外部强加到研究对象的身上，这样当然是不会有效的，甚至是有害的。如果真正掌握了马克思主义的基本精神，并结合心理学的具体情况，创造性地运用马克思主义原理和方法，是可以取得成果并推动心理学的发展的。就此而言，西方马克思主义心理学的新取向为心理学的理论发展做出了积极的贡献。

其次，突出了对现实社会的热切关怀和强烈的参与精神。马克思主义心理学要研究与现代社会进程有着紧密关系的心理问题才能体现出新的生命活力。当今西方马克思主义心理学取向的一个突出特点是对现实社会的热切关怀和强烈的参与社会变革的精神，这为心理学的未来发展指出了一条广阔的道路。近20年来，西方国家进入了一个后现代的社会，资本主义的危机已经改变了形式，不再仅发生在经济和政治领域，也反映在了技术和社会精神问题上。机器束缚人，电脑支配人，商品奴役人。科学技术使人失去了本来的自我，使人变成了异化者和单向度的人。而作为西方国家"国学"的心理学更是将人研究成为"实证的人"。①科学主义、技术主义和消费主义文化的深入发展，为人的自身存在和本质的全面自由发展带来了新的阻力。西方新马克思主义者普遍重视从微观的精神心理的批判，倡导维护生态环境，保护人的生命和身体健康的目的出发，需要借助马克思主义理论，进行意识形态革命、文化革命和心理革命，才能扭转社会危机局面，走向人道化的健全社会。特别是人本主义的马克思主义和批判主义的马克思主义心理学流派利用社会科学的发现和方法，从社会基本结构变革的观点来看待当前社会，解释实际存在的生活危机。他们批评主流心理学表达的"是知识分子而不是工人大众的声音。作为一个社会关系的单元，心理学个体因素的作用已经大为减弱。社会心理元素更加重了他们的负担，决定着人们如何作为社会关系运动物质基础的家庭、私有财产和国家，却又不属于社会心理的范畴。心理学家在他们的训练中被告知只要坚持直接的观察和实证主义的世界观，他们就会得到满足；而除非我们将其与实践加以结合，否则简单的理论的叠加并不能对此加以超越。这意味着我们需要从关注基本知识的积累转向基于社会关系的知识改变的方式"②。当前西方马克思主义心理学研究者重视对科学的本质、人的本质和人性问题的理解，对西方现实的批判，对精神理想境界的肯定，对伦理价值的高扬等，值得我们中国的马克思主义研究者高度重视。伴随着近年来国内学术界关于马克思主义时代化、科学化、大众化教育运动的步伐，我们心理学界特别需要对西方马克思主义心理学发展的新取向加以系统研究清理。加强马克思主义引领心理学思潮问题的研究，这对于改善国内学术界的滞后及错位状态，在应对当代西方各种社会思潮的冲击中变被动回应到主动挑战，恢复及捍卫辩证唯物主义的应有权威，提升心理学为社会服务的水平，无疑具有突出的理论价值和现实意义。

---

① MELANCHOLIC T.Anti-Capitalism［J］.Annual Review of Critical Psychology，2003，13（Special Issue）：273-279.

② DRURY J.What Critical Psychology can't do for the "Anti-Capitalist Movement"［J］.Annual Review of Critical Psychology，2003（3）：88-113.

最后，西方马克思主义心理学研究的新发展取向为心理学的理论建构带来了新的思想资源。西方马克思主义心理学的再次兴盛，在一定程度上丰富及扩展了马克思主义研究的内容和领域，为繁荣人类的心理文化内容增添了新的思想光彩。正像批判心理学家帕克所讲："只有一种理论资源——革命的马克思主义——能用来处理问题和再一次确保对心理学学术、职业和文化各方面有正确的基础立场。"[①]20世纪许多的社会学家和社会政治理论家从马克思的著作中获得了灵感，这些贡献对理论的建构有着极其重要的作用，为当前理论心理学的研究更带来了新的资源和发展前景。尤其是在科学观和方法论方面，正如有的理论心理学者所说："马克思的目标应该受到当代批判心理学家的尊敬，因为他以为为了实现一个更好的社会，不仅仅要通过革命活动，而且最重要的是朝着一个对人类需求、能力范围、发展趋势和缺陷方面的精确的、以实证为基础的科学理解的方向努力。"[②]同时，马克思主义是一种开放的思想体系，在全球化视野内反思和探索心理学的未来发展模式，就不能不借鉴辩证唯物主义的精神资源。

---

① PARKER I.Critical Psychology and Revolutionary Marxism［J］.Theory & Psychology，2009，19（1）：71–92.

② RASKIN J.The Evolution of Constructivism［J］.Journal of Constructivist Psychology，2008，21（1）：1–24.

第二章 理论心理学的崛起与马克思主义

积极推进马克思主义与心理学研究的融合，是国内心理学研究面临的一项重要任务。近20年来，国际心理学研究的一个发展趋势是重新开始重视对心理学重要理论性知识的贡献，并崛起了理论心理学这一新的学科分支。这一新的学科分支一方面延续了心理学的基本理论与历史研究的优良传统，另一方面积极运用新的科学研究范式促进心理学理论研究的深化发展。马克思主义心理学研究取向已汇成了理论心理学的重要组成部分。

第一节 理论心理学的崛起

当前国际心理学的理论研究呈现一种自觉和复兴的发展趋势，强实证主义的研究已经有所调整及变化，后经验主义、后实证主义研究日益兴盛。而我们国家的心理学仍然在"继续强化实证性研究"，这必然会继续拉大与国际心理学研究水平的差距。加强心理学领域中理论性问题的研究，是这门学科走向成熟的重要标志，可以为心理学的发展带来新的生机。

一、理论心理学的概念内涵与实质

现代科学进入了一个"理论科学发展的新时代"。有学者提出，理论心理学分支的发展目标是促进心理学向类似物理学中的理论物理学与实验物理学、经济学中的理论经济学与应用经济学那样的形态迈进。理论心理学是心理学理论研究的新阶段和新形态。[①]

在传统上，心理学把理论性的研究称为"基本理论"，隶属于普通心理学，即普通心理学教科书的前两三章内容。一般认为"心理学基本理论和心理学史"属于理论性研究的核心内容。国内学者王启康曾经撰文指出，心理学的基本理论是以学科性质、研究对象、方法论和涉及全学科范围的理论问题为重点领域的研究分支。"所谓心理学的基本理论是指心理学中的那些根本性的、整体性的，对心理学的研究和发展具有极其重要的指导意义的问题。所谓根本性，是说它涉及和影响到心理生活的一切方面和部分。唯其如此，这些问题的研究和解决，对心理学的研究和发展有着极其重大的意义，甚至还影响到我们对心理学的研究目的和态度，如何要求和对待心理学的研究等。"[②] 国内更多人认为这属于"哲学心理学"或者"心理哲学"的范围。当然，这种理解是表面化的。

现代意义上的理论心理学是在已有的心理学基本理论基础上发展起来的一种新的研究形态，是指"从非经验的角度，通过分析、综合、归纳、类比、假设、抽象、演绎或推理等多种理论思维的方式，对心理现象进行探索，对心理学学科本身发展中的一些问题进行反思"[③]。其有自己特定的对象、任务和理论体系，并不同于哲学心理学，而与实验心理学是并存的。理论心理学在心理学中的地位，就应像理论物理学、理论化学在物理学和化学中的地位一样，也应与理论经济学和应用经济学共同汇成经济学的核心学科内容相似。理论心理学是心理学的学科体系中一个极为重要和不可缺少的组成部分。这属于狭义的理论心理学概念。

广义的理论心理学概念是指心理学的基础理论研究，即以学科范围内的理论问题为中心的研究领域。如我国台湾学者张春兴将整个心理学领域划分

---

① 陶德麟，汪信砚．马克思主义哲学的当代论域［M］.北京：人民出版社，2005：103.

② 王启康．格心致本：理论心理学研究及其发展道路［M］.武汉：华中师范大学出版社，1999：9.

③ 叶浩生．理论心理学辨析［J］.心理科学，1999（6）：549–550.

为"理论心理学与应用心理学两大类"①。他明确提出,在心理学的学科体系内承担着理论上的任务的这类学科归结为理论心理学类,像普通心理学、发展心理学、认知心理学、实验心理学、生理心理学、人格心理学和比较心理学等,均属于理论心理学的研究范畴。

从心理学科制度建设的中长期目标来说,广义的理论心理学显然应该是心理学的根本建设目标,也就是需要向物理学中的理论物理学和经济学中的理论经济学那样的成熟规范形态迈进。但就近期发展目标而言,狭义的理论心理学乃是目前研究的重点内容。近20年来西方理论心理学的研究基本上是围绕狭义层面而展开的。

科学心理学诞生以来,主流研究通常注重的是定量研究,重视探讨变量间的表层数量关系,有意或无意淡化了对变量之间内在逻辑关系的分析论证。重方法、轻原理,重数据、轻理论逻辑,这种局面反映了心理学这门学科的发展已经脱离一般科学发展的"公转"轨道,而走上了"自转"的反常路径。为了克服这一严重的问题,国内外心理学界出现了重视理论心理学研究的新取向。"通过多年的努力,心理学已积累了大量的数据、素材、定理、模型等,现代心理学恰恰缺乏的是对这些资料内在关系的梳理,即怎样把这些零乱的素材构建成合理的框架体系。这就需要理论心理学的优先发展。"②

虽然在冯特开创的心理学传统科学知识研究谱系模式中,其既是一门实证性很强的科学,同时也是一门理论性比较强的学科。然而,有关心理学理论价值的争议却始终存在。20世纪中期以来,心理学的理论地位经常受到人们的怀疑与批评。在现代心理学持续发展的关键时刻,心理学理论课程几乎完全从欧美大学课程中消失,而技术性的方法论研究取得了垄断地位。加拿大学者斯坦姆(Stam)曾指出,理论研究在心理学中的学科本体性地位在某种程序上的缺乏,根源在于现代心理学的创新和发展动力很大一部分源于对其他学科的借鉴。"在过去50年里,心理学的发展就是在外部影响下不断更新的历史。信息加工理论、乔姆斯基语言学、生态学、神经科学、计算机理论

---

① 张春兴. 现代心理学 [M]. 天津:天津人民出版社,1996:9.

② 叶浩生. 论心理学的分裂与整合 [J]. 陕西师范大学学报(哲学社会科学版),2002
(6):105–112.

等，都为人的思维提供了新颖的理论模型。"① 尽管在心理学的实证性研究中，理论研究的比重有所下降，但是受现代新物理学特别是相对论和量子力学理论成功范例的影响，科学哲学中出现了以波普尔（Popper）和库恩（Kuhn）等人为杰出代表的重新认识理论价值的方法论运动，在西方心理学中也涌现出一门专门研究理论问题的新学科分支——"理论心理学"。有学者认为，这预示着心理学的研究有可能进入一个"理论时期"②。格根（Gergen）指出："近20年来，理论心理学在许多重要的领域目前已出现了一种令人兴奋的进步。"③甚至有人预言：21世纪将是"理论心理学的世纪"④。应该说，过分乐观的预言也不是实事求是的态度。

北美理论心理学的奠基者罗伊斯（Royce）认为，理论心理学由元理论与实体理论组成。他提出："理论和元理论是科学的必要组成部分，成熟的科学是不会长久地摇摆于理论构成和资料收集之间的。相反二者应当同时并进，相辅相成。正是观察和理论之间的长期相互作用，才产生了能够吸收、消化一系列现象的理性科学。"在罗伊斯看来，作为一门理论科学，心理学目前的状况十分混乱。因此，对于它的未来，最迫切的任务是阐述概念和发展理论。其中有两个基本任务：一是运用不同的方法构成理论；二是深化心理学评论。在他看来，心理学的理论大都属于三种元理论范畴：纲领性范畴、描述性范畴和半解释性范畴。纲领性的范畴经验基础比较薄弱，概念模糊，缺乏理论上的连贯性；描述性的范畴有比较坚实的经验基础，一些概念的定义比较明确，也有一定的连贯性；而最先进的理论形式属于半解释性范畴的理论，其经验基础雄厚，概念明确，连贯性强。最好的构成方法是最大限度地扩大理论的内涵，同时减少理论原则的个数。描述性理论的最佳构成方法是针对相对有限的方面建立一种规律的网络，这个理论网络有可能发展成某一领域的

---

① STAM H.On the Uses of Theory［J］.The General Psychologist，2006，2.

② KOCH S.Psychology：a Study of a Science［M］.New York：McGraw Press，1959：7.

③ GERGEN K J.Emerging Challenges Redux［J］.Theory & Psychology，2000，10（1）：23-30.

④ HEZEWIJK R V.The Century of Theoretical Psychology［J］.Theory & Psychology，2000，10（1）：99-106.

理论。改进纲领性理论的最佳方法是领会理解所研究的领域，鉴别和明确有关的理论结构，探求它们之间的关系。

福韦尔斯（Fower）发表文章认为，理论心理学需要重视处理普遍性与特殊性研究及应用的促进作用及限度，其面临着普遍性与特殊性的巨大挑战，因此理论心理学需要充分发挥"知识的理论化、认同、交流对话和价值贡献"这四种功能。①

美国理论心理学的主要代表人物谢利夫（Sharif）提出，心理学的理论应该包括三个层次：一是宏观层次；二是中观层次；三是微观层次。宏观层次的理论心理学应该探讨作为整体的学科的同一性，亦即回答心理学究竟是什么的问题，并评估心理学到目前为止的发展状况。中观层次的理论心理学应探讨心理学作为一门整体性学科的全局性问题。微观层次的理论应该阐明基本概念、研究方案、应用措施等背后隐藏的关于世界和人的基本假设，为具体研究提供理论咨询和参谋。

我国著名心理学家潘菽先生早在20世纪30年代就开始致力于"理论心理学"的研究建设工作。他认为，理论心理学也称系统心理学，即对心理学的系统进行了解。理论心理学的研究内容需要包括：理论心理学与其他心理学科的关系、心理学的对象、心身关系、心理学的方法论、意识问题、心理遗传问题、智力问题、心理测验问题等等。他主张心理学是阐明人类最本质特点的科学，是人类为了认识自己而研究自己的一门最重要的基础科学。

车文博先生提出，"理论心理学是与应用心理学相对的一个新的基础性的理论学科，旨在研究、建构、阐释、生成具有普遍性、共同的、整体性的心理理论体系。亦可说，它是一门使用理论思辨、数学演绎和逻辑推理等方式研究各种问题的、非经验的分支学科"②。理论心理学的特点是：基础性、共同性、整体性、层次性、哲理性、指导性。理论心理学类似于"心理学的科学哲学"，或者说是一种"应用性哲学"。

叶浩生教授认为，理论心理学是一门科学，它有自己特定的对象、任务

① FOWERS B J.The Promise of a Flourishing Theoretical Psychology［J］.Journal of Theoretical and Philosophical Psychology，2015，35（3）：145-159.

② 车文博.车文博文集：第一卷［M］.北京：首都师范大学出版社，2010：8.

和理论体系，它是心理科学的一个部分，而不是心理科学的全部，它与实验心理学是并存的。理论心理学主要包括元理论和实体理论两大部分。[①]

图 2-1　理论心理学研究结构与实证心理学的关系

资料来源：叶浩生．论理论心理学的概念、性质与作用［J］．湖南师范大学教育科学学报，2003（3）：58-61.

元理论。在心理学的实体理论领域，主要涉及两方面的内容：一是一般理论，像心理学中的人工智能理论、心理学的系统论、心理过程的信息论、项目反应理论、决定论和意识论等。二是具体理论，如感觉理论、知觉理论、学习理论、人格理论、情绪理论、能力理论和创造力理论等。这类理论的一个共同特点是理论思维同实证研究相互结合，即从其他实证学科中获取数据和资料，从中抽象概括出一般的规律和特点。

实证心理学。这类理论是构成完整理论体系的基础。实体理论不同于元理论之处在于，它的研究对象不是心理现象或心理科学的整体，而是一些特殊的和具体的心理现象或问题。如果说元理论主要依赖于抽象思辨的方法，那么实体理论的探讨则更多地依赖逻辑推理和数学演绎的方法。

我们赞同叶老师的观点。理论心理学应该是"大理论与小理论的结合。

① 叶浩生．理论心理学辨析［J］．心理科学，1999（6）：549-550.

中层理论是我们时代学者的努力方向"①。心理学面临的研究内容和问题类型特别多，基本上可以概括为两种范式：一种是大理论外推的基础研究范式，即将心理学的原理和学说直接用来设计应用条件和实践，强调实验室研究结果和有关抽象理论概念的直接应用；另一种是中小理论，像在教育心理学研究中除了一般性的原理，还应该有具体学科教学范式的研究，像语文教育心理学、外语教育心理学、数学教育心理学、物理教育心理学等特殊性的专门化理论实践进行总结探讨。杜威（Dewey）曾经在20世纪30至40年代便设想：在科学理论和实际应用之间有一个特殊结构，即"连接科学"。这种连接科学将为具体的心理学研究提供一个思想框架。但是，杜威的这一设计思想在国内外还很少有人将它变成现实。无疑，中小理论研究是理论心理学需要进一步发展的重要研究内容。

可以看出，理论心理学的概念、研究内涵及实质性问题，虽然有多种不同的理解和规定，但却存在着自身发生发展的逻辑，含有丰富的内容，其中的关键是如何抽象和概括。当代理论研究与技术方法面临着深层次、高难度的问题，且再次恢复着更加明显的相互影响和联系。新理论的进步需要非传统的手段与非传统的方法。

二、理论心理学兴起的原因

当前作为心理学理论研究新形态的理论心理学的出现，无疑为心理学的科学整体性反思带来了新的活力和机遇。理论心理学并不完全等同于传统的基本理论研究，它与心理学的基本理论研究既有密切的联系，又有一定的区别。

理论视角同心理学的客观性知识和研究方法一样，本是发现人类行为规律不可或缺的有效途径。美国著名社会学家贝尔（Bail）指出：后工业社会的来临，知识社会的重要特征之一是"理论知识处于中心地位"。但是，作为研究人的科学的心理学之理论研究发展道路却历来相当曲折。具有自然科学与社会科学二重属性的心理学，受到了自然科学实证主义方法与哲学社会科学

---

① 霍涌泉.现代心理学基本理论研究［M］.西安：陕西师范大学出版社，2011：13.

"反心理主义"倾向的双重制约。科学心理学一直强调实证观察经验高于理论，理论被视为哲学或形而上学的无谓空谈，没有实证证据的陈述是站不住脚的，形而上学与非科学会混入其中。现代西方哲学自胡塞尔（Husserl）始兴起了一场"反心理主义"的浪潮，以维护哲学的严格科学形象，但也导致心理学的理论研究在哲学中失去了重要位置。在西方心理学界一度曾经出现过排斥非实证性研究的运动，如20世纪中后期心理学的理论课程几乎完全从欧美大学课程中消失，而技术性的研究方法取得了垄断地位。然而，随着经验主义及逻辑实证主义的衰落，心理学迎来了后经验主义时代。当人们醉心于统计技术和方法所带来的成果时，也逐渐发现传统理论的价值及其在揭示问题上的普遍重要性，在心理学诸多研究领域中有关理论复兴的运动悄然发生。以西方理论心理学、社会建构论、认知科学和质化研究方法学为代表的学术流派，对根深蒂固的实证主义观点提出了新的反思与质疑。美国心理学会于1963年成立了哲学与理论心理学分会（STPP），这标志着理论心理学研究的学术合法化建制的出现。而1985年所成立的国际理论心理协会（ISTP），更是站在国际的大舞台上引领着理论心理学的发展与革新，再造科学心理学。

当前欧美一些著名高校纷纷建立理论心理学高级研究中心，培养理论型的心理学人力资源。在后经验主义时代里，人们对理论和经验观察的关系有了新的理解。理论不再是经验观察的附属物，相反，经验事实是被理论决定的。在不同的理论框架下，一个经验事实具有完全不同的意义。这样一来，理论被重新赋予了重要价值与作用。以理论研究为己任的理论心理学面临着新的发展契机。

理论心理学分支学科的兴起有着新的科学背景。尽管科学心理学自诞生以来便有重视理论问题研究的传统，但是推动理论心理学发展的原因主要来自一些新的力量。

首先，是现代新的自然科学思想的影响。实证研究与理论研究都是学术研究的基本方法。由于近现代自然科学的迅猛发展，使得实证研究超越了具体方法论的范畴上升到本体方法论范畴的地位，成为一种主流的学术方向，而理论研究则沦为附属的或者到了边缘的位置。长期以来科学界习惯的观点是将理论作为一种假说或学说，需要通过客观的科学方法来检验。只有通过实验和测量并使用数学方法，才是科学的方法，否则都应该称之为没有地位的假说。这实际上是19世纪以前的自然科学观，"是对许多伟大科学家的传统的简单继承"①。20世纪初期微观物理学的巨大成就，从根本上动摇了这种科学观的思想基础。以量子力学和相对论为代表的新物理学的迅猛发展，充分揭示了物质存在也具有相对于某一标准的属性，传统物理学所声称的客观确定性和规律性，实际上是难以实现的目标。现代物质科学研究迈入了一个重视复杂性问题与不确定性问题的新阶段。爱因斯坦说过，像场方程这样复杂的公式，是无法从经验材料中归纳出来的。"适合于科学幼年时期的经验归纳法，正在让位给科学理性论的探索性的演绎法；纯粹思维在某种程度上可以把握实在。现代科学明显地呈露出理性主导、经验趋淡的大趋势。"②即科学研究可以在少量实验事实的启发下，以逻辑分析为主要手段建构"思想实验"。进入20世纪中期之后，西方科学哲学界出现了重新认识理论的方法论价值意义的新运动，涌现出了像逻辑实证主义、历史主义范式论、多元方法论、科学研究纲领方法论等流派，他们对科学的本质、科学结构、科学的合理性、科学认识、科学发现等相关问题进行了日益深入的讨论。这些众多新科学哲学的一个共同点是，强调科学知识并非始于经验，而是始于问题。理论先于经验观察，一切观察都是在一定理论指导之下进行，观察与实验也只有在一定的理论关系中才有实际的意义。同时，一些自然科学哲学家如波普尔和库恩等人在各自的著作中，曾专门分析讨论了心理学的科学历史发展问题。例如，波普尔提出，像弗洛伊德和阿德勒的理论中存在的一个主要问题是进行"事后断言"，而不是进行事先断言。"由于这些理论没有做出冒险预测，它们也就没有被证伪的危险，因此就不是科学理论。"③一种理论的科学内容越多，"理论传达的东西越多，它所冒的风险也就越大，也就越容易受到未来经验的反驳。理论如果不冒这种风险，其科学内容为零——也就是说它根本没有科

① 哈瑞.认知科学哲学导论［M］.魏屹东，译.上海：上海科技教育出版社，2006：16.

② 李醒民.现代科学革命的认识论和方法论启示［J］.湖南社会科学，2005（2）：1-6.

③ 赫根汉.心理学史导论［M］.郭本禹，蔡飞，姜飞月，等译.上海：华东师范大学出版社，2004：12.

学内容，它就是形而上学"①。库恩在《科学革命的结构》一书中引用了不少心理学的资料来论证其范式转换思想，对心理学的研究产生了很大的影响。②拉卡托斯（Lakatos）也提出，当两种研究纲领或方案形成竞争时，便有可能在研究纲领范围内建立评价相互对抗理论的标准和解释进程的机会，从而相互启发、促进科学研究的进步。劳丹（Laudan）的解题主义科学进步模式更为理论研究赋予了新的价值内涵。在劳丹看来，理论研究也是解决问题的一种研究形态，科学研究本质上是一种解题活动。他将科学问题分为两大类：一类是经验问题，另一类是概念问题。经验问题是第一层次的问题，概念问题则是比经验问题更高一层的问题。如果把问题看作科学的起点，那么理论就是终点。"把科学看作一种解决问题、定向问题的活动，而科学进步的单元则是已经解决的问题。衡量一个理论或研究传统是否进步，主要看该理论或研究传统是否最大限度地扩大已解决问题的范围，最低限度地缩小反常问题和概念问题。"③夏佩尔（Shapere）受库恩和劳丹观点的启发，提出需要放宽对经验主义科学的合理性的标准，科学发现的实际过程常常含有"非理性的"社会的和心理的特征。这些科学哲学家所提出的上述新科学观点，极大地影响了心理学界对学科领域内重大理论问题的重新认识和思考，推动了理论心理学的产生，进而也为心理学理论研究提供了新的基础，即如何重新从学科水平上讨论心理学的重要问题。

其次，是现代心理学现实发展的需要。二战以后西方心理学取得了公认的成就，已发展成与经济学和法律齐名的热门大学科。但心理学在繁荣的过程中也存在着许多突出的问题：学科分裂危机日益加剧，极度膨胀的实证资料与极度虚弱的理论基础之间的反差日益增大；许多学者对实证研究极度迷恋而排斥理论性研究，致使心理学陷入了研究课题破碎、科学观与方法论对

---

① 波特，韦斯雷尔. 话语和社会心理学：超越态度与行为［M］.肖文明，吴新利，张擎，译. 北京：中国人民大学出版社，2006：46.

② KASHDAN T B, STEGER M F.Approaching Psychological Science with Kuhn's Eyes［J］. American Psychologist, 2004, 59（4）: 272–273.

③ LAUDAN L.Progress and Its Problems: Toward a Theory of Scientific Growth［M］. Oakland: University of California Press, 1977: 53.

立、学术研究者与实践应用者相割裂的尴尬局面。当其他自然科学和社会科学的主流研究进一步走向体系化和理论化深入与发展的时代里，经过100多年研究积累的心理学却依然处于分崩离析的状态，学术研究内容经常被其他组织机构分解或蚕食，这不能不说是这门学科发展的悲哀。心理学工作者面对纷乱繁复的心理学实证资料，常常产生"心目俱乱"的感觉。针对心理学的分裂现状，安娜斯塔西（Anastasi）在美国心理学会（APA）成立100周年大会上提出，现代心理学发展的两大新任务："第一是重新重视心理学理论的地位；第二是综合性的运动"[①]。进入2000年以来，心理科学研究又进入了一个急剧变革和不断重组的新阶段。许多心理学理论被分裂、重组并处在更新换代之中。在这样一种新的发展形势背景下，加强对"心理学理论问题"的研究，体现了其独特的价值和时代使命。

最后，是心理学理论研究走向新的发展阶段的追求。经过近半个世纪对心理学实证性的研究之后，心理学的发展也发现和暴露了其理论研究中的许多缺陷和问题。"问题中的心理学理论"难以解决学科自身内部的许多问题，诸如概念、词义的含糊性，逻辑关系、语言表达的矛盾性，理论综述的混乱性、空泛性、非实用性、非实践性，以及脱离客观内容的形式化、主观虚构等，这严重地影响到了心理学理论性研究的学术含量和公认度。理论性研究在心理学主流范式中的学术地位之所以比较低，其中有很重要的一个原因是心理现象的复杂性，及其理论性研究的高难度。这本身也造成了理论研究的缺失与不足，很难在短时期内取得有较大影响的研究成果，而一旦无法研究出效果明显的学术理论成果，那么否定这一类型的研究也不失为一种合理的选择。因此，"心理学理论中的问题"源于"问题中的心理学理论"。提高心理学理论研究的科学水平才是恢复其学术尊严的必由之路。也就是说，必须将科学精神、科学观念、科学方法、科学认识、科学价值、科学标准、科学语言，乃至科学表达的方式和构造手段，即将科学的理性创造思维带到心理学的理论研究之中，以科学的态度和方法阻止心理学理论学科的解体，否则

---

① KUKLA A.Amplification and Simplification as Modes of Theoretical Analysis in Psychology ［J］.New Ideas in Psychology，1995，13（3）：201-217.

自然会损害到理论研究的学术声誉和社会形象。从这个意义上讲，理论心理学承担着改造与重建心理学理论研究传统的重要任务。

在新的时代背景下，理论心理学特别是心理学的基本理论研究首先要坚持科学性，为理论的建构奠定坚实的基础。科学性一般需要有公认的基础假设、由公设用逻辑推导出整个体系的逻辑自洽性、可证伪性，以及理论实践应用的重复有效性。所谓公认的基础假设，就是指每种理论需要有普遍赞同的基准前提，例如，数学上的几何以五公式为前提；物理学以牛顿定律为前提；经济学以资源有限、欲望无穷为前提。心理学经过130多年的发展也积累了许多公认的基础假设，像心物关系、心理与生理的关系、韦伯－费希纳定律、史蒂文森定理、短时记忆的编码组块等。理论研究也需要遵循逻辑自洽性，即逻辑推导的自身不矛盾性，特别是推论或结果之间不矛盾、结果与公设不矛盾，突出理性思辨的逻辑性。证伪性原则也是检验理论科学性的一个有效方法，科学体系是可以被证伪的体系（可以被证明是错的），而伪科学体系是不能被证伪的体系。波普尔在其论著中认为，像弗洛伊德和阿德勒的理论中存在的一个主要问题是进行"事后断言"，而不是进行"事先断言"。

从科学知识的传统三元定理来看，知识是由"真实、信念与确证"这三个要素组成的。知识的第一个要素必须是真的，"真实"构成知识的必要条件。构成知识的第二个要素是信念，即相信它是真的，才能成为科学知识。第三个要素则是确证，知识是作为确证的真实信念。就这个意义而言，心理学基本理论或理论心理学所研究的对象，既是真实的，也是可以确证的，当然是可以相信的。人的心理现象及活动规律，既有实证性意义的定量现象，更有非实证性意义的定性活动存在。实证性的定量心理现象，对于人类活动而言意义是比较有限的，普遍性比较弱。而心理活动更为普遍性乃是"无法量化"的客观存在，需要依赖于理论研究和实证研究的方法加以全面认识、把握。理论的研究方法主要是通过理论推导或对已存在的现象事实进行分析而提出或总结关于心理现象与规律的看法。而实证的研究方法则是指根据一定的研究目的，按照数据分析的要求获得数据材料，总结得出关于心理现象与规律的结论或观点。两种研究范式应该互相补充，知识研究的义务在于揭示真理和规律。从科学出发的心理学理论研究领域同样是值得依赖的。

同时，理论心理学也是加强新的心理学人力资源培养的客观需要。美国学者雷默（Romer）说过，"如果一个人想胜任自己的专业，如果一个人的专业要在整体上卓有成效，那么某种哲学——即有关该专业的本质和价值的整套基本信念——则是需要的"。这个专业能对社会产生多大影响，在很大程度上取决于该专业对它所要提供的有可能对社会产生的价值做何理解。作为专业人员，对自己的目标有明确认识并且确信这些目标的重要意义的人，是组成这个专业的人链的中坚。

一切科学均有思想和实践两方面的意义。对科学文化的理解固然可以不同，但需要从思想层面（包括人文的和科学的角度）和社会实践层面对科学和技术的文化意义进行总结和反思，需要发展多角度、多层面的科学文化。目前在西方已经出现了两个重要的心理学发展分支：一个是作为思想的心理学；另一个是作为科学的心理学。科学的心理学与思想的心理学并行不悖。因为100多年的科学心理学的发展仍然是一种"半科学"，距离科学标准尚有不小的距离。随着时间的推移，一些范式将会给心理学带来更好的一致性和稳定性的希望没有实现。我们学习心理学教科书，一路走来，其中基本上没有中国人的名字。而载入心理学史册和教科书的老外几乎个个都是大家、大学者。人才辈出，群英荟萃，而我们为什么培养不出来皮亚杰、西蒙、布鲁纳、斯滕伯格等一类的世界级的心理学大家？这样的大家需要多才多艺，才能为国家贡献多多。借用钱学森先生的话："我们为什么培养不出心理学大家？"除了社会环境因素，更多的是教育培养上有缺陷。不能只训练培养出"实证的人"或者"单向度的人"。我们中国心理学界要培养出国际知名的心理学大家，显然需要从多方面的内外机制入手。

三、心理学自然科学研究向度的贡献与限度

科学是指有组织、有系统的知识和学问，即发现事物真相、探求原理和规律的知识学问体系。卡西尔（Cassirer）说得好："科学是人的智力发展的最后一步，并且可以被看成人类文化的最高最独特的成就。它是一种只有在特殊条件下才可能得到发展的非常晚而非常精致的成果。……在我们现代世界中，再也没有第二种力量可以与科学思想的力量相匹敌。它被看成我们全部

人类活动的顶点和极致，被看成人类历史的最后篇章和人的哲学的最重要的主题。我们可以对科学的成果或其基本原理进行质疑，但是它的一般功能似乎是无可怀疑的。正是科学给予我们对一个永恒世界的信念。"①

当然，科学研究的内涵并不是一成不变的，作为人类文化精华部分的科学范式会经常伴随着人类社会文明的进步而不断演进。不同时期的科学观对于自然、宇宙以及科学自身的理解都有明显的差异，甚至存在着根本的矛盾。

在近代，对于科学定义的理解比较狭窄。科学通常是指西方文艺复兴以来出现的探索知识、学问的一种新方式，也就是由伽利略开创的、牛顿奠基的科学原理和方法体系，强调以实验和数学的方法观察总结客观事物发展过程中具有普遍性的本质及联系。这种新方式与古代感性的、经验的、思辨方法总结探索学问，具有明显的不同。而科学也多是指以物理学为代表的"自然科学"或"物质科学"。物理学是"近现代自然科学中一门最美的科学"②。早在18世纪以前，由伽利略开创的、牛顿奠基的宏观机械物理学研究，便已经发展到了"几乎完美无缺"的程度。宏观机械物理学铸就了西方的自然科学基础和科学精神，成为支配西方国家关于科学知识及其研究态度的典范模式。

近代自然科学的这种客观决定论、还原论和因果论思想方法，能够全面而完整地揭示出宏观、低速物质世界运动变化中的客观规律，极大地推动了物理学、化学和生物学的飞速发展。同时，有力地推动了人类认识发展史上一次伟大的革命性转变。即在认识论上，深刻地揭示了客观性在认识过程中的地位作用问题。在方法论上，强调对物质世界的客观描述，突出了经验证实和实验研究方法的至高无上性。同时，在身心问题和心理精神问题的认识上，也具有划时代的实质性意义，它从根本上破除了世界神性论、身体神秘论的历史迷信，开创了"物质第一性、物质决定意识并且决定人心理"的唯物主义科学认识模式。近代自然科学范式及其所取得的巨大成就对心理学的影响十分深远，自然科学化一度成为心理学的根本追求。

---

① 卡西尔.人论［M］.甘阳，译.上海：上海译文出版社，1985：263.

② KUKLA A.Methods of Theoretical Psychology［M］.Cambridge：MIT Press，2005.

　　受18世纪法国启蒙主义运动和德国理性主义运动的影响，关于科学观的认识和理解又有了一定的、鲜明的调整和改变，即不再仅局限于单纯的自然科学研究活动，而将人文科学与社会科学也纳入科学研究的范畴之列。在19世纪中后期，当心理学、社会学等人文社会科学纷纷效仿自然科学、走向实证化的同时，以狄尔泰（Dilthey）为代表的一批学者提出了相反的意见。他们认为，精神人文科学与自然科学是两类在研究主题与研究方法上均极不相同的科学。精神科学有优于自然认识的地方，它们的对象不是外部感觉给予的纯粹现象，而是一种生命科学。"精神科学首先和主要在这些方面帮助我们：我们得在世界上做什么——我们自己要使我们成为什么，以及决定我们能在世界上从事什么，也决定世界对我们有什么影响。"[①]

　　进入20世纪以来，现代科学的观点不再仅仅局限于单纯的自然科学研究活动。例如，目前美国科学基金会把科学分为七大部类，即物理化学科学、数学科学、环境科学、技术科学、生命科学、社会经济学和心理学。英国和法国把科学分为自然科学、人文科学、社会科学。德国在传统上把科学分为自然科学与精神科学。日本学者则把科学分为理论研究、实证研究、实验研究和历史研究四类。

　　现代科学心理学的一大优势无疑是实证性研究。绝大多数的心理学工作者应该搞实证。实证性研究也是养活心理学人力资源最多的领域。实证性研究起源于近代自然科学的影响与经验主义和实证主义哲学传统的推动，其主要观点是认为经验是知识的唯一来源。实证研究的一切本质属性都概括在实证这个词中，其"实证"是指"实在""有用""确定""精确"等意义。实证性研究认为只有经典的自然科学的科学观和方法论才是唯一正确的，除此之外的任何科学观和方法论都是非科学的。这一哲学观的思维逻辑在于：可证实的东西一定是相对于公众的，而不是个人的；表现于外的，而不是表现于内的；是外部观察经验，而不是内省。实证原则就是把知识局限在主观经验范围之内，一切科学知识必须建立在来自观察和实验的经验事实的基础上，不讨论经验之外是否有事物存在的原则。一句话，一切科学知识都必须建立

---

① 张汝伦.西方现代哲学十五讲［M］.北京：北京大学出版社，2006：87.

在经验证实的基础上，即"经验证实原则"之中。这个原则规定：科学知识必须依据经验。任何命题只有表述为经验并能够证实或证伪才有意义，否则就没有意义。实证主义的结论意味着心理学必须走自然科学的道路，这对于刚刚脱胎于传统哲学并急于成为自然科学大家庭的一员的心理学来说，无疑是雪中送炭，似乎它就是实现心理学科学梦的圆梦者。在此后的100多年历史中，实证性研究一直有力地推动着心理学的发展，也成为一种学术方向和评价标准体系，至今仍被认为是对现代西方心理学起主要指导作用的方法论之一。

实证性研究推向极端便成为实证主义。实证主义的观点为科学心理学诞生提供了基本方法论，对心理学流派产生了深刻影响，受实证主义哲学的影响，冯特将心理学的研究对象限定为可内部观察的直接经验，主张运用实验内省法来研究心理现象，力图使心理学成为自然科学，并极力推崇和提倡还原论与元素主义，他说："既然一切科学始于分析，那么心理学家的首要任务是将复杂的过程简化为基本感觉要素。"但"冯特并不崇拜实证主义，更不把实证主义原则作为教条"。他认为实证方法只能用于研究感觉、知觉等低级心理现象，而不能用于研究思维、想象等高级心理过程。铁钦纳（Tichener）继承了冯特心理学的实证研究传统，对实验内省法施以种种严格规定并对被试提出了极为严格的要求，致使实验内省法脱离了心理生活的实际而更趋近于自然科学。为了更准确地贯彻实证主义的主张，铁钦纳极力主张对意识进行更彻底的元素分析，这种元素论的主张与马赫（Mach）的要素论如出一辙。行为主义者华生（Waston John Broadus）接受了孔德（Comte）的实证主义观点，明确主张心理学是纯粹自然科学的一个客观的实验分支，认为心理学的"理论目标就是对行为进行预测和控制"。斯金纳（Skinner）接受了孔德和马赫的实证主义并将其与物理学家布里奇曼（Bridgman）的操作主义相结合，主张把所有的科学语言还原为通用的物理语言，心理学术语必须还原为行为术语，从而把行为主义推向了极端。就取代行为主义而风风火火的现代认知心理学而言，实证主义仍然是其主要的哲学基础之一。当前心理学发展的主流领域，认知心理学强调研究对象的可观察性，其尽管重视人的思维、语言等高级心理过程的研究，但直接的、主要的对象仍是行为，将人脑与电脑相比拟，把人类认知过程当作计算机的操作过程，这样人的心理就被客观化了，因而同时也就体现出了明显的机械还原论倾向。

实证主义还推动了西方心理学的实证法研究，积累了大量的来自可观察事实的第一手有益数据和资料，丰富和充实了心理学知识体系。科学操作主义在心理学中占有一席之地应归功于实证主义。操作主义研究强调事先假设的重要性，提倡经验观察并强调对理论的验证性。理论的详细性、普适性以及简化性，是操作主义研究者的普遍追求。相对早期形而上学的纯粹的哲学思辨而言，实证主义科学观及其科学精神是一种时代的进步。单纯就实证主义追求科学的精神来说，它有力地推动着实验心理学工作者的艰难探索，并为今后心理学的进一步发展提供了有益的历史经验和教训。

同时，实证性研究推动了心理学理论性研究的完善和发展。在实证法的完善、推广和运用过程中，实证主义作为一种"强大的思想力量"曾经起过巨大的作用。长期以来非实证性的心理学研究存在着许多重大缺陷和问题，像思辨性研究、质性研究、心理分析等方法尚难以解决学科自身内部的许多问题。这些非实证性的研究往往存在着概念的含糊性、理论综述的混乱性、空泛性、非实用性、非实践性，以及脱离客观内容的形式化、主观虚构等问题，这严重地影响到了心理学理论性研究的学术含量和公认度。因此，将科学的理性创造思维带到心理学的非实证性问题研究之中，就是使科学家以科学的态度和方法阻止心理学理论学科的解体。从心理学发展的这些基本事实可以看出，我们有理由相信实证主义之于心理学是有着深刻的合理性的。与现象学、释义学（也作诠释学）等对西方心理学的发展起过指导作用的方法论相比，实证主义方法论提供给人们最明晰的心理学概念和理论，对心理学的科学化进程起到了巨大的推动作用。实证论所提供的心理学方法论的指导作用并没有过时，过去它对心理学起过重要的作用，今天它仍是指导心理学研究的方法论基石。

虽然实证性研究方法论对心理学的产生和发展所起的积极作用是不可忽视的，但同时它也不可避免地给心理学的发展带来许多消极的影响，主要表现在受实证主义的观察证实和客观性原则影响，一些心理学家只重视对外部可观察的、客观的心理现象进行研究，而忽视了对人的内部心理生活和主观体验的探索，否定了人的心理主观性，将原本丰富多彩的人的心理世界人为地简单化，从而使心理学的研究脱离了人的实际需要，由此导致了心理学研究的表面化、低级化现象。实证主义科学观无视心理活动具有自然和社会的双重属性，无视心理科学具有自然科学与人文科学的跨界性质，过分强调心理活动的自然特征，一味追求心理活动的自然化倾向，企图把心理科学建设成纯粹的实证科学。最近中国科学院心理学所专家撰文指出，在物理学中，科学发展的标杆就是定律、规律的发现，如牛顿三大定律等。这些定律就是自然运作的模型本身，既是"是什么"，也是"为什么"。但心理学与物理学不同，心理学家的任务就是和人类的大脑"玩游戏"。在心理学中，我们所发现的定律并不是"为什么"，它们不是解释、理论或模型本身，而是我们需要解释的二级对象。我们需要解释的一级对象是人类的各种功能，如感觉、情绪、记忆和决策等。但是"心理学研究不能只停留在对于现象、效应的发现，才是心理学发展进步中的一小步，而不能把对规律的阐述当作一场胜利。对于整个效应的发生必须有机制上的解释，而且最好是可以用数学体现的，能够数学化抽象的心理机制，量化模型表现"①。正因为如此，当前国际心理学的理论研究呈现出了一种自觉和复兴的发展趋势，强实证主义的研究有所衰落，后经验主义的研究日益兴盛。而我们国家的心理学仍然在不断地强化实证性研究，这必然会继续拉大与国际心理学研究水平的差距。

四、非实证性问题研究的进步：来自人文社会科学的视角

科学研究总是围绕"发现问题""理解问题"和"解决问题"而展开的，仅仅发现问题对于我们认识自然、认识心理，促进人心理的健康发展是远远不够的。人们在探求和认识世界的时候，总是希望回答为什么的问题，即想要解释人们所接触到的现象是在哪些因素的影响下产生和形成的？也就是探讨某些现象背后相对稳定的因果机制问题，通过研究总结和寻求因果关系为中心的规律性探讨，才促成了人类知识积累、进步的可能。

---

① 陈妍秀.开放科学对心理学理论发展的意义[N].中国社会科学报,2021-06-03(7).

（一）人文社会科学研究的方法论贡献

心理学是一门介于自然科学与人文社会科学性质之间的中间科学。国际心理学既存在着自然科学向度的学科分支群，同时也分布着人文社会科学向度的学科分支群。在研究对象上，人文社会科学向度的心理学主要是指偏重于哲学、人文精神、社会、经济、文化、教育、政策等领域的研究。在研究方法上，这一向度的研究反对完全按照纯粹的自然科学和实证方法来建设心理学。强调把人当作"人"来研究，而不是当成"物"来研究。在研究宗旨上，其倡导关心人类的生活，尊重人的价值与尊严，充分考虑文化、社会历史条件对人的心理的影响。认为心理学本质上是一门具有人文精神的科学，也就是价值、意义上的科学。

人既是自然的生物，更是社会的动物，也是教育的产物。自然科学所处理的对象是无生命、无意识的实体性物质存在，研究重点是寻找存在于自然实体中的机械规律和因果关系。发掘因果机制是科学研究的基本任务，也是科学知识积累和学科进步的核心。社会科学与自然科学在探讨因果关系时的差别反映在以下几方面：

第一，自然科学研究关注的是微观层次现象分布和运动规律，人文社会科学探讨的是相对宏观层次的社会现象颁布和运动规律。微观运动通常对许多细微的因素忽略不计，如时间因素、因果关系链接较短、原因与结果的中介因素等。人文社会科学由于重视历史性，对因果关系的起因和结果，需要通过时间上的考察。社会科学的因果分析通常是多元起因、联合起因、选择起因等交叉组合的复杂关系。这种复杂性也是概然性的因果关系，即非决定性。

第二，操作控制。自然科学研究可以在实验室里通过实验来完成。社会科学的对象操作控制往往无法完成。在这种情况下，思想上的"操控—假想"成为一个推断因果机制的重要手段。当然这种操控必须符合一定的逻辑过程。

第三，社会科学研究也符合因果机制的要求。两个社会现象之间究竟有什么样的关系才能构成因果关系？休谟（Hume）认为，因果关系包含时间上的先后问题、经验上的相邻和恒常的关联。

纯粹的物质科学研究，由于变量有限，较易控制，实验结果的效度也较易判别，其科学水准也容易定位。但作为研究人类行为活动的心理学，其所涉及的问题则非常复杂。心理现象、社会规律与自然现象及规律不同。一种社会规律（或理论）之所以被证明为真，往往并不是因为它具有普遍意义的真，而是因为人们知道了之后，实践使它为真。正如韦伯所讲，研究人的社会现象必须关照到人的动机，也必然涉及价值意义的问题。这样的关照是自然科学所没有的。因此，社会科学的研究无法完全按照自然科学的方法。只有以"理解"和"拟情"的方法才能理解人的心理和社会。

科学心理学的创始人冯特被誉为"19世纪亚里士多德"的学者，他的心理学内容体系是比较全面的，不仅开展了自然科学的实验心理学研究，而且对哲学、文化、精神心理学也十分重视。其后继者近半个世纪只延续了其实验心理学的部分。另一位心理学的先驱者布伦塔诺（Brentano）对心理学的人文社会科学建设更是做出了突出贡献。他提倡心理学研究从人的经验出发，需要着眼大处、忽略小的细节，推动人类追求真理文明进步的崇高事业。近代著名哲学家、心理学家狄尔泰也反对将心理学作为一门纯粹的自然科学。自然科学的研究仅仅是按照自然规律把一些观察到的事物与另外一些事物联系起来，并对它们做出解释。相反的人文社会科学需要研究的是人类有意义的生活。这种有意义的人类生活构成了不同于自然科学的人文社会科学的研究基础。关于什么是意义的问题，狄尔泰指出："人类生活具有一定的时间结构，即人类生活的每一刻承载着对于过去的觉醒和对于未来的参与，这样的时间结构组成了包括感觉经验、思想、情感、记忆和欲望的人类生活的内在结构，所有这些便形成了生活的意义。理解是把握人类生活意义和历史的基本手段。"在他看来，心理学也许是精神科学中最根本性的学科。他认为存在着两类心理学的概念及其相互之间的关系：一类是关于个人的第一序列心理概念，另一类是阐述文化系统运作的心理学概念。而文化系统的科学建立在心理与心理—物理内容之上，必须始于发达的心理生命概念。反思经验概念在精神科学中的重要地位。人类对于心理—历史现实有某种固有的理解，而对于自然则没有这种理解。反思具有循环性、解释性和体验性。心理结构和心理生命的统一性的规定为解释学的。精神科学既关注个体性和具体过程，也关注一般理论和抽象结构。全部精神科学都是解释性的和相互依赖的，任何一门学科都不能享有心理学曾经享有的那种首要地位。李凯尔特（Rickert）也认为，要使自然科学和人文社会科学得以从本质特征方面区别开来，必须建立质料分类和形式分类的基本原则。自然是任其自生自长的东西的总和。与自然相对，文化则是按照预定的目的直接产生出来的，或者虽然是已经现成，但至少是由于它所固有的价值而为人们特意地保存着的。任何一种实在之所以有价值，或者与特定的价值相关，正是因为它的独特性，它的一次性的发生过程。认识自然意味着从普遍因素中形成普遍概念，而人文社会科学方法则是旨在"研究现实的特殊性和个别性的科学方法"。精神人文科学与自然科学是两类在研究主题与研究方法上均极不相同的科学。精神科学有优于自然认识的地方，它们的对象不是外部感觉给予的纯粹现象，而是一种生命科学。精神科学同自然科学一样具有同样的根本性、综合性和客观性。知识论的首要任务是要找到一个能为精神科学奠定基础的基础科学，狄尔泰提出这门科学就是心理学。其研究人类精神生活的整体结构和关系，能将各种精神科学组织成一个有机的系统。韦伯也提出，理解的目的在于领会人的行动的意义。即使最为简单的有意义行动，也必然与一定的价值兴趣相联系。理解的主要特征是"深入理解"，即对他人心境的重新体验。目标合理的行动是一种理想类型，它虽然不是一种普遍的经验行动，却是一种重要的行动范例，为人们提供了理解行动意义的可能手段。当然，现实生活中人们的行动并不全是合理的，常常包含相当多的非理性因素，但是，目标合理的行动这一理想类型则使得人们能够让这些非理性的因素展现出来。

不少人认为，人文社会科学向度的心理学，乃至社会科学，还没有达到自然科学的严谨水准，因此不够科学、不够成熟。这实际上是一种以自然科学的眼光和标准来理解和评估人文社会科学向度心理学的立场及方法，是不恰当的。实际上人文社会科学向度的心理学范式也有比较明确的研究纲领和程序。这种研究恰恰由于缺乏诸如实验室这样的东西来依靠，就迫使自己必须"以概念分析为首要步骤、以框架问题为主题"，寻求甚至是更大程度的清晰性、严密性和精确性。现代人文社会科学尽管没有达到数学、物理、化学等自然科学那样的精密化陈述水准，但也没有必要像自然科学一样实现精确化，通过日益运用条理化的结构模式，增强自身的科学性和严密性。这一向度的研究范式把原创性、富于想象的感受性和纯粹理智逻辑的严格性二者结合了起来，成为人类认识世界、建构知识系统的不可取代的精神资源。

英国学者斯诺（Snow）认为，在西方的文化研究中一直存在着两种对立而分裂的传统：一种是人文文化，另一种是科学文化。以学科特征而论，可分为注重实证的文化人类学传统与理性的文化哲学传统；以国家和地缘而论，可分为美国传统和欧洲大陆传统；而以近现代科学思潮的角度视之，则体现为科学主义与人文主义的对立。在心理学研究中也长期存在着这样的"两种文化"现象。心理学的发展需要以"自然科学为体，人文社会科学为魂"。人的心理活动既具有自然的稳定性，又具有社会的可变性。心理学的科学理论必须充分反映人的心理活动的自然规律和社会性规律，否则就不是真正的心理学理论。当代科学的发展趋势是科学化和人文化，即社会科学奔向自然科学，自然科学奔向社会科学，充分证明了马克思在20世纪的科学预言："自然科学将变成人的科学的一部分。"因之，心理学理论建设不应该排斥人文科学的心理学理论探索。心理学要成为真正的带头学科，必须走科学化和人文化的道路。在自然科学精神与人文科学精神的统一区域寻求理论基础结构的内在逻辑生长点，这是心理科学理论得以确立的先决前提。

美国心理学家科赫（Koch）指出，心理学是一个让人感到奇怪的学科，它的研究方法和研究程序存在于研究问题之前，心理学并不是根据所要研究的内容和问题来确定研究所需要的模式和程序。布鲁纳也在他的著作中提道："在19世纪晚期，心理学模仿了自然科学这个成功的近邻，并试图在自然科学的领地内建造自己的大厦，当然也因此遭受了这样做所造成的后果。"心理学是不同于自然学科的，虽然实证主义心理学使心理学的研究方法和学科体系趋向系统化和科学化，巩固了心理学的科学地位，但是这种对自然科学的盲目崇拜，一味以自然科学的模式塑造心理学，以遵循科学方法为理由来限制心理学的研究课题，结果造成以"物"为中心的心理学取代以"人"为中心的心理学，贬低了"人"在心理学中的地位，也成为现代心理学陷入困境的病因。布鲁纳曾评论道："即使是冯特，在其晚年也意识到新的'实验'风格可能会退去，进而形成一种'文化心理学'，他主张我们借助一个更具历史意义、更能说明问题的方式来理解人类文化的成果。"

（二）非实证性研究方法技术的进步

现代西方心理学的总体发展格局一方面呈现强调实证研究的特点，但另一方面也始终没有放弃对人文精神的追求与科学文化的反省，呈现一种不拘一格、自由发展的强劲态势。欧美心理学者不断推出各种新的理论学说，体现了对人类心理活动本质规律认识的不断发展和深化进程，这无疑得益于人文社会科学心理学向度研究成果的支撑与驱动。

非实证性问题历来都是人文社会科学研究的重点问题。加强心理学领域中的非实证性问题是心理学走向成熟的标志，并为心理学的发展带来了新的生机。非实证性的心理学问题主要涉及意义问题和范式研究，其中第二次认知科学革命和后心理学理论的出现，预示了一种理论发展的转型。非实证研究的任务在于建立合理的科学解释标准，从现有的理论中推导出新的实证结果，创建新概念，开辟新的研究领域和研究形态。

1. 理论与逻辑分析

科学是指有组织、系统地探讨事物真相及其规律的知识和学问。心理学的发展经历了由点到面、由零散到系统的格局，即需要实现从点的突破到系统突破的研究格局。布鲁纳晚年学术思想的转向也是一种对人类主观经验知识的贡献由点的突破上升到面的突破，或者说是积极推进心理学的研究从零散的贡献，逐渐提高到内核性、系统性、框架性的贡献。相对于自然科学理论，很少有实证结果隐藏在心理学理论之后。这些导致我们极大地低估了心理学理论的真实价值。

理论一词（theory）最初源于古希腊语"观看"（theorein），可见在古代"理论"与"观看"是并不分离的。近现代以后，理论具有了新的含义，主要是指概括地反映现实的概念和原理的体系，也是系统化了的理性认识的结果。人们在实践中获得关于客观事物的感性认识，随后对它进行加工制作，上升到理性认识，再把这种理性认识按照一定的逻辑进行必要的整理，使之条理化系统化为一个严整的体系，从而形成理论。"任何理论都是由概念和原理构成的，是概念和原理的系统。但是，只有那些从实践中产生又被实践证实为正确地反映了客观事物发展规律的理论，才是科学的理论。"[1]理论将随着客观世界和人们实践活动的发展而发展。

对于科学研究工作来说，理论是一种概念，它被用来表述纯粹现实属性的某一概念；理论是指事实间的关系，或以某种有意义的方式来建立模式；理论是一种知识组织体系；"理论是解释的最佳实现"[2]。科学的理论必然包含思想、模型、技术、方法和假设。科学与理论之间的关系，同时是一种归纳与演绎相互循环作用的关系。

在哲学认识论方面，康德（Kant）曾经指出，我们的一切知识都源于经验，经验不断扩大我们的知识范围，是增加新的知识内容的唯一基础，因此真正的知识都是经验的知识，一切知识都开始于经验。但是康德又认为，经验之所以成为可能，是因为有"先验范畴"作为基础。先验范畴有以下几种——量的范畴：统一性、复多性、总体性；质的范畴：实在性、否定性、限制性；关系的范畴：依附性、实体性、原因性、结果性、交互性；样式的范畴：可能性与不可能性、存在性与不存在性、必然性与偶然性。这些范畴是与生俱来的，并不依赖于后天的经验。相反，它们规范、构造着经验，使经验知识成为可能。单纯来自感官经验的知识是不可靠的，即没有普遍性和必然性。若要使来自经验的知识成为具有普遍性和必然性的知识，则必须经过理性的加工和整理。使经验的知识成为真正的知识。康德的这一观点对现代心理学家皮亚杰和乔姆斯基（Chomsky）的理论产生了重要的影响。

理论在逻辑上的必然真理。在逻辑实证主义看来，逻辑真理虽然具有普遍性、必然性，但它们只不过是把已包含在主词中的含义通过宾词重新阐述出来，所以是一种同义反复，没有告诉人们什么新的东西，它也就不可能导致科学的发展。而经验真理则不同，尽管它是一种"假设"而没有绝对必然性，但科学知识正是由于通过对假设的不断验证而不断增长、深化和向前推进的。这一点到了美国实用主义分析哲学家奎因（Quine）那里，展开了"对经验主义两个教条"的驳斥。奎因认为事实上绝没有经验真理与逻辑真理的

---

① 中国大百科全书总编辑委员会.大百科全书：哲学［M］.北京：大百科全书出版社，1987：46.

② 张梦中，霍哲.理论的建立与发展［J］.中国行政管理，2001（12）：49-52.

截然区分，只要是真理都是对经验事实的表述，都是建立在经验基础之上的。而事实上，每一个理论都有部分的真理是通过非实证手段建立的，因为非实证方法可以解决逻辑上的必然性。有两个非实证的任务是和必然命题有关的，第一个就是从一个理论中的偶然部分出发去区分逻辑的必然性，第二个是去发现一个全新的必然真理。与必然命题相关的第二非实证任务是发现新的真理。必然真理毕竟是所有真理中的一个，并且是值得了解的。如同发现一个新的偶然事实一样，发现新的必然真理可以增加知识。

按照库卡拉（Kukla，2005）理论心理学方法论的观点，非实证性的理论构建主要有两种形式：

一是将实证性的数据用合理的科学理论进行解释，数据不能跳过理论本身，也不会由于数据量的增加而产生理论。一项可行的实证研究需要论点作为支撑。

二是从现有的理论中推导出新的实证结果。确定或整合一个新的预测问题进行实证研究。但是获得预测过程的测验本身不是实证活动，而需要理论一致性分析。理论性的非实证研究方法可以帮助我们去检验理论逻辑的一致性。

在一定程度上符合海德格尔（Heidegger）关于"Dasein"这一存在方式模式的一致性。这一方式模式提出，如果人们准备对一个人进行充足的心理描述时，"人类经验的六大根本特征"应给予阐述，这些特征涉及与世界的联系、暂时性、解释与观念化、全面关注、具体化，以及与他人共存，通常可以给我们提供一个多维度、多层面，更加全面的关于人类经验的观点。① 比如，我们可以尝试去检验一个理论是否存在内部不一致性。如果我们可以证明理论 T 既包含了命题 P 又包含了它的否定命题非 P，那么 T 命题一定是假命题，通过实证方法推导出来的结果也是错误的，在分析过程中也会出现形式上的缺陷。一个理论在基本假设中可能会存在错误循环、回归、歧义、结论不合理或是非独立性的情况。这些小的理论错误虽然构不成原则性的错误，但是也需要对他们进行一些补救工作。这就是劳丹（Laudan）所讲的这种类型科学任务属于概念性问题。心理学者对经典精神分析中关于自我发展的批评就是心理学

---

① KUKLA A.Methods of Theoretical Psychology［M］.Cambridge：MIT Press，2001：79.

中出现内部概念问题的一个例子。弗洛伊德曾提出，由于知识被证明可以帮助我们满足我们的本能需要，所以人们生下来就开始探求外部的知识。哈特曼（Hartmann）的观点认为这个命题存在不一致性。除非我们先天就获取了知识，否则我们不会发现知识对我们的帮助作用。因此，这个假设被证明在逻辑上是孤立的，所以用实证的方法去证明弗洛伊德的假设是多此一举。

2. 解释与理论深描

进入20世纪中期之后，西方科学哲学界出现了重新认识的方法论价值意义的新运动，涌现出了像科学历史主义范式论、多元方法论、科学研究纲领方法论等流派。他们对科学的本质、科学结构、科学的合理性、科学认识、科学发现等相关问题进行了日益深入的讨论。这众多新科学哲学的一个共同点是强调科学知识并非始于经验，而始于问题。理论先于经验观察，一切观察都是在一定理论指导之下进行，观察与实验也只有在一定的理论关系中才有实际的意义。传统科学观的危机发生以后，理论的前提假设也需要有相应的变化。这些新科学观点极大地影响了心理学界对学科领域内重大理论问题的重新认识和思考，进而也为心理学研究提供了新的思想基础，即如何重新从学科水平上讨论实证心理学的评价标准问题。为了更好地研究人类的精神、心理等非实证性的"意义"问题，进而确立及重建一种更适合于心理和行为研究的新的科学观和方法论，目前后实证主义哲学普遍将科学实在论、科学解释学作为自己的元理论基础和评价标准。

科学解释学是后实证主义的一个重要方法论武器。当前心理学研究在解释化方面迈出了积极的步伐。伴随着当今社会科学研究实证化、解释化的发展浪潮的影响，人文社会科学向度的心理学研究不仅在实证化领域做出了大量卓有成效的探索，而且在解释化维度迈出了坚实的步伐。解释学是有关意义、理解和解释等问题的学说体系，是"作为后实证主义的智力世界的基础——现象学和解释学传统的延续"。狄尔泰被看作西方传统解释学的集大成者，当代科学解释学在继承狄尔泰精神遗产的同时也强调意义性阐释方法的本体论地位。认为对"意义"的理解具有人类存在的本体论特征，理解就是对意义的重新认识和重新构造。科学研究工作首先需要探讨多重意义结构，然后从表面意义揭示隐蔽意义。寻求意义的多样性、不确定性，也可以有着不同程度的真实性与合理性。客观必然性、确定性和逻辑的一元性，不再是现代科学知识解释的焦点。科学研究的本体性规定只能存在于解释的方法论中，且只有通过各种解释之间的"冲突"才可获悉被解释的存在。正像伽达默尔（Gadamer）的哲学解释学强调的，作为哲学的解释学十分强调"视域融合"的重要性：要想学科知识结构创新，单一视域是不行的，而必须从不同方位不同视角来观察、思考，这样才能在一个更宽广的视域中实现新的"融合"。

在文化意义上解释学的循环强调"深描"理论。文化人类学建构主义者格尔兹（Geertz）的"深描理论"主要是指通过文化的符号体系，人与人的沟通，延绵传续，来发展出对人生的知识及生命的态度。"深描"通过关注感知、阐释几种行为之间的文化层次来建构一个分层划分的意义结构。理论心理学作为一种分析战略，一种方法论的形式，在整体图景下寻求意义、内容价值机能，同时，更需要关注研究过程中大量的有意义的"细节"及其"情节"。科学实践本身就是解释学的。理论心理学家库克（Cook）提出，理论层面的工作将创造性程序当作理解人类大脑功能的一种方法，目的是使心理学与人文学科靠近，并将寻求"深度的人类背景"（deeper human context）作为心理学的主要目标。

3. 创造新的概念和研究形态

非实证研究的另一项任务是创造新的概念。心理学中的科学概念的适当角色是非常复杂和富有争议的，其涉及了超理论假设，但却并没有引起心理学界的足够重视。布鲁纳曾经指出，这是一个最基本的问题，回避或者不答复这个问题，心理学就不能前进一步。他认为："心理学的话语概念是突出的学科问题之一，每个流派都是按照自己的观点与概念进行研究，这些概念大都来自哲学或者自然科学，甚至是日常生活。来自日常生活语言的概念通常比较含糊，但是比较切合实际生活。而哲学概念并不能真正转化为心理学概念，来自自然科学的概念只是让心理学获得类似科学的地位。心理学应该突出自己的概念体系，而不是借用其他学科的概念。"① 布鲁纳赞同乔姆斯基的观点，认为心理学需要有两种研究途径：一是科学的研究模式（research model of science）；

① BEM S, LOOREN H.Theoretical Issues in Psychology：An Introduction［M］.London：Sage Publications，2013：9.

二是科学的系统模式（system model of science）。科学的系统模式研究的一项重要任务是创造新的概念。在通常情况下，概念性活动是和理论建构联系在一起的。研究者可以离开旧的概念去建构一种新理论，同时也可以不去建构新理论而创造一些新的概念。而新概念的提出往往是同新的实质性的理论联系在一起的，即使弗洛伊德所有理论观点均已经被证伪，但是他在心理学上对概念创新的奠基地位却是难以撼动的。例如，弗洛伊德提出的最重要概念莫过于"无意识"一词，如果没有这一概念，当代的认知心理学也将不复存在。因此，一些关键性概念的界定问题及其未来意义需要得到认真的科学框架性系统的讨论。概念的建构就是一项非实证活动。新概念的提出通常是和新的实质性的理论联系在一起的。大多数时候，理论被否定了而新概念却保留了下来。弗洛伊德自己也意识到概念这方面的工作和概念创新的重要性。弗洛伊德的例子说明了即使新理论中的偶然假设都被证伪，那些表述这些理论的概念还可以延续下去。从某种意义上说，概念的创造在不进行任何新的实证研究的情况下可以为我们提供关于世界的偶然信息。其的确在我们达到科学目的的过程中，为我们提供了一些关于非实证性方法的观点。概念创新可以进一步催生新的研究形态。当前理论心理学研究新的研究形态是"后理论"，因为世界性的心理学理论进入了一个"后理论"时代。这一时代具有不同于文化理论的"黄金时代"的一些新的特色，传统的心理学理论已经演变成一种范围更广的评论性理论景观。包括心理学在内的理论研究再也不像以往那样能够解释当今社会的所有问题；"西方中心主义"的思维定式逐渐解体，"西方中心的心理学"的思维模式也受到严峻的挑战，当代心理学理论已经无法占据主导地位，不同的理论思潮沿着不同的方向发展，共同形成了"后理论时代"一道独特的风景。这也许正是"后理论时代"的理论思潮所显示出的"混杂"和"多声部"特征。这是在一个更加广阔的跨文化语境下仍然摆脱不了全球化大潮的理论发展的新阶段。"后心理学理论"的出现，预示了一种理论发展的转型。

　　"后心理学理论"主要是指多元化与话语心理学。理论心理学之后的"后理论"，是对传统宏大叙事和"大理论"的反拨，并逐渐走向多元与解释的差异。在这个层面上，我们是离不开理论的，没有理论就没有反思性的人类生活。在"后理论时代"，理论仍有着清晰的发展轨迹和走向。但总体来看，全球对于理论心理学的看法是不一致的。"与实证心理学研究相比，理论分析有着相对的解释学模式。当代心理学在这个问题上的鸿沟如同柏拉图与斯金纳之间的分歧一样，即使被那种超越我们当前理论范围的观点和事实所团团包围。"①理论的发展需要我们去解决现实中特别的问题。如果不去这样做，科学的历史将无法被理解。

第二节　国内外理论心理学发展现状与愿景

一、西方理论心理学的发展现状

关于理论心理学的发展演变，谢利夫1997年在权威杂志《美国心理学家》上撰文提出可以追溯到冯特的研究中，但北美的专门化的理论心理学分支出现于20世纪50年代末期。

（一）理论心理学的开辟阶段（20世纪50年代末期至20世纪70年代）

心理学的理论研究虽然一直伴随着科学心理学的发展，但是作为一门独立学科分支的理论心理学，其诞生于20世纪50年代末期。1958年，库克发表了系统清理和反思心理科学的著作《心理学作为一门科学一个世纪的结论》。随后他主持出版了六卷本的理论心理学巨著《心理学：一门科学的研究》，被学术界视为整个心理学界最博大精深的理论著作。库克认为，心理学研究出现了严重的"本体论的失常"问题②，需要对核心学科中的术语、概念与方法的不确定性等问题重新研究和规划。理论心理学科发展中的另一个重大事件是，罗伊斯1967年在加拿大阿尔伯特大学为专门进行心理学的基础理论研究

---

① MARTIN J.Review of Problems of Theoretical Psychology［J］.Canadian Psychology/ Psychologie Canadienne，1999，3.

② KOCH S.Reflections on the State of Psychology［J］.Social Research，1999，38（4）: 669-709.

而成立了一个"理论心理学高级研究中心"，这被称为"作为一门独立的分支学科开始恢复它在心理学中的合法地位"[①]。当时美国一些大学理论方向的博士学位也需要到这个中心去申请。罗伊斯相继主编了五卷理论心理学的会议论文集（1970—1979），之后又推出了专著《心理学的多元方法论：理论类型、特征与普遍观点、体系和范式》（1975），对理论心理学的研究目标、任务和方法进行了明确规划。他提出，理论心理学是由元理论和实体理论两部分组成的命题，同时亦将理论心理学概括为三种类型：唯理论（逻辑一致）、经验论（可观察、可重复）和隐喻论（通过符号达到普遍的真知）。此后相继问世了一批有影响的理论心理学专著，像马克斯（Marx）的《理论心理学文选》（1975）、查普林（Chaplin）等人的《心理学的体系和理论》（1970）、罗宾逊（Robinson）的《心理学的理论体系》（1975），受到各国心理学家的好评。

（二）理论心理学的发展壮大时期（20 世纪 80 年代至 90 年代中期）

20 世纪 80 年代中期以后，北美、欧洲等国的心理学界可以说才真正地进入了一个"理论研究热潮"时期。其中主要的学术标志反映为：文化心理学研究的日益活跃、后现代心理学和社会建构论的异军突起；有关心理学分裂与整合问题的探讨异常热烈。同时也加强了与人文科学、自然科学的互动关系的研究，并对许多中介理论问题进行了广泛讨论。还有一个显著的特点是，在这一时期形成了比较统一的研究力量，建立了理论心理学的国际组织，出版了专门的学术刊物。1985 年国际理论心理协会（ISTP）在英国建立，并召开了第一届理论心理学的国际学术会议。以后又相继在美国、加拿大、澳大利亚、德国、法国和日本等国举办了多次国际学术会议。许多国际的心理学组织也相继成立了理论心理学分会，像英国的心理学会 1985 年设立了"哲学与心理学分会"，欧洲建立了"理论心理学会"，瑞典、挪威等国创立了"理论心理学研究中心"。美国这一时期也分别成立了"理论心理学与哲学分会"。在专业出版领域，除主流刊物登载理论心理学，专业性的理论心理学杂志在20 世纪 80 年代中期也先后创刊，如《理论心理学与哲学杂志》《理论与心理

---

① SLIFE B D, WILLIAMS R N.Toward a Theoretical Psychology：Should a Subdiscipline be Formally Recognized［J］American Psychologist，1997，52（2）：117-129.

学》《哲学心理学》《理论与心理学评论》《国际心理学评论》《范式心理学国际通信》《心理学的新思想》和《当代心理科学研究方向》等。这些专业学术期刊的问世，有力地推动了理论心理学研究良好氛围的形成，也极大地带动了理论心理学整体学术实力的提高。进入20世纪90年代中期，伯明翰大学等十几所北美高校，纷纷建立了理论与哲学领域的研究中心，培养理论心理学方向的高级人才。

（三）2000年以来的理论心理学

进入2000年以来，理论心理学又出现了许多新的特点。其中对研究方法的批判和反思已成为理论心理学关注的核心话题。对理论心理学方法论问题的探讨，其根本宗旨是"重建科学方法论基础，以便为心理学研究提供新的途径和视角"[①]。寻找把主观性转变为客观性的途径是理论心理学的基本任务之一，即运用新的知识和技术方法阻止心理学的解体。

"心理学理论如何行动"是近年来国际理论心理学另一热点问题。例如，2006年第3期的《理论与心理学》杂志专门发表了一组"理论在行动"的系列论文。格根（Gergen）的文章指出，在传统上关于理论与实践的理解是有缺陷的，理论问题与实践问题之间长期存在着一种紧张关系。理论角色面临着无力的信心，理论的发展前景与实践问题也是不相关的。他认为，心理学家应该在继承理性主义者的观点基础上加以具体的选择和转向。对有效的实践活动而言，理论是一种应对复杂的、不确定实践活动的有效形式，理论本身也具有实践的功能。理论话语具有不可或缺的价值组织和逻辑支持功能，并对现存的实践活动加以反省和清理。对于心理学理论的作用尽管目前还不很清楚，但是在这两种情境下却是最有意义的："一方面现存的问题会为未来的理论研究提供生长点，另一方面现存和潜在的社会事务需要对于理论提出明确的要求。"[②]理论不仅反思生活，而且创造生活。心理学和社会学的进一步

---

① MARTIN J.What Can Theoretical Psychology Do？［J］Journal of Theoretical and Philosophical Psychology，2004，24（1）：1–13.

② TEO T，STENNER P，RUTHERFORD A.Varieties of Theoretical Psychology：International，Philosophical and Practical Concerns［M］.Concord：Captus University Publications，2019：214.

发展要求"在学者与实践者、政策制定者与政治活动者之间开展进一步的对话和交流"。在社会实践中建构理论，在理论的引导下产生行动，并根据社会实践的需要构建理论，把心理学的理论研究与社会实践融合在一起，充分发挥理论的行动特征，从而促使理论心理学得以健康发展。

学术研究的开放性一直是理论心理学的显著特点。2000年以来的理论心理学的研究领域较之以前更为广泛。如2009年国际理论心理学大会讨论主题所涉及的主要内容便有：活动理论、人类心理学、临床理论、认知科学、批判心理学、文化心理学、发展理论、认识论、道德、进化心理学、女性心理学、健康心理学、解释学、心理学史、本土心理学、方法论、现象学、哲学心理学、后殖民理论、后现代心理学、心理分析理论、社会建构论、系统理论、理论神经科学和心理学应用方面的理论。值得关注的是，关于心理学评论与马克思主义心理学的研究也有了一定程度的展开。[1]

关于理论心理学的研究任务，罗伊斯提出有两个基本内容：一是运用不同的方法构成理论；二是要深化理论批评。在他看来，由于当代心理学作为一门理论科学还没有成熟起来，因此在理性方面普遍缺乏深度。其结果是理论大量增加，却无人加以评论，以达到去伪存真。理论的激增本来并非坏事，但是不加评论和选择的激增却造成了混乱。[2]斯坦姆强调今后理论心理学的研究有五大任务：一是专注于方法论的假设；二是理解学科的分裂；三是整合后现代主义；四是阐明全球化；五是探讨理论和模式假设的应用。理论心理学的发展不仅关乎微观理论的前途，而且也关乎整个心理学理论的前途。[3]格根则主张，要确立一种具有新的途径和视野的理论计划，主要包括四方面的内容：一是逐步超越实证主义；二是确定理论研究的重点领域；三是讨论与文化实践有关的理论；四是发掘理论智慧的社会文化资源。

---

[1] PARKER I.Critical Psychology and Revolutionary Marxism［J］.Theory & Psychology, 2009, 19（1）: 71–92.

[2] ROYCE J R.Philosophic Issues, Division 24, and the Future［J］.American Psychologist, 1982, 37（3）: 258–266.

[3] STAM H J.Ten Years After, Decade to Come: The Contributions of Theory to Psychology ［J］.Theory & Psychology, 2000, 10（1）: 5–21.

可以说，当前西方自然科学和人文社会科学进入了一个"理论科学"新发展的重要趋势。近年来新崛起的"理论心理学"虽然尚未定型，但心理学作为一门还不完全成熟的科学，目前已将马克思主义列入理论心理学的研究范畴。近20年来，西方心理学中马克思主义取向的新发展，也表明了马克思主义取向研究是当前理论心理学研究的一支重要力量。这些众多研究为心理学的理论建构带来了新的经验和思想资源。

1. 国际理论心理协会

国际理论心理协会（The International Society for Theoretical Psychology，ISTP）是国际性的心理学论坛，它讨论心理学理论、元理论以及哲学方面的问题，聚焦于当代心理学专家所关注的时代性辩题。19世纪90年代早期，国际理论心理协会成立，其目的是推动理论论争的发展与改革，促使理论研究与传统研究的融合，促进学科间与跨学科方法在心理学中的应用从而来解决心理学问题。国际理论心理协会是一种具有服务性质的平台，通过这样的平台，新的理论观点与抽象性的理论框架可以被广泛讨论，具有争议性的各种各样的理论方法可以在此约定俗成，从理论心理学的相关领域到其他原则、从心理学的历史到哲学知识都可以在这个平台上得到激烈的论争。国际理论心理学大会自1985年以来每两年举办一次，第一次举行是在英国的普利茅斯，随后在加拿大的班夫、荷兰的阿纳姆、美国的伍斯特、法国的巴黎、加拿大的渥太华、德国的柏林、加拿大的卡尔加里、澳大利亚的悉尼、土耳其的伊斯坦布尔、南非的开普敦、加拿大的多伦多。

2009年第十三届国际理论心理学大会在中国的南京举行，这是让中国心理学学者和专家感到自豪的。此次大会与以往大多数会议有些不同的是，这次会议在发展中国家举行，其主题定为"东、西、南、北——理论心理学的挑战与变革"，旨在寻求全球心理学思想智慧的汇聚，倾听来自不同国家、不同地域心理学家的声音，改变传统西方中心的观念，因此吸引了国内外许多心理学家。

国际理论心理协会跨越了心理学的许多分支，涉及认知心理学、社会心理学、女性主义心理学、殖民地时期以后的心理学、发展心理学、临床心理学、知觉心理学、生物心理学以及进化心理学，如2009年在中国南京举行的国际理论心理学大会所谈论的主题就有心理学方法论、现象学、哲学心理学、发展理论、批判心理学、文化心理学、本土心理学、进化心理学、女性心理学、认知神经科学、心理学史、后现代心理学、社会建构论，以及心理学的理论与应用等，这说明ISTP的发展还将进一步壮大。就ISTP的会员这方面来讲，它大概有200个成员，分布在六大洲，但目前，ISTP的大部分成员分布在欧洲和北美，因此ISTP的社会期望就是扩大它在全球的知名度与成员种类和人数，使更多的亚洲和非洲等发展中国家的专家学者加入其中。2005年南非开普敦国际理论心理学大会的举行以及2009年中国南京国际理论心理学大会的举行都说明了一点，不同领域的心理学专家、不同国籍的心理学学者共同讨论当前心理学理论与实践中出现的问题，昭示了一个强有力的隐喻以及一种新的可能，即发达国家与发展中国家的心理学专家会聚一堂，改变传统西方中心的观念，这为发展中国家心理学理论的发展带来了福音。目前ISTP已出版的刊物有《理论心理学的多样化：全球的哲学与实践焦虑》《全民城市：在构建代理与被构建代理之间》《心理学的当代理论化：全球视角》《理论心理学：关键性的贡献》《理论心理学的挑战》《理论心理学的问题》等。从ISTP所出版的刊物以及它的发展宗旨来看，国际理论心理协会（ISTP）是站在国际的大舞台上引领着心理学理论与理论心理学的发展与革新，从相关学科与领域吸取养料，本着讨论与论争的原则容纳多元化的信息，推动着心理学的发展。

2. 哲学与理论心理学分会

美国心理协会（APA）是美国科学与专业的心理学组织，基地在华盛顿。目前有15万会员，是全球最大的心理学研究组织，它的宗旨是促进心理学知识的创新、沟通与运用，造福社会，提高人民生活质量。APA有54个分会，会员可以根据自己的意愿和兴趣选择分会。一些分会代表着心理学的分支（如实验心理学、社会心理学或临床心理学），然而其他一些分会则会关注时事性领域，如老龄化、少数民族文化或精神创伤。APA成员以及非APA成员都可以申请加入一个或多个分会，只要分会有适合他的标准以及预期就行。每个分会都有自己的办公室、网站、出版物以及会议。

哲学与理论心理学分会（Society for Theoretical and Philosophical Psychology，

STPP；链接网站：http：//www.theoreticalpsychology.org/）是 APA 的第24分会，它于1963年成了 APA 的分会，在近年的发展中已经有了比较完善的会议程序以及刊物。成员大多是来自不同领域的专家，多样的专家群体有着对心理学哲学与社会科学研究的共同兴趣。哲学与理论心理学分会涉及的内容包括：科学与心理学哲学、认知神经科学与生物心理学对人类镜像的影响、心理学中道德的参与、心理学中灵性所在、心理健康护理的管理对心理治疗的实践影响、心理学质性方法（包括现象学、文化心理学、叙事性与讲述性分析）所扮演的角色、基于女性主义与后现代主义的心理学视角等。这个分会主要从事心理学理论问题的研究，该分会鼓励专家学者进行有根据的心理学理论的探索与讨论，当然讨论需要有科学与哲学维度。在美国，每种 APA 分会都有自己的刊物，而哲学与心理学理论分会在发展过程中也有了标志性杂志，即《理论与哲学心理学》（*The Journal of Theoretical and Philosophical Psychology*）。该杂志每季度出版一期，包括理论与哲学心理学最新的研究成果，同时其站在哲学与元理论的研究维度多方面地研究心理学，进一步从本体论、认识论、道德以及批判的角度来审视心理学。还从概念性、推测性、理论性、观察的、临床的、历史的、文学的以及文化的研究角度广泛地讨论与论证。目前，《理论与哲学心理学》刊物的内容包含有自我与人格的本质、意识研究、道德心理学、心理科学哲学以及心理学的解释性实践内容（如现象学、解释学、文化心理学、女性理论、叙事心理学以及叙述分析学）。从刊物的内容上看，哲学与理论心理学分会研究的内容涉及面广，研究方法也具有多样性，是正在蓬勃发展的新兴协会，现代国际知名的理论心理学家科赫、罗宾逊、格根都曾是该协会的主席，因此，APA 哲学与心理学分会的发展将继续为心理学理论的研究与发展做出不可忽视的贡献。

3. 中国心理学会理论心理学与心理学史专业委员会

中国心理学会理论心理学与心理学史专业委员会是最早成立的专业委员会之一，其前身是1979年3月在北京召开成立的"心理学基本理论研究会"，1993年更名为"理论心理与心理学史专业委员会"。

理论心理与心理学史专业委员会宗旨是团结理论心理与心理学史工作者，

充分发挥理论与历史的功能，深入探讨心理学理论与中、西方心理学史问题，致力于我国心理学的健康发展，以及理论心理与心理学史专业人才的培养工作。

理论心理学与心理学史专业委员会是我国理论心理学与心理学史领域工作者的重要学术团体，现有委员50人，由来自全国22个省、自治区、直辖市的36所高等院校和科研院所的资深专家及中青年学术骨干组成。自成立起，便成为国内最重要的心理学者学术组织之一，至1990年前后，成为会员众多、影响巨大的专业委员会之一。历届会长为潘菽、车文博、杨鑫辉、叶浩生、彭运石、郭本禹、高峰强、郭永玉、高申春、郭斯萍、贾林祥（候任）。

从"心理学基本理论"（1979）到"理论心理学与心理学史专业委员会"（1993），名称的改变，使得两个分支得到了同等的重视。理论心理学：基于心理学的理论性研究；美国心理学会第24分会"理论与哲学心理学分会"（1963）。心理学史：基于心理学史料的研究；美国心理学会第26分会"心理学史分会"（1965）。

以《心理学简札》（潘菽，1984）开启了中国理论心理学的学科建设，以《西方近代心理学史》（高觉敷，1982）开启了西方心理学史的教材建设。1986年，开创了"中国心理学史"这门学科，并开展了中国心理学史研究人才的培养工作。其中潘菽、高觉敷、车文博、王启康、燕国材、杨鑫辉、邹大炎、许其端等发挥了重要作用。以龚浩然、黄秀兰、王光荣为代表的学者开创了苏俄心理学史的研究。

中西方心理学史教材建设方面取得了重要的成就。西方心理学史教材方面，从高觉敷、车文博，到叶浩生、郭本禹等，已经形成了体系。中国心理学史教材方面，从高觉敷到杨鑫辉、燕国材，再到汪凤炎、燕良轼、霍涌泉、阎书昌等，已经形成了立足世界、面向未来的具有中国特色的心理学史研究知识谱系统。

走向国际心理学大舞台的理论心理学与心理学史学者：叶浩生（2009—2013）任国际理论心理学协会中国执委；郭本禹（2012）参加编写 *The Oxford Handbook of the History of Psychology*；汪凤炎（2004）、阎书昌（2013）、霍涌泉（2020）等在海外的权威期刊 *Journal of Moral Education*、*History of Psychology*、*Theory & Psychology* 上发表文章，发出了中国本土学者的学术声

音；以杨韶钢、郭本禹为代表的道德心理学研究成果多次参加国际道德教育心理学的研讨会。

中国心理学会理论心理学与心理学史专业委员会组织开展了系列理论心理学与心理学史著作的出版工作。叶浩生主编：《心理学新进展丛书》《世界著名心理学家》。郭本禹主编：《心理学新视野丛书》《西方心理学大师经典译丛》《心理学名著译丛》《外国心理学流派大系》《当代心理学经典教材译丛》。汪凤炎主编：《中国文化心理学丛书》。郭永玉主编：《人格心理研究丛书》。叶浩生、郭本禹、蒋柯等组织翻译了西方心理学史教材。车文博、郭本禹主编270万字三卷本《弗洛伊德主义新论》。理论心理学与心理学史作为两个分支进入《中国大百科全书》（第三版）心理学卷。其中，心理学史由郭本禹主编，汪凤炎、高申春副主编；理论心理学由彭运石主编，高峰强、霍涌泉副主编。

中国近现代心理学史领域取得的成就：确立了"心理学"观念史的源头[执权居士创制"心理（学）"名词]，考证了中华心理学会的诞生之日（1921年8月5日），挖掘到张耀翔收到的《心理》杂志创刊号，开展了周先庚、郭任远的系列研究。理论心理学出现学科交叉，紧跟人工智能与认知神经科学的前沿。具身认知研究（叶浩生等）；中国文化的心理学研究（汪凤炎）；认知逻辑的功能主义转向（蒋柯）；心理学的循证实践研究（杨文登）；基于神经科学的理论心理学研究（陈巍）；心理学的本体论与方法论研究（舒跃育）；进化心理学研究（殷融）；基于心理辩证法的理论心理学研究（王波）。

二、苏联理论心理学的发展与曲折

除了美国，苏联是从事心理学研究最积极的国家，无论是研究人数、机构、课题、难度，还是出版的著作、刊物方面都居世界前列。苏联心理学界曾经涌现出来的心理学大家，像维果茨基、鲁宾斯坦、列昂节夫、鲁利亚等这些杰出的世界级心理学家，都具有自己的鲜明特色。

苏联心理学在整个发展过程中，曾经出现过两次飞跃时期、两次平台时期。其中在20世纪30至40年代理论探讨发展迅速，20世纪50年代出现一次平台期，从20世纪60至70年代起又开始迅速发展，这一时期的发展侧重实际，20世纪80年代出现了需要整合的系统观点和主体心理学。而在这两次飞跃时期，苏联学者对理论心理学这一重大理论热点和实践问题的深入探讨，无疑起到了极其有力的推动作用。

苏联不仅重视心理学的实验和应用问题，而且十分重视基本理论和方法论的建设。在传统上，苏联心理学一直以来比较重视理论探讨。在十月革命后不久，许多苏联学者就提出要贯彻辩证唯物主义的思想，强调哲学与自然科学的联系，明确提出要坚持马列主义哲学思想的正确方向，要运用辩证唯物主义和历史唯物主义的观点来指导生理学和心理学的研究，在反对唯心主义的同时要克服机械论和形而上学。尽管苏联心理学研究者对辩证唯物论的看法不完全一致，然而辩证唯物论的基本观点在苏联心理学界是没有分歧的。许多苏联学者认为，只有对心理学的一般理论认真研究，才能对每一个分支领域中积累起来的科学资料、思想与方法加以系统化。同时，对心理学一般理论的研究，也是把心理科学成就有效地运用到实践中的重要条件之一。心理学这门学科理论性比较强，不重视理论很难前进，而心理学要加强其理论的科学性、成为真正的科学，必须贯彻辩证唯物主义的观点，建立马克思主义心理学。

在20世纪50至60年代，苏联时期的心理学研究者们像别赫捷列夫、科尔尼洛夫、布隆斯基、维果茨基、鲁宾斯坦、捷普洛夫、列昂节夫、洛莫夫等学者，在建立马克思主义科学心理学的过程中做出了巨大的贡献，丰富了心理学的组成和结构。在苏联时期，确立了基于马克思主义的一些基本心理学原则，如"心理是人脑的特性与机能""心理具有反应环境的功能"等，这些基本原则应用至今，广泛见于我国心理学研究与教学中。鲁宾斯坦（Rubinstein）在《心理学的原则和发展道路》一书中提出三个对心理学有决定意义的观点：（1）承认人的实践活动、劳动在心理的形成中的作用；（2）由人的活动所产生的对象世界制约着人的感觉、人的心理、人的意识的全部发展；（3）人的心理是历史的产物。列昂节夫（Leontyev）在《马克思与心理科学》一文中也指出，马克思对心理学理论的最大的发现就在于：意识不是在刺激物（作用于人脑的事物）的影响下人脑某种神秘的放射"意识之光"能力的表现，而是人们所参与的并通过头脑、感觉器官和运动器官所实现的那种特殊关系即社会关系的产物。

　　在俄罗斯和国外学者的著作中，普通心理学中包括了理论心理学、实验心理学及其他的领域。有关概念、研究方法、历史方面的知识、实践运用与其他理论和资料相共存。例如，鲁宾斯坦在其代表性著作《普通心理学原理》一书中便对心身问题的不同结论进行了论述，并分析了心身平行论、相互作用、统一性的观点，但这一系列问题仍然没有表现出独特领域的研究对象。鲁宾斯坦还出版有《马克思著作中的心理学问题》（1934）、《苏联心理学体系中的活动与意识问题》（1945）、《从辩证唯物主义的观点看意识问题》《存在和意识》（1957）等专著。西方心理学也有理论，但与苏联有所不同。欧美心理学派别很多，每一派都有自己的理论，表面上看起来有各种各样的观点，但根本上都没有脱离二元论。苏联心理学重视辩证唯物主义、马克思列宁主义哲学思想，这是它能够屹立于世界科学之林不可或缺的特色之一。

　　进入20世纪80年代中期，彼得罗夫斯基（ПетровскогоА.В.）的《理论心理学》（1986）一书提出，"理论心理学"这一术语在许多作者的著作中可以遇到，但它不是用于构成专门的学科领域的。理论心理学的研究对象应该不同于普通心理学，普通心理学主要分析心理过程和状态。理论心理学不能充当特别完整的科学学科，而需要加强从基础心理学到理论心理学的体系。他提出，理论心理学应该由"形而上学的范畴和基础心理学的范畴两部分内容构成"（见图2-2）。其中形而上学的范畴涉及理论心理学的对象——心理科学的自我反思，其揭示和研究心理学的范畴体系（原始心理的、基础的、形而上学心理学的、超级的心理学范畴）、解释原则（决定论、系统论、发展）、出现在心理学发展历史道路上的主要问题（心理物质、心理生理、心理认识等），以及心理学认识独特的活动形式。理论心理学不等于心理学理论的总和，像每一个整体一样，整体总是大于它的组成部分的集合。

　　基础的心理学范畴包括"心理学的基础理论"，是在理论心理学背景下对经验知识的理论总结。彼得罗夫斯基并不赞同将心理学历史纳入理论心理学的范畴。认为理论心理学使用"心理学历史"名称是没有根据的。理论心理学历来的目标都是在将来构造这样的科学知识体系，以作为专业的心理科学发展的材料。

形而上学心理学范畴

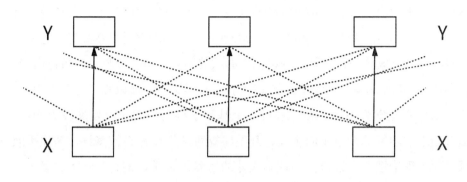

基础的心理学范畴

图 2-2　彼得罗夫斯基提出的理论心理学结构模式

资料来源：彼得罗夫斯基. 心理学文选 [M]. 北京：人民教育出版社，1986：36.

三、日本理论心理学的近期动向

日本是当今世界心理学研究和发展的先进国家之一。在中国心理学引进与发展的早期，日本心理学对中国的影响极大，甚至超过了欧美。

"心理学"一词，在日本最早见于1878年西周的译作《心理学》（即海文《心灵哲学》）。日本的心理学是通过西方的输入产生的，主要是向德国和英国等国家学习。1888年元良勇次郎首先开始在东京帝国大学讲授心理学，之后从东京帝国大学发展到了东京高等师范大学，为日本培养了第一批心理学学者。松本在东京帝国大学成立了第一个心理学实验室，并于1927年成立了日本心理学会，担任会长一职，创刊《心理学研究》。日本心理学会的专业分支主要有实验心理与生理心理、发展与教育心理学、临床心理学、人格与犯罪心理学、社会心理学、文化与工业心理学与心理学理论和方法等分支。除了心理学会，还有10多个专业心理学会组织，如日本心理学诸学会联盟、日本教育心理学会、日本应用教育心理学会、日本应用心理学会、日本学生对话学会、日本学校心理学会、日本基础心理学会、日本青年心理学会、日本社会心理学会、日本临床心理学会、国际意识科学会等，其中加入日本心理诸学会联盟的共45个专业心理学会组织，直接与教育心理学相关的就有5个。据日本心理学会统计，目前开设心理学专业以及相关学科的各类大专院校有东京大学、早稻田大学、京都大学等209所。心理学教育是日本高等教育体系内容的重要组成部分，其既表现出很强的欧美倾向，也具有自身的特色内涵。日本各大学普遍注重专业特色，或以实验心理学为主，或以临床心理学为主，或以教育心理学为主等。在课程设置上基础学科与应用学科发展较为均衡。随着心理学领域的发展不断更新，开始注重对课程设置进行修订，并注重兼顾课程的理论性和实践性。心理学人才的培养体系质量很高，学士、硕士及博士等培养要求严格。学校心理学在教育心理学领域中的迅速崛起是日本心理学发展的一大重要趋势及特点。

理论心理学研究在日本心理学界还不是很活跃，但在过去的20年里，日本学界对心理学理论问题还是进行了非常重要的研究。例如，关于"心理学新形式"的理论辩论；关于定性方法、叙事心理学和临床心理学的方法论争论，以及创建新的跨学科研究领域。

（一）2017 国际理论心理学会议与日本理论心理学的现状

第17届国际理论心理学学会（ISTP）双年度会议于2017年8月在日本东京立教大学举行。约300人参加了会议，有7次主旨发言、41次专题讨论会。"理论化的精神风尚（ethos）"被选为会议主题。该主题旨在促进对心理学作为一个主题和学科的伦理层面的思考。心理学的理论化，包括我们熟悉的认识论和本体论等方面的论题，还涉及对伦理和规范的考虑。心理学研究中使用的概念，像"客观性"，不仅是一种科学规范，也是一种美德，因为真理和真实性显然是相互关联的。"发展性"的概念也充满了社会价值和伦理含义，远远不是一个简单的价值中立的问题。心理学的理论化不仅是一种活动，更是一种深深吸引理论心理学家的实践，要求研究者为做好理论承担起责任。

日本的大多数心理学研究是在库恩界定的"规范科学"的公认框架内进行的，然而由于心理学中存在着太多不同的研究范式，因此某一种范式的研究者对其他范式的研究漠不关心。一方面，大多数日本心理学家也不关心对他们自己研究范式理论和哲学基础的反思和总结。许多学者仍然持有实证性研究的信念，大多数人对理论心理学问题一无所知。日本心理学者大多没有关注关于心理学是什么以及应该是什么的哲学争论。在欧洲哲学史上，对包括心理学在内的人文科学的科学地位有过无数次争论。虽然狄尔泰、文德尔班、胡塞尔等的哲学书籍大部分被翻译成日语，但多数心理学研究者并不重视这些涉及理论心理学的哲学争论。日本理论心理学学会成立于50多年前，日本的科学哲学家并不参与这个学会，大多数日本心理学家对这多年的努力并不太感兴趣。

但是在另一方面，也有一些日本学者比较重视心理学的理论问题。由渡边恒雄、村田纯一和高桥美代子编辑的《心理学哲学》一书于2002年出版，该书共有11章内容，其中从元心理学的角度研究了特定心理学研究方法的哲学基础和前提，如行为主义、格式塔心理学、认知主义、临床心理学、发展心理学和社会心理学。另一本重要的书《心灵科学的思想：当代哲学对心灵科学的争议》出版于2004年，由石川三木和渡边恒雄编辑。这是一本入门书，使心理学家能够理解与心灵科学相关的当代哲学论点，也包括对科学哲学的基本知识及其历史发展的解释。书中还介绍了心灵哲学的基本立场和概念，如反心理主义、意向性、功能主义、联结主义、自然主义、物理主义、反物理主义、民间心理学、外在主义、定性，以及与社会心理学和建构主义问题有关的哲学论点。

（二）日本心理学理论问题的最新动向：心理学的新形式

在过去的20年里，对心理学理论问题非常重要的研究已经开展，集中分为三类：（1）对心理学基本概念和方法的反思；（2）发展历史研究；（3）尝试开辟新的方向或创造新的研究领域。渡边恒雄、佐藤龙也、渡边良之、高顺美纪等都是日本领先的理论心理学研究者。他们成立了一个小组来介绍和探索理论心理学和心理学史的问题，已经出版了许多关于这些主题的相关书籍。

关于基本心理学概念和心理学方法论的研究，值得注意的是名为"心理学研究的新形式"的11种系列书籍，出版于2004至2006年，主题包括理论心理学、历史、方法论、实验、认知心理学、发展心理学、教育心理学、社会心理学、临床心理学、环境心理学和艺术心理学。在该系列的序言中，下山春彦（2005）指出：日本心理学过去有一种强烈的倾向，追求关于有机体的行为和心理的普遍规律的识别，然而，有一个普遍的真理在这个时代被深深怀疑，即人文科学中的"真理"是语境化的，嵌入于文化和社会环境之中。在这个后现代时代，必须设计和构建新的心理学形式。

21世纪初期，佐藤琢磨和渡边良之开始通过心理学史研究，特别是"智力"和"人格"的历史，来考察心理学中的基本概念问题。他们批判性地回顾了一个经典的假设，即人格是一个人不可改变和统一的本性。如质疑日本人普遍接受的关于人格和性格的伪科学知识，像关于血型和性格之间相关性的颅相学神话。佐藤批判性地审视了基于智商测试的智力概念，这可能导致儿童教育中不良的方向。

文化心理学是在西方影响下引入日本的一种新的心理学形式，也是一种涉及对经典心理学进行强烈批评的方法。文化心理学在日本还不是很普及，但近几十年来已经出版了几部重要著作。人类的心理深深地嵌入和融入文化和社会实践和结构。随着文化心理学在日本的兴起，维果茨基的文化历史心理学也受到了重视。

质化心理学和叙事心理学在日本也有了积极的开展。首先是学者们在社会心理学、临床心理学和护理心理学产生了浓厚兴趣。近年来日本的质性心理学迅速发展。2002年首次出版学术期刊《质化心理学研究》，2004年组建日本质化心理学协会。质化研究包括许多不同的方法，如叙事分析、参与者观察、话语分析、访谈、文本分析和行动研究方面的方法。日本心理学的质化研究将心理学与社会学、文化人类学联系起来的跨学科研究也在增长。特别是叙事方法最初是在临床和治疗心理学领域发展起来的。叙事治疗被引入心理学和发展心理学领域，以及其他人文科学领域。这一领域是经常跨学科的，包括临床心理学、发展心理学、人种学、护理、心理治疗、社会福利、法律和司法以及管理等。自2010年以来，每年出版一期的叙事方法杂志《叙事与关怀》，其最新一卷（11）的标题为"思维科学与叙事实践"，旨在讨论过去十年中叙事方法在更广泛的人文科学背景下的地位。2021年，《日本心理学研究》杂志将出版一期特刊"心理学中的叙事研究与实践"，其中将重新审视叙事本位研究的理论基础和方法论。

在过去的20年里，临床心理学和咨询心理学发挥了越来越重要的作用，尤其是在学校教育工作中，因为儿童的心理健康已经成为一个社会问题。有许多强烈的批评指责学校，社会工作者制度的引入是为了解决儿童犯罪、拒绝上学和欺凌等问题。他们认为，咨询系统倾向于将问题归咎于孩子的思想，这种方法忽视了儿童周围的社会和生态条件对他们以及教育系统的影响。根据对残疾问题的研究，将影响残疾儿童的教育问题理解为医学和临床问题（由儿童残疾引起），是一种医学化或病理化，这只不过是一种社会控制形式，特别是在伊凡·伊里奇（Ivan Illich，1976）所主张的心理技术方面。这些批评来自心理学内部和外部，来自社会学、性别研究、残疾研究、教育学和哲学等传统。

理论心理学在日本的发展是对心理学史研究的贡献。[①]历史不是简单的记录过去。它需要审视过去的事实，以便批判性地考虑现在的条件和我们目前的参照框架。历史将我们的现状与过去进行比较，以便发明一种替代我们现有的行动、认知和思考方式的方法。和其他国家一样，心理学史通常是日本心理学系的必修课。在心理学史的课程中，从1879年冯特在莱比锡建立实验室开始，日本学生开始学习西方，主要是美国的心理学史，然后是艾宾浩斯、詹姆斯、巴甫洛夫等。但2000年前后发表了一些关于日本心理学史的综合研究，有学者提出，日本心理学史也需要一定的哲学观点来批判性地观察和审视日本心理学。

日本心理学家也试图开拓新的研究方向，开始质疑自己的研究框架或范式，应该有一个能够使自己的研究相对长远的视域。质疑现有框架，是开启新方向、开创新研究领域的必要的第一步。历史可以给我们这样一个相对化的观点。另一种可能性可能来自不同领域或专业的研究人员的接触。受吉布森心理学影响的日本生态心理学家和哲学家在感知和行动理论、认知和心理学的一般基础方面进行了合作工作。他们试图将生态学方法扩展到人际关系、

---

① KONO T.Recent Movements in Theoretical Psychology in Japan［J］.Theory & Psychology，2020，30（6）：842-851.

教育、体育、残疾研究等领域。"生活与身体"（lived body）一直是当代哲学最重要的话题之一，虽然这并不是心理学的焦点，可能是因为心理学隐含地认同了身心二元论范式。研究面部和身体的心理学正在成为一门新的重要学科。还有一个新运动走向是精神病学、临床心理学和哲学的合作。研究小组推出了几种植根于当地社区的福利临床"康复"方法，并考虑了这些方法如何有助于精神病学、临床心理学和福利的改革。这种跨学科的合作可以提供一个很好的机会来重新审视心理学的现有框架，并激发打开新方向或创建新研究领域的愿望。

四、中国理论心理学的研究新进展与愿景

中国的心理学引进自西方。中国传统文化中只有心理学思想而没有心理学科。从1889年颜永吉翻译的第一部汉译心理学著作《心灵学》在中国出版至今已有120年的历史。1922年中华心理学会会刊《心理》杂志提出了中国心理学的三个方向：阐明国内旧有材料；考察国外新有的材料；根据这两种材料来发明自己的理论和实验，并要求内容尽量适合国情，形式尽量中国化。在20世纪20至30年代，便有学者开始关注理论心理学问题，如潘菽的《心理学的过去与将来》（1927）、《意识的研究》（1931）、《理论心理学》（1945）等论文和著作。

新中国成立以后，心理学在中国内地的发展经历了一个不平凡的历程。以潘菽先生为杰出代表的中国老一辈心理学家一直特别重视心理学的理论建设工作，在20世纪50至60年代和80年代初期，理论性研究模式曾一度成为内地心理学发展的主流。尽管自从潘先生去世之后，近20年来实证性研究已占据了中国内地心理学发展的主流地位，理论研究模式的昔日风光不再，但一批理论心理学工作者不断克服困难，努力进取，持续创新，初步形成了既体现心理学的科学原则和精神，又具有时代特征和中国特色的理论心理学研究成果。

（一）当前中国心理学理论研究取得的主要进展

第一，中国心理学理论研究在国际化进程中迈出了积极的步伐。国际化是

心理学科发展的重要标志之一，只有在国际交流对话的互动中，才能迈向新的发展台阶和研究层次。当代心理学的理论建设工作必须融入这一潮流，否则就会失去发展自身的机会。不过，我国的心理学理论研究要在国际舞台上发出自己的声音则面临着更为艰巨的深层次挑战。近年来，中国心理学理论研究工作者不畏艰难，在迈向国际化的进程中取得了明显的突破。2009年第十三届国际理论心理学大会在南京召开，叶浩生教授当选为国际执委，有助于提升我国心理学理论研究在国际上的地位和话语权。北美著名理论心理学家格根、斯坦姆等来国内多地讲学。不少学者在《心理学年鉴》《理论与心理学》《历史心理学》《认知科学》《社区心理学》等国际主流刊物上发表了学术论文。这说明国内心理学的理论研究在一定程度上取得了国际上的认可，实属来之不易。

第二，中国心理学理论研究成果获得了国家重要奖项或重大攻关项目资助。由我国著名心理学家车文博先生领衔主编的《中外心理学比较思想史》（三卷）荣获第六届教育部高校人文社会科学一等奖。一些心理学理论与实践问题被列入了国家社会科学基金重大攻关项目的资助对象，像乐国安教授主持的"基于大规模网络实际测量的个体与群体行为影响分析研究（2012）"、金盛华教授主持的"中国本土心理学核心理论的突破与建构研究（2013）"。近年来，国家社会科学基金和教育部人文社会科学研究基金也资助了心理学理论和学科发展史研究的若干项目。这必将有利于提高中国心理学理论研究的新境界和新高度。

第三，积极引进及评介西方心理学最新思潮和研究方法，在追踪国际前沿领域发挥了与时俱进的作用，国内心理学理论工作者长期在引进和评论国外心理学新思潮工作中做出斐然的成绩。20世纪七八十年代，在认知心理学方兴未艾的形势下，国内心理学理论研究者对认知心理学和认知科学做出了积极的学术评论。同时也对人本主义心理学、精神分析心理学、西方理论心理学、文化心理学、社会建构论、积极心理学和生态心理学等新的流派或分支取向进行了系列性的深层研究。特别是车文博先生主编的《20世纪西方心理学大师述评》系列丛书、李其维教授等学者主编的《西方心理学经典名著》、叶浩生教授主编的《心理学新进展》丛书，极大地丰富了国内心理学理论研究的内容，在引领社会思潮领域功不可没。

第四，中国心理学理论研究的本土化探索取得了令人瞩目的进展。随着我国国际地位的日益提高以及中国心理科学整体事业的快速发展，国际化与本土化的融合已成为中国心理学研究的必然趋势。在这方面，国内一些心理学理论研究者除了积极探寻根植于自身传统文化特异性上的创新性发展，还在新的时代形势下致力于建构具有中远程特色的中国本土心理学理论图景。葛鲁嘉推出的中国本土心理学研究系列专著，是这一领域取得的代表性成果。

第五，在理论研究与实证研究相结合方面开展了积极的探索。理论研究与实证研究相脱节，长期以来是制约国内心理学理论研究发展事业的瓶颈性因素。近年来，国内一些长期从事理论研究的学者把握学术前沿，审时度势，再不单纯地集中于理论研究，将理论探讨与实证研究结合起来。像叶浩生教授主持的国家社科基金项目"具身认知的心理机制及其在教育领域中的应用"，积极将具身认知从理论思辨领域引领至实证研究。郭永玉教授承担了国家自然科学基金项目"不同社会阶层分配不公平感的归因模式及应对策略"，把心理学理论有效运用于经济管理领域。国内理论心理学的著作出版也不少，像燕国材、葛鲁嘉、麻彦坤等学者推出了有先进水平的专著。特别值得一提的是，国内不少长期从事实证研究的学者也开始"建构模型""创立学说"，如陈霖、杨治良、黄希庭、林崇德等学者通过自下而上的路径发展出的拓扑知觉理论、社会内隐现象的"钢筋水泥模型""分阶段综合模型"、智力的多元结构理论等理论，标志着中国心理学研究转型发展时期取得了新成就。国内心理学向现代意义的模型、技术和微观理论发展的良好学术风尚，必将有力地推动中国心理学理论研究迈向更高的层次和水平。

（二）积极寻求心理学理论研究的新高度

变革与转型时期的中国心理学理论研究依然面临着攻坚克难的深层次发展问题。一方面，当前国际心理学的理论研究进入了一个"后理论"的新时期，集中于中程理论和微观理论的研究，再要恢复到过去的宏大叙事性研究传统也是不可能的了，对此我国心理学理论研究者尚有许多不适应的地方；另一方面，目前我国心理学界的大气候仍然不利于理论研究事业的纵深向前发展，而且整体上中国心理学理论研究尚未走出低谷，目前仍处于艰难的爬坡阶段。对此，我们既要正视现实、直面问题，又要勇于进取，积极作为，而不宜过分渲染问题的严重性。国内心理学理论研究者需要善于反思和总结低潮时期自身研究之不足，发掘蛰伏于问题之下的潜在机遇，积极寻求中国心理学理论事业的新境界和新高度。

一要继续解放思想，以关怀性、建设性的思维立场、方法和进路，积极推进理论建设事业的进一步深入发展。国内心理学理论建设事业面临的最大困难之一是如何从目前跟进式的实证研究的主流格局中解放出来，在科学标准的指引下，走一条综合创造的发展道路。我国的心理学研究需要在科学化、实证化的基础上，加强理论建设和教育工作，实现实证与理论、实践技术化三者的融合对接目标。改变单纯停留在浅层次实证研究的现状，实现心理学研究的整体化、一般科学化，以新科学理论再造心理学。只有这样不断尽力缩小与西方心理学之间的差距，才能使我国的心理学研究走向世界，跨入先进国家的行列。

二要进一步发挥心理学理论研究"守正创新，引领未来"的功能。进一步提升关注和回应社会经济文化建设发展的重大理论与实践问题的服务能力水平，是心理学理论建设事业走向兴旺发达的重要标志。尤其是在当今国人全力追求"中国梦"的伟大历程中，"物质生活极大丰富而人心普遍焦虑不安"已成为一个突出的社会心理问题。心理学理论研究需要在服务国家社会发展中发挥自己不可替代的正能量功能。

三要以解决问题为导向，开展"心理学理论在行动"的发展策略。当前我国心理学理论研究的特色创新除了要让传统文化心理走向世界，还需要积极实施中国的"心理学理论在行动"的方案，扩大心理学理论研究的影响力。只要我们中国心理学理论界一步一个脚印坚实地走下去，大力加强心理学理论建设和理论教育工作，培养新型的理论心理学人力资源，通过扎实推进理论心理学分支学科建设工作，促进心理学理论研究水平迈上一个新的发展台阶和层次，则不是不可能的。

四要加强心理学的政策研究服务水平。心理学理论性研究不仅要提高科学化程度，同时也要加强政策研究，提升为社会服务的总体水平。社会政策是解决社会问题、促进社会安全、改善社会环境、增进社会福利的一系列政策和行动原则的总称。随着社会政策重要性的日益凸显，西方心理学界有关政策的理论和实践研究受到了各级政府部门、社会团体的广泛重视，社会政策的实施也受到公众的明显关注。相形之下，多年来我国心理学界缺乏面向社会现实、结合分支学科的重大理论和实践问题的研究，"而且越是接近宏观的制度与社会文化层面的问题，相关的基础性研究就越少"。目前我国心理学对国家社会政策的影响力，远远无法与经济学、法学等学科相比，与教育学、社会学也不能相比。这固然与政策支持不力有一定的关系，但也与我们研究者自身的素质缺乏有很大关系，这自然会限制心理学研究在国家社会发展中理应发挥的功能。在当今，心理学必须为国民的生存、发展、安全、健康、幸福生活和可持续发展承担必要的社会责任。我国当前正处于社会转型时期，从制度重建到人心安顿，从生活温饱问题到公共治理，各种利益矛盾非常复杂，且在不断的变化之中。这就需要我国学术界不断加强心理学的政策研究，努力缩小与西方心理学先进水平的差距。

第三节　马克思主义对理论心理学建设的意义

在当前世界心理学的变革与转型发展历程中，理论性心理学研究的复兴与理论心理学分支学科的崛起已经成为一个重要趋势。从理论心理学的视角重新认识与反思马克思主义的积极资源，是我国心理学发展需要进一步探讨的一个重要理论和现实问题。理论心理学的建设需要以马克思主义的科学观建构自己的元理论基石，辩证唯物主义的科学观有助于加强心理学发展顶层设计思想的宏观建构和微观实体理论的融合，持续回应现代性的重大理论和实践问题，同时能在引领人的心理和精神健康发展领域发挥积极的建设性作用。

马克思主义心理学的新发展取向是当前西方理论心理学研究的一支重要力量，其为心理学的理论建构带来了新的思想资源。正如法国心理学家赛弗（save）所言："如果说不存在，或者说实际上不可能有一门马克思主义心理学，那么，肯定存在着的，而且必须进一步加以发展的是马克思主义的心理学的观念和实践。"[1] 帕克也提出要大力发展"理论心理学"，因为理论心理学类同于科学哲学，其主要功能是经验工作之后的反省思考，探求为什么这样做和怎样才能做得更好。

前面说过，理论心理学是现代心理学理论研究的新形态和新阶段，其主要是指从非经验的角度，通过分析、综合、归纳、类比、假设、抽象、演绎或推理等多种理论思维的方式，对心理现象进行探索，对心理学学科本身发展中的一些问题进行反思。理论心理学在心理学中的地位，就应像理论物理学、理论经济学在物理学和经济学中一样，是心理学的学科体系中一个极为重要和不可缺少的组成部分。国际理论心理学协会前任主席谢利夫（1997）曾提出理论心理学的研究包括"宏观层次、中观层次和微观层次"三种类型，宏观层次的理论心理学应该探讨作为整体的学科的同一性，亦即回答心理学究竟是什么的问题，并评估心理学到目前为止的发展状况。中观层次的理论心理学应探讨心理学作为一门整体性科学的全局性问题。微观层次的理论应该阐明基本概念、研究方案、应用措施等背后隐藏的关于世界和人的基本假设，为具体研究提供理论咨询和参谋的作用。

进入2000年以来，作为一门全球性学科的心理学迫切要求进一步讨论"究竟有哪些问题会促进当代科学的发展？"。按照社会建构主义心理学家格根的观点，需要探索一种具有新的途径和视野的理论计划。[2] 当今西方马克思主义心理学的再次兴盛，在一定程度上丰富及扩展了理论心理学研究的内容和领域，为繁荣人类的心理文化内容增添了新的思想光彩。具体来讲，马克思主义对理论心理学的学科理论建设意义主要体现在以下几方面：

首先，理论心理学需要以马克思主义的科学观建构自己的元理论基石。

近20年来，西方理论心理学虽然取得了一定的成果，但是从目前发展所面临的复杂问题和艰巨任务来看，当前理论心理学具有未定型的特征，在理论和实践上还面临着很大的挑战和考验，其中最为突出的问题有两方面：一

---

① SEVE L.Marxism and The Theory of Human Personality ［M］.London：Lawrence and Wishart，1975：13.

② GERGEN M.Feminist Reconstructions in Psychology：Narrative，Gender，and Performance ［M］.Thousand Oaks：Sage Publications，2001：79.

是没有建构形成比较统一的元理论基础；二是回应社会需要的重大理论成果还不多。要克服这两方面的薄弱环节，必须积极借鉴马克思主义的思想资源和方法论立场，建构具有"多元一体"特征的理论心理学范式。理论心理学的一个主要任务是从现有的理论中推导出新的实证结果，然而理论在心理学上的地位完全不同于理论在物理学上的地位，也不同于理论经济学在经济学中的地位。在物理学领域，可以通过对第一性的物质及其运动方式进行实验，按照实验数据建立数学模型。科学家的价值在于把理论建构和从现有理论中推导出的实证结果变成专业领域的灵魂。在经济学中，可以通过实体性的经济指标建立数学模型，推导出具有普遍性的理论结果。而心理学的研究对象属于第二性的虚体存在，心理学的理论无法数学化和公式化，难以建立普遍性的统一模型。因此，理论心理学的元理论基础十分薄弱。我们认为，理论心理学的元理论基石需要坚持唯物主义的基本原则，也就是心理学研究人的心理活动规律遵循的第一基本原则。无论是多么复杂的、不可思议的心理活动，最终都会在物质世界中找到原初形态，而绝不存在超自然的心理活动。人类的生命活动、心理活动以及在一定社会环境中的生活实践，永远是心理活动的第一源泉，这应当成为我们研究一切心理现象的一个基本出发点。摆脱现代心理学的困境"需要建立适合于心理学的科学观和方法论"，即心理学的当代学科发展都以"回到物质""回归自然""回到人本身"为总体目标。理论心理学只有把物质的决定性和心理的能动性统一起来，才能科学地解决物质和心理的相互关系，才能真正理解心理的能动作用及其实现途径。

其次，理论心理学需要坚持反思性与批判性、建设性精神相结合，加强心理学理论研究顶层设计思想的宏观建构与微观实体理论的融合。

对实证心理学的反思、纠正与批判，是理论心理学研究的一个基本视角。人的心灵世界丰富多彩、千姿百态。心理科学进步和发展的基石是多样性与多元化。为了进一步加强理论心理学的反思性与批判功能，克服主流心理学的狭窄模式，需要遵循人文社会科学的"大尺度启发模式"与自然科学的"小尺度启发模式"原则建构心理学的核心理论支柱。马克思主义原理无疑具有人文社会科学的"大尺度启发模式"之方法论意义。理论心理学的发展需要以"自然科学为体，人文社会科学为魂"，从顶层内容上为心理学注入灵魂。

人的心理活动既具有自然的稳定性，又具有社会的可变性。心理学的科学理论必须充分反映人的心理活动的自然规律和社会性规律，否则就不是真正的心理学理论。心理学理论建设不应该排斥人文科学的心理学理论探索。心理学要成为真正的带头学科，必须走科学化和人文化的道路。在自然科学精神与人文科学精神的统一区域寻求理论基础结构的内在逻辑生长点，这是心理科学理论得以确立的先决前提。也就是必须着眼于20世纪以来的物理科学、生命科学、心理科学和认知科学的发展，它们为心理的统一性以及心智和生命的连续性问题提供了具有实证基础的系统性立场，即物理科学立场、生物科学立场、心理科学立场和社会科学文化立场：

（1）物理科学立场：心身问题在物理上是物质作用的结果，具有因果作用封闭性，不存在超自然的心理活动。

（2）生物科学立场：人是有生命的动物，心理是生命活动、脑物质活动的高级产物，具有不可还原性。

（3）心理科学立场：人具有心理精神品质，心理是人脑对客观现实的反映。

（4）社会科学立场：人是社会文化的动物，人的心理系统内部与社会文化系统相连。

外界的相互作用所引发的变化，是心理系统事物存在的基本方式。

基于上述四个立场，我们认为需要重视解决理论心理学元理论统一性以及心智和生命的连续性这两个观念。这两个观念可用于解决21世纪心理科学面临的两个根本性挑战：如何在普遍性的基础上辨析清楚心理诸现象，理解心理的物理学和生物学基础，以及如何把描述人类心理的各种水平现象的概念系统应用于揭示心理连续性上的多种不同水平中；关于心理意识经验解释的鸿沟，即一个物理活动的身体系统如何使该系统出现附加的感受或主观体验。更进一步讲，在生物的社会文化层面，心理作为一种实在的形态而自觉存在。这样，我们不仅要在物理学、生物学维度上研究心理的形成和发展问题，还要在社会、文化维度上研究心理是如何从个体的生活层面生成和表现的。

当前文化与心灵哲学研究为探索人类发展提供了新思路，促使研究界从更宏观、更整体的视角来审视智力活动质量与发展结果的关系。而心灵研究的文化途径则更需要我们逐步整合已有的学术成果积累，确定具有整合功能的主题，这已成为文化与心灵研究领域的当务之急。我们认为，积极借鉴当代著名心理学家布鲁纳的文化理论，似乎可以对心灵与文化问题提供一个比较完整的解释框架。根据布鲁纳的理论，心灵虽然一直都是，而且还要继续成为科学研究中最令人着迷又充满困难的领域之一，但心灵无疑兼具生物性、文化性和实践性三种性质。其作为一个具有整合性的复杂历程，反映了生物演化、文化建构和自身实践行动性三者间的互动。文化和人类对意义的探求是塑造性的力量，人类的生物性则是限制性的力量，生物和文化只能置身在实践中运作。因此，心理理论的基本方向是以三者的互动来推定人类心理与行为（见图2-3）。这说明在对人类文化与心理进行研究时，不但要掌握生物性和演化的因果原则，更要在意义生成的诠释和实践行动历程之光照下来理解这些原则。这种突出实践性的观点，将包括意识在内的整个心灵置于文化的意义系统中加以理解，并通过个体意义的形成过程，以不同的理论层次图景深度阐释心灵的文化建构特征，从而更好地凸显心理学理论的文化效度和应用范围。①

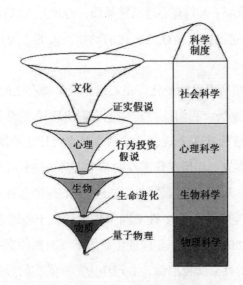

图2-3　心理学科学知识建构基础谱系图

资料来源：霍涌泉.现代心理学基本理论研究［M］.西安：陕西师范大学出版社，2011：78.

---

① MARECEK J.Gender, Politics, and Psychology's Ways of Knowing［J］.American Psychologist, 1995, 50（3）：162-163.

当然，"一种完善的理论总是逐渐发展而形成的。我们的研究对象心理现象和人都过于复杂，而人类的智能又非常有限，所以很难在首次探索就能够获得正确的结果。一个出色的理论能够解释现存研究数据资料和催生新的可验证假设，这些假设也许能够验证该理论的某些部分，当然亦有可能否定该理论的其他部分。在这种情况下，理论家们必须不断去研究新的数据和解答由优秀理论催生的进一步的问题"①。因此，有关心理学研究的文化途径在理论问题上的分歧、争论，也将是长期的、正常的、合理的。在后现代与全球化时代条件下，多元化心灵争论的原因与混乱必将更加激烈，这将有利于推动我们进一步寻求更理想的心理学知识理论组织形态。从无文化的心理学转向了多元文化为基础的心灵理论假设，这一变化的深刻意义在于使心理学发展创造出具体的实践操作工具。因为只有具有实践性和操作应用性的心灵研究，才能不被历史湮没，这是能够历久弥新的关键。

再次，理论心理学需要重视回答现代性的重大理论和实践问题。

当前西方马克思主义心理学研究的一个突出特点是对现实社会的热切关怀和强烈的参与社会变革的精神，在一定程度上体现出马克思主义心理学的发展，只有研究与现代社会进程有着紧密关系的心理问题，才能体现出新生命活力的科学创新精神。现代性的重大理论和实践问题反映了现代社会生成、发展的总体过程和特征。马克思不仅是坚定的辩证唯物主义科学家，同时也是一位关注心理学发展的思想家。马克思曾经指出，如果不从社会工业历史发展的角度去考察人们的心理发展和变化，那么心理学就很难成为一门真正内容丰富而又实际的科学。正像实证主义心理学的马克思主义所讲的那样，马克思主义理论的最主要意义在于，作为一种工业社会的或"生产主义的"（productivist）哲学话语，"它提供了分析工业生产力的语言、概念和导向"，并认为工业资本主义社会始终内在地具有一种创造性的活力，即工业有一种掌握自然与改变现实物质和社会世界的能力，是持久革命的力量。②关注重大

---

① BROUWERS S A, VIJVR F V D.Contextualizing Intelligence in Assessment：The Next Step［J］.Human Resource Management Review，2015，25（1）：38-46.

② JOST L J, JOST J T.Why Marx Left Philosophy for Social Science［J］.Theory &Psychology，2007，17（2）：292-322.

的理论和实践问题，也就是回答社会和人们实践中的利益及需要问题。马克思强调人性本质的共同基础是利益和需要，这应当是理解自然世界、人类生活和社会的一个重要原理。思想一离开利益，就会出丑。因此，从需要、利益出发建构理论心理学的理论基础，"以需要为先，以人为本"应该是理论心理学的重要尺度。所谓"以人为本"就是指人的心理活动的本质规律，人是世界的中心和尺度，把人作为理论研究的出发点和核心问题或最高问题。高度肯定、赞扬人的价值和自由，并以此为理论研究的最终目标，通过自我认识、自我完善、自我创造去实现个人的发展。马克思晚年的思想发展导致了他放弃"纯粹"的哲学，而试图寻找实践性的途径，这类似于当今的主流社会学和心理学的实证性基本探索方法。从方法论的角度看，根据"理论和实践相统一"的总体性的辩证法，马克思主义不是死板的教条和既定的公式，而是一种科学的方法论。这就决定了心理学的发展并不是脱离社会实践的单纯理论建构过程，而是通过运用马克思主义元素的分析、回答现实生活的问题的途径实现的。"心理学作为一门科学，对它的理论和实践进行批判时应该铭记：马克思是为了社会科学而离开哲学的，而且他这样做有很充分的理由。"①

最后，理论心理学需要重视对人的理想心理发展的规划与建构，在引领人的发展方面发挥积极作用。

当前西方马克思主义心理学研究取向对人类未来健康心理的积极憧憬，对西方资本主义文明前景的人道主义忧虑和关怀，对工具理性、技术理性导致异化问题的揭露，这与马克思的人的全面发展思想具有相当的暗合之处。马克思关于人的全面发展是针对现实对人的奴役和压迫的彻底解放，和针对资本主义生产对人的异化造成人的畸形发展而提出人的发展的理想状态和终极目标。根据西方批判心理学者的观点，批判理论包含两个方面的内容：第一是解释——诊断方面，利用社会科学的发现和方法，对当前潜在的危机在经验上进行富有成效的分析；第二是展望——理想（乌托邦）方面，应当以更好

---

① MARECEK J.Gender, Politics, and Psychology's Ways of Knowing［J］.American Psychologist, 1995, 50（3）: 162-163.

的未来和更人道的社会名义指出当前社会的机能障碍，从社会基本结构的激进的、变革的观点来看待当前社会，解释实际存在的生活危机。他们批评主流心理学抛弃了先哲们所创立的伟大传统，提出心理学理应去探讨先哲们所讨论的问题，也就是人性、人生的幸福与价值等问题。在引领人的心理发展方面，理想主义已经成为更普遍地影响社会科学危机的最重要紧张状态，其中就特别包含心理学内容。马克思关于人的全面自由发展的理想目标，必将引领整个人类为之不断奋斗、不断解放和发展生产力。通过对经典马克思主义和新马克思主义资源的发掘，可以提供许多积极的理论生长线索。离开马克思主义科学向度的心理学研究就难以为这门学科提供强有力的思想深度和高度。

第四节　研究心理实质与活动规律的原则问题

一、研究心理活动规律的原则

第一是唯物主义原则。物质存在决定意识，也决定着人的心理活动，这是对人心理本质问题探讨过程中所必须坚持的唯物主义基本原则。即使心理现象无比复杂，且充满了动态特征，其都可以在物质世界中找到对应的某种存在形态。人类的生命性活动与社会环境中的各种生活实践，始终是我们心理活动的第一来源。心理是物质的产生物，在从物质存在中生成出来时便带有了精神现象的特征。辩证唯物主义克服了唯心主义和机械唯物主义的片面性，既坚持贯彻了物质决定论，又强调了心理意识对物质存在的能动作用。要想从根本上把握人类心理的实质，就必须将物质的决定性与心理的能动性相统一，用科学的方法去探明其二者的具体相互关系。

从辩证唯物主义的反映论来看，对于心理现象的研究必须首先搞清楚三项关系：一是反映和被反映物的关系；二是反映和反映者即人脑的关系，抑或是心理过程和神经机制的关系；三是反映和行为的关系。然而仅对人心理反映功能的揭示并不能让我们完全了解人类心理现象的全部性质，还需要把马克思主义的原理引入心理学研究的顶层设计中，重视起人的心理在反映客观实在时的社会中介作用。所以，在对心理活动的研究过程中不能通过纯自然主义的眼光，只看到身对心的决定性作用，还要承认心理与人脑的根本不同，即从物质中产生出的意识的一些独立性质，并对其进行分析。

心理的本质是人脑的机能和属性，是一种拥有复杂组织结构的存在形式，是社会环境下一种对物质的高级反映形式。人的心理事件是依靠生物因素而产生的，其中一部分具有独特性，一部分则是普遍的，其中普遍的成分受到生物规律的制约。因此人类的意识其实是受心理机制和生理机制共同交互活动所影响的。

第二是坚持以人的活动—实践为中介的能动反映论原则。辩证唯物主义者提出，外部刺激并不能直接对人心理与意识的产生造成必然性的影响，离开了主体的社会实践活动，心理意识将无从谈起。在"刺激—反映"这一模式下，意识的主体具有充分灵活的能动性，能够作为外部刺激与心理现象之间的中介机制发挥其作用。所谓的"S-R"模型其实并非二项图式，而是一种三项图式。

我们生活的物质世界中的客观现实是由各种物理、化学、生物学现象所构成的，但其中存在着许多具有意义的社会、文化、生活事件，可见在物理性之外，世界还有其本身所不能独立产生的意义性。意义是心理学研究过程所不能绕开的问题，但其难以用物理或生物学的语言术语进行客观的描述。心理意义是一种作为主体人在行动中感受到的东西，具有一定程度的主观性，需要通过实践性的非理论性语言来解释。事实上，人的认识、思维、感受和情绪，与语言一样，都具有一些行动事件的属性。而关于理论的意义，"首先，理论是处理世界的一般性问题的，它是通过研究领域的简化、专业化来实现其作用的。理论研究往往是在人为控制条件下进行的，而这些条件与日常实际联系却是脆弱的。其次，理论只在具体学科里运用，而实际问题却是跨学科的。因而，理论往往远离专业实际的特定条件而使得人们很少注意到理论的重大作用……根植于理论、经验或规范的基础知识，是所有专业的中心"[①]。

---

① 舒尔曼，王幼真，刘捷.理论、实践与教育的专业化[J].比较教育研究,1999(3)：37-41.

很明显，理论和行动具有同等重要的意义，但学科本身并不能直接将理论注入现实实践中，因此在知识与应用之间还存在着一种选择，即人类的选择判断是连接静态的理论知识与动态的现实实践的桥梁。

人类在生活实践中，往往使用更加典型与系统的简单话语来解释复杂动态的生活情境，对于我们这样一个无法详细描述每一件事物的世界，化繁为简未尝不是一个良好的方法。然而，不同于传统心理学中将语言看作对客观现实反映的观点，社会建构论者认为我们生活的社会和世界都是由语言建构而成的，语言是一种积极的建构媒介。社会建构论的支持者们认为语言同行为是相似的，能够通过其功能实现主体不同的期望。建构的过程同语言是不可分的，因而在其中语言就能够实现部分行为的功能。在目前的认知心理学中，活动与行为都被认为是次要的，因为它们只属于人类个体系统中的一种输出环节。而在语言心理学中则恰好相反：活动的重要性位列现实与认知之前，即心理学的关注点应该在于人们做了什么，在其中如何产生对现实的作用以及对其做何认知。人们通过语言对世界进行描述，并在此过程中建构出各种各样的细节，赋予其主观的道德意义以及突出了其间的因果关系。人们能动地建构着自己的认知，描述自己的动机与情感生活，而就是通过这些对内心的描述使得我们的行动得到了合理的解释。

苏联学者鲁宾斯坦曾以"意识与活动相统一原则"来尝试建构一套苏联心理学的体系。他主张，意识和行为并非两种孤立的存在，而是从内部相互联系且彼此制约的。意识是在活动中形成并反作用于活动的，而活动又是检验意识正确性的客观准则。因此，人类的活动制约着他的意识与心理的存在与属性；同时意识又能通过其特性实现其对活动的调节作用，使之与活动相符合。"所谓'反映'指的是主体对客体的反映，在这种反映下客体的影响通过主体被折射出来的，是以主体的活动为中介的。"[①]鲁宾斯坦提出，动物的心理是由其所处的自然生态环境以及世代相传的物种生活习性所决定的，而人类的心理意识则是由其所处的社会环境以及个体自主选择的生活方式决定的。

---

① 鲁宾斯坦.心理学的原则和发展道路［M］.赵璧如，译.北京：生活·读书·新知三联书店，1965：11.

与动物不同，这种决定作用是能动的，而非机械性的。鲁宾斯坦还强调，"肯定意识和活动的统一就意味着，不应当把意识、心理理解为某种仅仅是消极的、直观的、感受的东西，而应理解为主体的活动、实在的个体的活动，以及在人的活动本身中、在人的行为中揭示出意识的心理成分，并从而使人的活动本身成为心理学研究的对象"[①]。正是在人类的能动性活动中，生成着对客观现实的主观心理反映，被反映的客观现实能够转化为个体观念性的东西，成为人脑中的表象而存在，而这些存在在日后又会通过活动转化为新的客观的物质性的东西。因此，活动在人脑对客观现实的能动性反映，主体与客体的关联互动以及相互转化过程中都有着关键性的联结意义。

第三是定量研究与质化研究原则。在心理学研究的方法论层面，学者们往往一方面为了满足现代科学的要求而对定量式手段十分重视，即以观察、实验、测量等方法对人类的心理行为规律进行分析、概括并控制；另一方面又有些执拗地为了保证心理学与其他自然科学的区别性，总是试图发展出新的定性式研究范式去揭示人类心理与社会文化的存在本质。一代代的心理学家对这两种看起来似乎截然相反的研究方法趋向进行综合性的利用，使其发挥相互补充的作用，最终有效推进了社会心理学、人格心理学、文化心理学等人文性质的心理学学科的发展。在他们的不断努力下，人文性质的心理学学科在全球心理学的地位得到了提高。尤其是人本主义心理学以及其中整体性的质化研究方法的问世，使得与现代科学原则似乎有一些冲突的人文心理学进入了一个全新的发展阶段。

在这个时代，质性研究方法的心理学意义越发明显，这是由于它能够脱离传统自然科学的一些先定假设，而以更宽广的视角对人类内在的心理现象进行分析与解释。在质化研究模型被广泛接受的今天，研究人员已经能够利用它获取有关人类经验的非常详尽的情报，其能为研究者与参与者提供一种共同的易于理解的语言，加深对生活经验的了解，而非仅使用刻板的刚性范式。1983年，美国理论心理学家斯塔茨（Staats）提出了"整合的实证主义"

---

① 鲁宾斯坦.心理学的原则和发展道路［M］.赵璧如，译.北京：生活·读书·新知三联书店，1965：261.

思想。其支持者认为科学工作者不应该将一切精力都投入纯粹的创新性研究中，还需要重视起对已有成果的组织、整合、条理化的任务，方法论或是现象问题上的差异已经不应该是各领域相互诋毁与对立的原因，而应该作为一种可供参考的解决难题的手段选择。然而斯塔茨等人其实还是秉持着物理学的视角去看待心理学，没有脱离自然主义的观点局限性。事实上，实证主义的方法并不是其支持者们所想象的那样科学可靠甚至完美无缺。质化研究的取向纵然是与当代心理学所倡导的自然科学中心主义具有一定的矛盾，但仍然在探索使用各种新的研究范式以保证研究的科学性。临床观察、案例研究、访谈编码等方法的利用，已经使学者们能够对人类个体的内部心理世界以及主观经验进行整体性的、详尽的分析，人文性质的心理学观点与研究也因此获得了一些科学规范上的进展。

第四是心理学研究的复杂性与逻辑简单性原则。相比简单性，复杂性始终是科学家们更加关注的内容方面。想要了解心理学研究对象的复杂性，学者们普遍会采取还原论的观点角度。然而解构与剖析并非科学家们需要做的全部，理论与成果的相融与整合也很重要。在历史上，哲学家们对该问题的调和做过相当多的努力。

而谈及当前心理学研究中的分裂问题，有学者做出了预言性的结论，认为心理学要成为一门成熟的规范性科学，至少还需要一百年的时间。因此，在正处于准科学时代的心理学科中，是否应该暂停理论性的批判工作，通过潜心推进实验与应用性的研究来谋求心理自然定律产生这一质的变化呢？恩格斯说过："如果要等待材料纯化到足以形成定律为止，那就等于要在此以前中止运用思维的研究，而那样一来，就永远都不会形成什么定律了。"[①]爱因斯坦也提出，通过实践对科学研究成果的检验是一个复杂的漫长的过程，需要严苛的控制条件，而在当时的时代条件下无法实现时，人们对各学科内部的理论建构与批判工作也不能因此停滞不前，而应该使用"逻辑简单性原则"作为工具去进一步探求真理。对此，我们认为"逻辑简单性原则"在心理学

---

①　恩格斯.自然辩证法［M］.中共中央马克思恩格斯列宁斯大林著作编译局，译.北京：人民出版社，2018：110.

的基础理论研究及其规范化的推进中也能起到相当积极的意义。

现代科学研究过程中的简单性原则思想是从包括近代数学、物理、化学等的近代自然学科共同体中逐渐发展出来的，被研究者们所广泛接受的方法论原则之一，其对于许多实验的研究和理论的构建都发挥过显著的积极影响。所谓的逻辑简单性原则，根据爱因斯坦的观点，其实就是"科学理论基础结构的简单性"，就是说科学研究中的理论建构应该以条件允许下的最少的概念为主导，据此建立起简洁明了的思想系统，并通过这些系统来对复杂动态的客观对象进行有效的阐述，而不应该使用繁复晦涩且包容大量概念原理的文字作为标准规范的学科语言。这就对研究者们提出了这样的要求，"对各种现象加以整理，把它们化成简单的形式，达到我们能借助用少数简单的概念来描述很大量的现象"①。爱因斯坦还指出，科学既要对人类感觉经验做尽可能翔实的揭示，又应该通过尽可能少的原始概念来对我们所生活的客观世界做出真实的描述。"科学是这样一种企图，它要把我们杂乱无章的感觉经验同一种逻辑上贯穿一致的思想体系对立起来。"②"逻辑简单的东西当然不一定就是物理真实的东西。但是物理上真实的东西一定是逻辑上简单的东西，也就是说，它在基础上具有统一性。"③所以，学者们在阐述科学研究的结果时必须从复杂的现实经验中把握住最关键的内容，对其进行精密的公式化，最后以最简洁的理论语言来揭示自然界的普遍原理。

二、心理活动的实质与规律问题

人类心理活动的本质及其规律是现代心理学研究的根本性课题，而理论探索的目的，其实就是将人类在生活与发展的过程中主导或参与的各种有意无意的活动概括化，揭示其本质规律的存在形式，并通过对从规律中得出的

---

① 爱因斯坦.爱因斯坦文集：第一卷［M］.许良英，李宝恒，赵中立，等译.北京：商务印书馆，1977：213.

② 爱因斯坦.爱因斯坦文集：第一卷［M］.许良英，李宝恒，赵中立，等译.北京：商务印书馆，1977：384.

③ 爱因斯坦.爱因斯坦文集：第一卷［M］.许良英，李宝恒，赵中立，等译.北京：商务印书馆，1977：380.

原则倡导，来引导人们更健康幸福地进行社会生活。

在当前阶段，虽然心理学已经成功对所研究对象的属性有了一定的认识，但是对人类心理实质的解释及其活动规律的探索，还是欠缺阶段性的进展，深入的相关研究仍然很少。这一方面是因为目前的研究有待进一步深入进展，另一方面在表述上其实也有一定的问题存在。要想解决这个问题，我们需要从更深层次的本体论层面出发去探讨。我们认为，现在的心理学之所以对心理本质与规律问题的研究还很滞后，是因为如下几方面的原因：

首先，与人的心理具有高度的动态性与复杂性有关。心理学是一门研究人的学科，而人是"宇宙世界演变到今所形成的最为高级最为复杂的生灵，是宇宙的精华、万物的灵长、造物主的杰作"[①]。就如同雨果所写的，世界上最宽阔的莫过于海洋，比海洋宽阔的是天空，比天空更宽阔的是人的心理。心理学面对着"人心"这一多变的内部宇宙存在，其复杂性、意义性都远远超出了自然界中的物理化学现象，甚至超过社会生活中的经济现象或是历史现象。心理活动的动态性与复杂性，都使人们在对其中隐含的规律法则进行彻底理解的过程中遭遇莫大的困难。

其次，也因为心理学的历史不够久远。一个独立的学科若不具有足够长的研究历史，其学术成果的积累就必然是有限的。而在心理学这门"拥有漫长过去，却只有短暂历史"的学科中，就使得人们对心理活动本质规律的认识存在有限性。相比于其他学科，尤其是数学、物理学、化学、文学、历史、艺术等在人类历史中发展了数百数千年的学科，心理学的成果积累显得相当浅薄。

再次，人们对心理活动的认识存在一定的误区。长久以来，人类心理本质与规律问题的变化性与复杂性一直在潜移默化地影响着这一领域内的各种研究，学者在研究中的动机与意识也受到了各种各样的影响。许多研究者潜在地回避着这一问题，认为在现阶段对于这些问题的研究其实是白费力气。而这种负面的心态使得心理活动本质规律问题显得越发模糊而神秘，愿意对其做深入研究的学者也越来越少。

---

① 司晓宏.教育管理学论纲［M］.北京：高等教育出版社，2009：181.

最后，这一现状的形成也与心理学者在这方面的主观努力不够有关。根据辩证唯物主义的观点，世界上的任何事物都可以被人们所认识，只要通过学者们的主观努力结合现代的科学技术手段，心理活动的本质规律是可以被彻底探明的。我们认为，目前的学术界应该对学者们对这一问题的探索多加鼓励与支持，增进其信心与勇气，培养起心理学理论工作者们的使命感、责任感、荣誉感，而不是一味地抱怨理论研究进展的迟滞；同时还要明确地意识到并坦白承认，目前的科学研究方法水平仍然达不到将心理活动的本质规律彻底搞清楚的程度，也不能对这方面的研究过于倡导，使学者们背离了应用性的、人民大众的心理学研究。

（一）心理的本质问题

心理科学的研究必须首先重视起心理的本质这一根本性话题。"本质"即事物的根本性质，是其内部构成元素间相对较为稳定的、对外在形式与功能起决定性作用的内部联系，也就是一个事物所独有的特殊矛盾。辩证唯物主义认为，心理本质与心理现象之间存在着必然的、普遍的、内在的和稳定的联系。而我们进行心理学研究的任务就是看到其二者的统一性，通过心理现象把握心理本质。

在哲学领域，古希腊时期的柏拉图和亚里士多德将"理性"视作心理的本质；中世纪的阿奎那将"智慧和意志"作为心理的本质；近代的笛卡尔认为"思想"是心理的本质；黑格尔则认为"自由"应该是心理的本质；而现代西方哲学家中的许多人提出，"意向性"才是人心理的规定性本质。

在当前我国的心理学界，普遍将心理的本质理解为"人脑对客观现实的反映"。除此之外，也存在一些不同的声音。一种意见认为，"把心理归结为反映，忽视了心理的能动作用，主张把控制这一新的概念引入心理的实质规定之中"[①]。另一种意见则指出，反映的外延较窄，因而无法涵盖人心理的所有内容，因此需要在被反映的概念外部加一些限定，以防对反映的过度解释与过度使用，例如，我们可以将认识作为一种反映，但情感和意志则很难被称为反映。此外，还有一种意见认为反映是一个早已过时的概念，当前需要找

---

① 车文博.车文博文集：第一卷.［M］.北京：首都师范大学出版社，2010：349.

到一个新的概念对其加以替代，来概括人的心理，其中有学者根据皮亚杰的主体认知结构理论提出了用"建构"一词作为对"反映"的代替观点。

中国社会科学院研究员维之认为，人类心理的本质不在于"反映"，而在于"知"。"知"是从感觉到思维等一切心理现象所共有的心性，因为精神心理现象的突出特征就是"它存在的同时知道自己的存在"，"知"乃心理现象或精神意识的存在方式。凡是有"知"的东西必定是有心理的东西。凡没有觉知、不知道自身之在的东西，必定不是心理或精神的东西。① 然而这也只是一种观点，我国学界对于心理的本质问题，至今还没有争论出一个能得到普遍认同的全新结论，还处于一个无定论的状态中。毕竟心理现象是具有高度动态变化性与复杂性的抽象存在，人类对其本质的揭示与理解过程也必然伴随着各种差异与分歧，要想取得约定俗成的共识，必然还需要持续的探索。自然科学与社会科学的研究范式截然不同，而心理学作为一门中间学科的优势之处就在此体现出来，我们对心理本质的揭示不能拘泥于某一方面的研究方法，要将定性与定量研究相结合，总有一天能够彻底解决心理学的对象性难题。

（二）心理的本质与功能问题

对人类心理功能问题的探讨实际上就是对心理活动的外向作用和内向意义的探讨，针对该问题的深入认识，在学科的理论进展中具有举足轻重的意义价值。

"功能"（function）与我们平时生活中所说的"作用"意义是一致的。对事物功能的研究在现代科学的研究中十分普遍，占有重要的地位，正是通过对功能的探究我们才得以了解万事万物的本质。功能研究可以对事物运动的规律机制做出预测，并为找到解决问题的方法提供基础。

根据现代信息论、控制论和系统论的观点，很多不具有实体的自然或社会现象，我们都无法在今天对其进行彻底的分析解读，也许可以暂时放下对其的深入挖掘，而对事物的功能现象进行概括式的分析，对其共性加以研究，模拟并操作化，而不需要对每一个事物的本质、结构、规律进行分别的讨论。

---

① 维之. 论心理的本质［J］. 青岛大学师范学院学报，2009，26（2）：43-49.

例如，我们学习开车时，只需要学习对车辆功能的操纵，而没有必要对汽车的机械构造、动力系统等进行彻底的理解。而复杂事物的本质往往就在其功能形式上体现出来，因此，对于人的心理，我们也可以尝试通过功能性研究来探索其本质规律。

然而，功能也是一个具有一定复杂性的概念，其定义基本上可以概括为三个方面：第一，功能是一个事物对其他事物所发挥的作用；第二，事物的功能是其内部结构所包含的，是由主体的结构所决定的，功能是结构的体现；第三，功能的实现需要一定的情境条件，功能具有潜在性。

布洛克（Block）认为，"功能性特征的技术术语正是认知理论家们苦心经营的领域"[①]。认知心理学家认为，要对认知思维进行探究，我们没有必要将其刻板地与某一个物理理论体系对应起来，而只需要得到一些物理系统层面上的支持就可以。因此，我们可以利用计算机模拟的方式，通过对大脑机能状态的模型构建，来达到对特殊心理过程的理解，这种观点认为意识活动与认知加工的过程与计算机的运作是相似的。

此外，也有学者提出"纯粹功能"的概念，这种观点认为人类心理的功能能够脱离生物基础而存在，是一种纯粹的功能特性，可以类比作人们身上穿的衣服。控制论的创始人维纳（Wiener）甚至提出，人类只是一种"结构模式"，模式就是可传递、可符号化的一种信息形式。

（三）心理的实质与机制问题

要想理解心理活动的机制，我们必须首先探明人脑的运作机制，这是心理学当前研究的一大热门问题。目前，我们认为心理机能是在一些生理机能的作用下发展出的一种高级机能。人脑的机能分生理机能与心理机能两种，因此人脑具有生理器官与心理器官双重地位，再进一步可推之，神经活动既是生理现象又是心理现象。

当前国内外心理学界对心理活动机制的具体探索可归为两种思路：一边主张由针对生理机制的探索来着手阐释心理机制的作用过程；一边是直接对

---

① 霍涌泉.意识心理世界的科学重建与发展前景：当代意识心理学新进展研究［D］.南京：南京师范大学，2005：219.

人的心理机制的表现形式进行分析，试图揭示心理机制的作用条件。由人脑的结构功能所规定的生理机制是心理机制的物质基础。在现代认知神经科学的发展水平条件下，对脑微观机制的研究仍然伴随着许多难以解决的问题。而对心理机制的直接探索则是通过功能模拟的方式，对人类认知加工方式的共性加以总结。我们今天的认知心理学主张，人类动态复杂的心理活动是功能性而非实体性的一种存在，不需要急于彻底弄清神经生理反应的微观机制，目前更应该着眼于从功能性机制的方面来解释心理活动的规律。只要了解清楚了人类对信息和经验的组织加工形式，也就等同于把握了人的心理机制运转规律。

（四）心理的实质与可感受性问题

心理是一种具有一定主观性（Subjectivity）的存在。因此在研究过程中必须高度重视主观经验的精神价值，同时坚决否定仅仅强调意识主观性或不可研究性的观点，搞清楚主观性与可感受性的关系。

图 2-4　可感受性与物质、精神的相互关系

资料来源：霍涌泉．意识心理学［M］．上海：上海教育出版社：2006：174．

根据斯佩里（Sperry）的观点，精神是大脑活动的产物，是人类意识主观性的一种体现，对于人类及人类社会的变化有着动机或原因层面上的意义。当前，我们认为道德和价值可以像意识一样作为解释人类行为的因果性来源。因此，科学最终要对道德价值的脑神经机制做出解释。

而关于科学家们关心的"可感特性"问题，不少学者认为"可感特性"属于意识的一种特性，例如，功能性疼痛症状往往与主观感受有着密切的关系，医生对疼痛感的解释并不能纯粹根据医学仪器，还要结合患者的口头报告来做分析。这也就是认知心理学所关注的，意识的"觉察"问题。虽然哲学家们认为觉察的本质在于意义的解释，但我们的知觉经验有没有可能是以一种潜在的、自动的方式，在言语活动之外进行着呢？当前的认知神经科学还并不能很好地解答这一问题，就是说，目前的客观方法还无法充分地揭示这种主观事实。即使是最一般的感觉现象，也终究是属于人复杂心理的一部分，是具有"主观性"的存在，否则人类和自然动植物在精神层面上的差别就显得微乎其微。目前，我们将人的主观感受性理解为大脑向原始的感觉信息数据所添加的"附加值"，它远远超越了简单的"感觉"概念，还包含了记忆、思维等的高级认知加工活动。"要联合或统一所有这些特殊的方面和看法乃是不可能的。而且甚至在某些特殊领域的范围之内，也都根本不存在普遍承认的科学原则。"①

（五）心理的实质与主观能动性问题

在谈到人的心理实质问题时，人们常常提到能动性的问题，并把是否重视能动性的问题看成它与机械唯物主义反映论的重要区别之一。有些同志也主张把马克思主义的反映论称为能动的反映论。能动性通常又称为主观能动性，能动性的根源往往归之于实践。这些看法都是有一定道理的，但是，仔细推敲起来上述的提法也有一些不太确切的地方。比如说，实践是指主体变革世界的活动。它只能如实地被看成各式各样的操作过程。这种操作的过程可以揭示出客观事物的复杂的特性和关系，可以创造出新的反映对象和反映方式，似乎它是一种推动的力量。可是，这种活动的本身并不是自发产生的，而是在某种隐藏的动力的推动下发生的。而那种推动实践活动的力量才能称

---

① 内格尔.人的问题［M］.万以，译.上海：上海译文出版社，2000：177.

之为能动性的真正的源泉。再比如说，主观的东西是指反映到人头脑中的观念形态的东西，它可以从感性上升到理性，可以对实践活动起调控定向的作用，但这些飞跃的实现难道只是依靠主观自身的力量吗？我们的观念形态有什么样的力量呢？这些都是值得我们思考的实际问题。

　　加拿大心理学者韦格纳（Wegner）等人在《人心的本质》一书中指出："事实证明，心理能力并不都聚集在一起。相反，人们是以两种根本不同的因素为依据来查看心智的。我们将这两种心智称为感受性和能动性。"[①]在他们看来，感受性因素体现的是存在体具有内心生活、情感和感受的能力。能动性是指思考和行动的能力。感受性相当于输入，能动性相当于输出。能动性研究汇成了当前心理学理论探讨的新焦点议题。不仅皮亚杰的发生认识论十分重视主体能动性的研究，而且班杜拉（Bandura）的新行为主义，布鲁纳的文化心理学、德福雷斯（Dreyfus）的人工智能理论和塞利格曼（Seligman）的积极心理学均对心理能动性问题表现出了极大的研究热情。

三、心理学理论应该总结心理活动规律

　　人的心理活动的实质和规律性问题是心理学理论研究的重大课题之一。理论研究的功能之一，就是将人类生存和发展过程中有意识或无意识的活动本质和规律重建出来，以使人参照或遵守，少犯错误或纠正偏差，帮助我们思考在社会上怎样做得更好，成为健康幸福有用的人。不过，关于对人的心理实质的论述，以及对心理活动规律的探讨，尽管都在一定程度上揭示了心理学研究的对象存在属性和知识性义务要求，但研究仍然显得相当薄弱和滞后，研究问津者很少。一方面是科学研究有待于进一步深入，另一方面也有一个适当的表述问题。解决这个问题应该从更深层次的本体论去研究。我们认为，心理学之所以对人的心理本质和活动规律的认识滞后，主要有这样几方面的原因：

　　一是与人的心理活动的高度复杂性有关。心理学的研究对象是人，而人是宇宙世界演变到今天所形成的最为高级最为复杂的生灵，是宇宙的精华、

---

①　韦格纳，格雷.人心的本质［M］.黄珏苹，译.杭州：浙江教育出版社，2020：11.

万物的灵长、造物主的杰作。正像法国大文豪雨果所说：世界上最宽阔的莫过于海洋，比海洋宽阔的是天空，比天空更宽阔的是人的心理。心理学研究面对着人心这一内宇宙对象范畴，其复杂性远远超过了生物界中的物理现象、生物现象，也超过了人类社会的经济现象、历史现象和文化现象。心理活动的复杂性必然加大人们对其进行认识理解和研究的难度，使研究者很难清楚地揭示隐含于其中的基本规律和法则。[①]

二是与心理学诞生的历史不长有关。学科独立的历史时间短，学术积累有限，使人们对心理活动本质和规律的认识有限。与其他学科相比，特别是数学、物理学、化学、文学、历史、艺术等，心理学的传统学术积累的确比较少。

三是与人们对心理活动的认识误区有关。长期以来，由于人的心理本质和规律问题过于复杂，许多认识上的误区影响和降低了人们自觉地开展这一领域问题研究的动机和意识。潜在地存在着回避这一问题的心态，认为没有必要在这些问题上白费力气。这种回避心态使人们对心理活动本质和规律的认识越发模糊又神秘，继而成为学术研究上的一大禁忌。

四是与心理学研究者的主观努力不够有一定关系。辩证唯物主义认为，任何客观事物只要经过人们的主观努力并借以科学的方法、技术途径都是可以被逐渐认识的。对心理活动本质和规律的探索也是如此。我们认为，一方面要在一定程度上鼓励人们探索这一问题的信心和勇气，增强广大心理学理论工作者的学术责任感和使命感，我们不能长期停留在抱怨学术界不重视心理学的理论研究层面；另一方面也要清醒地认识到，现代科学研究水平仍然无法揭示心理活动的本质和规律问题。不提倡过多的人投身这方面的学术研究。

在此，我们尝试总结人的心理活动的几条重要规律，抛砖引玉，以期能够引起学术界的重新重视，进而积极助推出更加完善的理论概括。

（一）心理活动的自然性与社会性相适应的规律

人是大自然的产物，自然界的图景和自然界的一般规律是人的心理规律

---

① 司晓宏. 教育管理学论纲［M］. 北京：高等教育出版社，2009：81.

存在发展的第一前提条件。人是从动物群中脱颖而出的物种。人永远不能脱离自然界。自然界的一般规律实际上是世界的一般规律。恩格斯指出，自然界是一个无始无终的反复循环的过程，"不论这个循环在时间和空间中如何经常地和如何无情地完成着，……我们还是确信：物质在一切变化中仍永远是物质，它的任何一个属性任何时候都不会丧失，因此，物质虽然必将以铁的必然性在地球再毁灭物质的最高精华——思维着的精神，但在另外的地方和另一个时候又一定会以同样的铁的必然性把它重新产生出来"[①]。人的心理活动规律服从着自然界的一般规律、社会界的一般规律和思维的一般规律，正像潘菽先生所概括提炼出的"物界、自然界和人界"这三界规律。

首先，人心理活动的自然性的内涵包括物质自然规律、生物生命周期规律、脑物质活动反映规律等要素。心理活动的生物要素首先体现为人是自然发展的产物，是从属于自然界的。人的生命、血肉、四肢和大脑都是自然物质的运动、发展的结果。人具有自然物质的性质，并且以人的自然物质存在为根据。人的心理本身具有自然的特征。凡称得上自然规律就应该具有客观性、稳定性、可重复性等特征。

其次，人的一切心理活动都同人有生命的机体紧密联系着。人的自然机体即肉体组织，具有维持生命力的自然需要，表现为各种群体本能的欲望，如保存自身的食物和防御，保存种族的繁殖生育。人作为群体存在的自然前提，是生物进化、自然选择的结果；人作为个体存在的自然前提，则是生物遗传（基因复制和组合）的结果。[②]

生活活动是人心理活动的重要物质本体存在。心理活动与生命活动直接同一。生命是自然给予的，具有先天规定。生命现象是自然界物质运动的高级形式，是物质进化到一定阶段出现的系统。这种系统是能够不断自我更新的，是主要由核酸和蛋白质组成的多分子系统，其具有自我调节、自我复制和对体内外环境做出选择性反应的功能。生命系统在物质与能量交换过程中只有借助这些基本功能，才能保持自身的稳定，延续自己的生物机体活力。

---

① 中共中央马克思恩格斯列宁斯大林著作编译局. 马克思恩格斯选集：第4卷［M］. 北京：人民出版社，2012：79.

② 车文博. 车文博文集：第一卷［M］. 北京：首都师范大学出版社，2010：205.

人类的各种心理、意识都必须是以生命的存在和延续作为前提条件的。生命活动是心理活动的基础性前提，心理始终伴随着人类生命活动的全过程。一个人的生命停止了，心理意识也就终止了。生命本身就具有一种认识世界并对世界做出反应的认知行为，因此对人生命的全面理解也就是对心理的基本的把握。对心理的科学研究确立的一个重要前提，是在新的科学实验的基础上对人生命本身和心理生活的全面理解与尊重。

最后，人的心理活动是人脑的机能和产物。从发生和存在的物质生理基础来说，意识本身就是人脑的机能和属性，意识并非独立存在的东西，不能把意识同产生意识的人脑分开。也可以说，意识首先是一种生物现象，意识活动过程也是生物活动过程。意识虽然是以许许多多的形式和变种出现的，但在所有这些形式中，意识始终伴随着人类的生命活动的全过程。意识过程是由大脑中较低层次的神经过程所引起的、在大脑结构中所实现的较高层次的过程。克里克（Crick）在《惊人的假说》一书中提出，意识首先是一种生物现象，意识活动过程也是生物活动过程。人的精神活动完全由神经细胞、胶质细胞的行为和构成及影响它们的原子、离子和分子的性质所决定的，即由 NCC（神经事件相关物）决定的。他坚信，意识这个哲学和心理学的难题，可以用神经科学的方法来解决。这无疑属于一种典型的生物学的自然主义观点研究意识的取向。

塞尔（Searle）也说："意识的状态和过程是内在的，因为它是在我的身体内部进行的，特别是在我的大脑中进行的。意识不可能脱离大脑而到处存在，正如水的液体性而不能脱离水而存在，或者桌子的固体性不能脱离桌子而存在一样。意识必然发生在一种机体或某个其他系统的内部。"就像消化是发生在胃和其他消化道中的生物学过程一样。在塞尔看来，"当代科学中的一个大胆观点是认为意识不需要有奇迹也可以理解，就像达尔文的进化论观点是可能通过生物的变异来完全理解纯粹的自然现象一样，我们可以开始将人类的意识经验视为一种重要的生物多重适应功能"[①]。更为重要的是神经生物学

① 塞尔.心灵、语言和社会：实在世界中的哲学［M］.李步楼，译.上海：上海译文出版社，2006：41.

对意识的研究影响到了意识心理学的未来发展方向。

从生物的人转变为社会的人。人作为主体是人自己创造性活动的产物，并不仅是自然进化的结果。"在社会历史的发展过程中，人不再受制于生物规律，而是服从于社会规律。"人的心理正像维果茨基所讲，人的心理机能分为两类：一类是低级心理机能，其也有简单与复杂之分；再一类是高级心理机能，它们具有一系列根本不同于低级心理机能的共同特征。低级心理机能与高级心理机能分别是种系发展与历史发展这两条不同的发展路线的产物。意识是以需要、动机、目的为最高调节器的各种高级心理机能的复合系统。

按照维果茨基的论述，旧的主观心理学和新的客观心理学的共同特征是原子论。这两种心理学除了把高级心理机能分析和分解为单个的要素，并把它归结为这些要素，不知道还有别的认识这种完整的东西的途径，因此这些研究只是低级机能和初级过程的心理学，而且始终不承认高级机能和低级机能的差别。维果斯基将高级心理机能的发展看作行为文化发展的一个最重要的方面。

人的心理活动的生物性和社会性构成了人生的两个方面。生物性与社会性相比，前者是基础；然而，社会性比生物性更为根本。这是因为，人生的社会性使人生与动物的生命过程相区别。[①]自然性和社会性相互交织在一起，形成了一般的完整的人的心理活动过程。在这方面，教育对个体发展的主导作用还突出地表现在促进并加速其社会化进程上。所谓社会化是指个体接受社会文化的过程，也就是指个体实现由"自然人"或"生物人"成长发展为"社会人"及"知识人"的过程。文化教育的社会化加速作用一方面表现在促进人的观念社会化上，即通过教育来促进学生掌握先进的知识、科技文化，抵制落后、保守的思想观念；另一方面学校教育因其传授人类科学文化具有简约化、高速化的特点，指导或规范人的智力和能力的社会化目标水平，进而对人的智力、特殊才能的发展起着催化剂与加速器的作用。

（二）心理行为活动始终贯穿着生命为本与以人为本的规律

人的心理活动的自然性与社会性相适应的规律要求"以生命为本"和"以

---

① 陈新汉.人生的哲学意蕴［N］.光明日报，2010-01-14（12）.

人为本"。所谓生命为本就是指人的心理总是与生命联系在一起。生命过程遵循着趋利避害的基本规律。马克思说过，在人类社会中，"第一个需要确定的具体事实就是这些个人的肉体组织"。不伤害、有利、尊重和公正是生命伦理学的四个基本原则，也应该成为心理学引导人们生活的一大本质性原则。人的生命具有完整性，即生命的概念既有生物性意义的自然生命，同时具有社会性意义的精神类生命。心理类生命也是人生命自身的内在规定性。人本身具有维持和延续生命义务，生命在心理学科中具有本体论地位及价值。心理学的知识目的就是在对生命本身进行肯定的同时使其趋于完善。生命的脆弱性和限度隐含了人具有维护自然存在的绝对义务与至上法则。

对健康决定因素的分析表明，"与生物因素相互作用的心理社会因素，在人类健康与疾病中有重要作用。心理社会因素可以某些方式影响神经内分泌系统及其他生理系统，损害机体机能，改变抵抗传染源传染的能力"[①]。班杜拉指出，医疗方面的开支对预期寿命只有极小的影响。但是，预防性的医药与免疫计划的质的进展，会影响人的寿命。除了遗传天赋不能改变，身体健康主要取决于生活方式与环境条件。人类寿命的上限已在生理上限制在100岁左右。人们生来在器官机能上的储备远远超过其所需要的。从健康的生物学观点来看，改变生活方式和周围环境的生产实践，会得到最大的健康收益。

所谓"以人为本"就是指人的心理活动的本质规律，人是世界的中心和尺度，把人作为理论研究的出发点和核心问题或最高问题。高度肯定、张扬人的价值和自由，并以此为理论研究的最终目标，主张通过自我认识、自我完善、自我创造去实现个人的发展。以人为本是现代人本主义心理学、管理学对人类行为活动规律的认识和揭示，更是我国古代伟大的先哲们对人性和人心问题思考探讨的结晶。其核心是强调在对待人的问题上，要尊重人、信任人、关心人、理解人和爱护人，"并把调动人的积极性、发挥能动性和创造性作为人的一切活动的宗旨和重心"。以人为本的内涵包括这样几方面的意

---

① 班杜拉. 思想和行动的社会基础：社会认知论［M］. 林颖，王小明，胡谊，等译. 上海：华东师范大学出版社，2001：247.

思：一是相信人的潜能、欲望，相信人的发展。人固然有性恶的一面，但是在人的社会活动中，按照恶的策略行事，最终会被人类所唾弃。二是以积极乐观的心态对待人。三是以人为本为主体。管理上以人为本、以职工为本，学校中以教师为本、学生为本。从人的需要欲望、利益出发。四是心理发展的方向。人的心灵固有的能动性，只有以人为本才能提升人的心灵层次。

（三）人的心理活动的主观性与客观性相互作用规律

如何正确认识和对待心理的主观性和客观性以及它们的相互关系，是心理活动规律研究的根本性问题之一。王启康先生曾经指出，人的心理的本质就在于它所具有的根本性质，即它的主观性与客观性。

根据辩证唯物主义"人的心理是客观世界的主观反映"这一基本命题可以发现，主观性与客观性是人心理的两大基本性质。心理的主观性包含着两个方面的主要内容：一是指心理、意识是现实的能动反映，这种反映能逐步深入揭露事物的本质和规律并引导人的行动以改变现实，即自觉的主观能动性；二是指心理反映的有条件的、局限的性质，即心理这种反映形式本身具有一定的局限性，与客观事物终归有一定的差别而非完全相等。同时心理反映受时代、文化和个人社会活动的制约。心理的客观性体现出三种内容：一方面心理是对客观存在的外界事物的反映，如果没有外来的客观刺激的作用，人的心理活动根本不可能发展，著名的剥夺实验便证明了这一点；另一方面心理又是"客观地反映器官的客观的物质活动的结果"。人们的心理和思维，不管看起来是多么超感觉的，总是物质的、人脑的产物。同时，人的心理又是引导、调节人们在现实中的活动的定向工具，心理最终会在人的外部行为实践活动中表现出来，在客观的实践活动中表现及实现自己的功能，并在实践中得到检验发展和提高。在心理的主观性和客观性之间以及二者的各种主要表现之间，存在着既相互对立矛盾、又同一和转化的辩证关系。从而构成了心理活动的主观性与客观性相互作用的规律。

老一辈心理学家刘泽如先生曾提出，心理活动和脑物质活动的规律是同一的。"心理、意识是客观存在决定的，反映客观存在的；反作用于客观存在的。因为是反映作用于客观存在的，所以客观向主观反映，是通过和过去反映的心理、意识的矛盾反映的。"脑物质活动的规律则是"脑物质活动是被刺激物决定的，反映刺激物的，反作用于刺激物的；是刺激物通过和脑物质对它的反作用的矛盾决定脑物质的活动的"。心理的活动规律是主客观矛盾法则。①

（四）心理活动的有限性与不确定性规律

人的心理活动具有心理资源有限性的特点。以我国为代表的东方传统认识论，特别关注人的认识活动即意识的无限性和超越性特征，"人生也有涯，而知也无涯"。而西方传统文化则多注重对人类认识和心理活动有限性方面的发掘。文艺复兴以来，从物理学等自然科学所确立的"自限于有限的"科学认识观念，到康德哲学中的"意识极限"理念，乃至现代管理学中的有限合理性策略，无不折射出西方文化中的有限性认识论和方法论蕴含。在东方人看来，物质是无限可分的，"一尺之棰，日取其半，万世不竭"。而在西方人的观点中，一尺之棰用不了10来天的"取半"时间，便达到了基本粒子阶段，即使现代高能物理粒子加速器技术也无法进行分割。因此，目前物理学已经放弃了寻找最后的粒子，事实上粒子可能更像过程，即使物质与能量的统一理论出现了，但这至少在目前是不可能的。

西方近代科学始终反映出有限性的研究精神，即做到多少、说到多少。哲学家康德将限制性作为事物之质的范畴的一种规定性之一（实在性、否定性、限制性）。恩格斯也讲过："我们只能认识有限的东西……我们从有限中找到无限，从暂时中找到永久，并且使之确立起来。"②受西方传统文化有限性观念的影响，当代西方主流心理学普遍将"有限性"或"意识限度"观点引进心理问题的研究之中。除了超个人心理学强调意识无边界，认知信息加工心理学和神经心理学等都是心理有限论的有力提倡者。在认知心理学家们看来，人的认知信息加工能力要受到很多因素的限制，如机体的限制、脑功能的限制。所谓意识的"有限"并不是指单方面的有限，而是在综合因素的制

---

① 刘泽如.谈谈心理学贯彻辩证唯物论的问题：与潘菽同志商榷［J］.陕西师范大学学报（哲学社会科学版），1980（2）：1-6.

② 中共中央马克思恩格斯列宁斯大林著作编译局.马克思恩格斯选集：第4卷［M］.北京：人民出版社，1995：341.

约下，各方面所能采取的措施和使用手段的限制。有限性的类型实际上主要有三种：实际的有限性意识（认知、信息和环境的不确定性因素）；短时间内的有限意识（在短时间内的思考）；潜在的有限意识。心理有限性的实现程度主要受到人类在注意、短时记忆、解决问题方面的限制，受到计算能力的限制，甚至人的无意识性能也是有限制的。而且，这种限制性在人与人之间的差别也很大。由于人类在任何时刻都只能拥有一个心理内容，因此要想准确地预知要进入人的心理之内的事物几乎是不可能的。人的大脑和意识活动机制还存在着"疲劳""重复性降低"以及"语义饱和"的效应。比如，大脑工作时间一般超过25分钟之后就会出现敏感性降低的趋势，重复性的刺激脑神经元也将"停止发放"，"如果一遍一遍地重复一个词语半分钟"，就会发生"语义饱和"及"意义丧失"的现象。①

当代心理学将有限性概念引进心理研究中具有积极的意义。有限的容量便可以进行度量或测量，便可以建立模型，即可以进行实证研究。意识世界不能无意识地虚构出来，而是由人的社会生活条件决定的。人的意识的有限性说明其是一种永无止境的渐进过程，只能一边活动，一边克服错误，从小范围内做出选择和行动，进行有控制点的复杂行为，减少意识的不确定性。也就是说只有通过有限的积累，才能达到无限的通达境界。对意识的局限性、有限性的认识，证明意识不过是人脑的一种功能，而不是大脑的主宰。没有限制性也就没有科学性。我们的现实环境也是有限度的，人的无意识活动可能也是有限的。因此，意识的能动性并不是唯心主义的意识绝对论、意识万能论，不是意识神奇力量的迷信者。而是强调在尊重科学客观规律的限制条件下，通过不断的信息积累和心理努力，充分发挥人意识的主观能动性。从这个意义上讲，承认人类意识的局限性，将意识赋予有限合理度的性质正体现出意识的能动性。人类心理行为中存在着不确定性与确定性的关系。所谓行为中的不确定性着重指行为的不可预测性，而不是它的无规则性。那么对于行为中的确定性与不确定性的关系我们可以这样理解：神经系统有一系列

---

① 巴尔斯.在意识的剧院中：心灵的工作空间［M］.陈玉翠，秦速励，伍广浩，等
　译.北京：高等教育出版社，2002：36.

的确定性规则可以生成不可预测（不确定性）的行为。那么神经系统到底是如何生成这种不可预测的行为的呢？

在哲学中我们可以找到不确定性的立足之地，在神经生理方面我们虽然没有明确地找到它的形成机制，但是有一点非常明确：行为的不确定性有确定性的生理基础。行为中存在的不确定性使得我们准确预测行为非常困难，然而这种不确定性的存在对生物的生存却有重要意义。没有这种不确定性，雄性果蝇会很容易追上雌性果蝇，这会对果蝇的生存构成巨大的威胁；没有这种不确定性我们的决策很容易被聪明的对手预测，那么想在激烈竞争中立于不败之地是不可能的。既然行为中不确定性的存在有重要意义，我们还必须强调：我们行为中的不确定性是由确定性生成的，确定性系统生成不确定性行为是众所周知的现象。如果人类的行为在根源上具有根本不确定性，我们无需舍弃今天已经相当准确的科学研究方法。不确定性的存在给我们提出了两个问题，一个是测量问题，另一个是谬误问题。

对于测量问题我们可以通过努力拓展的意义解决，而谬误问题需要另外的解决方法。如果行为世界是不确定的，我们就不得不舍弃严格的谬误。这是令人沮丧的，但更重要的是我们应该明确作为行为学家，我们尤其依赖从理论到理论的不断重复的证伪过程，而没有理由认为这一过程受到行为中根本不确定性的挑战。也就是说，行为中的不确定性对科学家和科学方法的挑战并没有波普尔最初想象得那么恐怖，根本不确定性将不会出现在生命系统中。

（五）共性与个性相统一规律

科学心理学主要研究心理的共性和普遍性问题。人的本质既有社会性，又具有个体性。个体性也就是人的主体性或个性化。主体性是指个体在社会活动过程中形成独特性、自主性和创造性的过程，使人由一个"依赖别人的人"成为"自己对自己负责的人"。人的心理活动具有普适性，无论是白人、黑人，还是黄种人，都属于人的类的一种，具有人的类的本质共性。同时，人又具有千差万别的个性。现代生物进化论研究表明，全人类同祖同宗。现在生活在地球上的所有人类，无论肤色、民族、语言如何不同，都属于同一个人种，即现代智人（Homo sapiens）。世界上任何两个现代人的 DNA 相同部分都在99.9% 以上，而人类与其近亲黑猩猩的 DNA 相同部分只有95% 左右。各民族的生物进化程度的差异，没有优劣之分，各民族的差异仅在历史、文化和环境的不同，即后天获得的性状有别。人类的认知能力包括感性认知、学习记忆、思维推理和智能创造四部分。[①]

　　人的个性化与人的社会化具有相互对立而又相互统一的辩证关系。人的个性化的形成与发展依赖于教育的作用。教育具有促进人的个性化的功能，这种功能主要体现在它增强人的主体性的发展，促进人的个体特征以及个人价值的实现。心理学的研究表明，人的个性有两个方面的内容：其一是人的个性倾向性，如需要、兴趣、动机、信念和价值观；其二是人的个体特征，多表现为能力、气质和性格的差异。人在受教育的过程中会自然地产生不同的兴趣、爱好和能力气质倾向，学校教育应该尊重学生的个体差异，因势利导地帮助他们充分发挥自己的内在潜力和特长。人的内在潜力和特长，必须依靠教育的力量才能得到应有的发展。

　　人不同于物质和机器，物质和机器具有统一的标准，没有个性，而人的本体性独特之处在于人有个性。个性是指人在遗传与后天环境影响的基础上形成的一种比较稳定的心理特性，集中表现在能力、气质、性格和人格倾向性等方面的差异。"人心不同，各如其面"。世界上没绝对相同的两片树叶，更没有绝对相同的两个人。心理学的研究证明，人的独特个性差异是遗传与环境相互作用的综合产物。假如 A、B 两种基因在 X、Y 两种环境中生活，就有六种不同发展的可能性；而如果有 A、B、C 三种基因型在 X、Y、Z 三种环境中生活，便有40320种发展的可能性。[②]何况世界上有多少种人，就有多少种不同的基因素质，而且环境因素（家庭、社会环境和学校教育等）之复杂更是千差万别。因而只要有人存在，就有差异。

　　个性差异是影响个体身心发展的另一个重要因素。教育者在工作中遇到的一个突出事实是，没有两个学习者是完全相同的。在每个班级里，学生在

---

① 宋犖．人性·兽性·虫性：进化论出世150周年陟览［J］.前沿科学，2009，3（1）：
2，4-11.

② 杨永明，刘志超．人事心理学［M］.西安：陕西人民教育出版社，1987：68.

许多方面各不相同，这些差异或不同有可能影响到其学习的好坏。在个性差异问题上，最为重要的是确定哪些个性差异容易影响学生的身心发展、估计差异程度，以及对个性差异的优缺点如何进行干预。

客观世界的共性存在于自然、社会和思维发展的一切领域中，心理活动的共性普遍原理，就是要求人们在任何时候，对任何事物都要坚持客观性，承认共性，分析共性，并采取恰当的研究方法探讨共性，确立共性规则，推动人的心理建设。否认心理的共性，也就从根本上否定了心理科学。每个人都具备了人的类的本质特性，但不同社会中的人又各有其特点。每个事物都有其自身特殊性的矛盾，就构成了一事物区别于他事物的特殊的本质。之所以千差万别，就是因为每个人的心理都有特殊性。每一事件都是具体和独特的，而且这些独特性出现在普遍性之前，并构成了普遍性。

然而，普遍性与特殊性的规律又存在着一定的悖论：韦伯指出，越是目标合理的行动，因其最具有一般性、最缺乏文化意义的独特性，因而也越可理解；而越是渗透有多种价值情感和其他的精神因素的行动，越富有文化意义，因而实际上就越难得到清楚的理解。理解之所以需要，乃是为了解释精神活动赋予文化事件的意义，从而把握其特殊性。普遍性的可能性与这种特殊性刚好相反，二者成反比关系。对普遍性的追求隐含着对特殊性的某种排斥，而特殊性又使普遍性的把握成为一种有限的方式。

当然，人的心理生成和发展也存在着心理活动的发展性与动力性规律。哲学与心理学要完全总结概括出人的主人心理活动规律也是十分困难的。因为人作为物质世界最高级最复杂的生灵，异常脆弱却又奥妙无穷，我们无论用什么特征、什么范畴来总结人类的心理世界均显得相当苍白无力。从本体论视角认识和理解人的心理问题具有十分重要的意义。从一定意义上讲，所谓人的心理世界的复杂性问题也存在着确定性、规律性和本质性内涵。在不确定性、复杂性中寻求确定性和简单性，是人类把握及研究心理活动的一条重要方法论进路。

第三章　认知心理学的发展与辩证唯物主义的审视

认知心理学是近30年来国内外心理学研究的时代精神和前沿主战场。较之于20世纪90年代，21世纪之初的国际认知心理学探索出现了很多新特点，其中最重要的变化就是认知心理学与认知科学相融合，成为整体的认知科学，使心理学的研究内容得以扩展。认知心理学与认知科学的研究对象都是关于人的"心智的认识"，而该领域研究的发展水平，则是现代心理学科理论建构的来源支持，更是衡量一个国家心理科学发展的重要指标。随着当前计算机、人工智能及认知神经科学等技术的日益发展，世界各国纷纷加大物质投入，为认知科学的基础性研究提供支持，这也在一定程度上将心理学的研究重点转向了对认知活动的考察。

第一节　认知心理学研究范式的转换

认知科学是一门多领域的交叉学科，它整合了现代心理学、神经科学、计算机科学、语言学，以及人类学和哲学等六门核心学科以及其他相关学科。该学科是一门关于智能实体与其环境相互作用规律及原理的硬科学，以发现心智的表征与计算能力及其在人脑中的组合与功能为研究内容，即探索广义的认知问题。认知科学的产生及发展意味着科学研究对人类认知和心智的研究迈入崭新的历史进程。

进入21世纪以来，美国国家科学基金会策划，与商务部共同资助了一项重大计划，旨在通过发展 NBIC 会聚技术（Nano-Bio-Info-Cogno converging technology）将纳米、生物、信息及认知科学四种技术领域进行聚合，以大幅提高人类有机体的能力。[①] 其中，认知科学领域的研究被认为应当优先启动。实际上，长期以来，许多发达国家已经将认知科学部署为其科学发展战略中的重要部分。例如，1989 年开启的国际"人类前沿科学计划"，综合日本、美国和法国等多国家多学科的专家学者，探索包括人类大脑功能在内的生物体复杂组织；[②] 1996 年日本开启的"脑科学时代计划"，计划投入 200 亿美元，重点考察脑的功能及其信息加工过程；而对人类的心智及意识问题的再次关注，则成为 20 世纪末以来认知科学研究的又一重点。

认知心理学是当今时代心理学研究者进行探索的重要领域。认知心理学与认知科学已然成为心理学发展的最新生长点，代表了整个学科的先进思想和精妙范式，对整个学科理论建构的影响也十分深远。2005 年，国际理论心理学会（The International Society for Theoretical Psychology，ISTP）年会的一大主题便是"认知科学及其相关领域"，包括认知神经科学、人工智能研究中的新理论和概念的发展等议题。当前的认知理论正处在更新换代的发展阶段，这种发展必将对心理学的学科进步产生深远影响。总结认知科学理论建设的意义，这一过程具有深远的学术价值和实践意义。

一、认知科学的演变及发展

认知科学作为一门新兴的交叉学科，不仅能够对心理科学探索发挥重要的积极作用，而且能够对当代哲学、计算科学和生命科学等领域，也发挥思想引领和技术支持的作用。当前的认知理论正处在一个分裂、重组及更新换代的发展阶段，陆续出现了不同的发展形态：第二代和第三代认知科学。这种发展和迭代必将对心理学的实证及理论研究都产生深远影响。

关于认知科学的研究内容及范围，有学者认为主要包括六个方面：（1）

---

① 李学勤.NBIC 与"人类认知组计划"［J］.科学中国人，2003（12）：40-41，36；李学勤，蔡曙山，王继红.多学科的认知科学研究［J］.科学中国人，2003（12）：36.

② 大科学计划概述：人类前沿科学计划［EB/OL］.中国科学院网站，2004-02-23.

认知或心智的结构、内容及过程；（2）认知或心智的本质（属精神哲学领域）；（3）语言—认知表达的过程（属语言学与心理语言学领域）；（4）认知或心智的解剖及生理基础（属神经心理学领域）；（5）认知或心智的模拟与模型的建构（属人工智能领域）；（6）语言的解剖学基础（属神经语言学领域）。[①]这些不同的研究领域相互关联，总的来说，这些多元的领域探究整体上被看作认知科学。还有专家总结提出目前认知科学的十个重要的研究主题：（1）计算—不变的主题；（2）大脑—认知的物质基础；（3）情绪的归来；（4）环境对认知的影响；（5）心理的动态系统；（6）认知科学研究的多层次化；（7）多学科大融合；（8）临床及毒品控制；（9）智能机器人；（10）学习和教育。

关于认知科学的发展分期问题，莱可夫和杰克逊（Lakoff，Johnson）在其著作《肉身哲学：亲身心智及其向西方思想的挑战》（1999/2018）[②]一书中将其划分为第一代和第二代两个演变阶段。他们认为，第一代认知科学起始于20世纪五六十年代，第二代认知科学发轫于20世纪70年代，并在之后得到了新的发展。进入21世纪后，也有学者提出"第三代认知科学"（third-generation cognitive science）的假设，指出认知科学发展进入了新的阶段。[③]这些划分在开始之初还不甚清晰，近年来不少学者对几代认知科学的发展演变及其理论范式做了进一步比较和总结。

第一代认知科学起始于20世纪50年代。当时信息加工认知心理学逐渐代替了行为主义成为心理学研究的主流，认知心理学被视为认知科学的早期发展阶段，或称作第一代认知科学。认知心理学的出现也被许多学者誉为一场"认知革命"。著名生理心理学家斯佩里也将认知革命称为"意识革命"，这是因为认知革命的兴起直接或间接地推动了心理学领域对意识问题的再次关注。

---

① 拉奥，冯炳昆.认知科学与心理语言学[J].国际社会科学杂志（中文版），1989（1）：115-127.

② LAKOFF G, JOHNSON M.Philosophy in the Flesh: The Embodied Mind and Its Challenge to Western Thought [M].New York: Basic Books, 1999: 27; LAKOFF G, JOHNSON M.肉身哲学：亲身心智及其向西方思想的挑战[M].李葆嘉，孙晓霞，司联合，等译.北京：世界图书出版有限公司，2018：75-77.

③ HOWARD H.Neuromimetic Semantics [M].Amsterdam: Elsevier Science B.V., 2004.

认知心理学将表征视为认知的支点，提出信息或符号是具有普遍性的知识，并将事物的本质及规律视作一种符号或信息。当人的心理过程能够用信息的加工加以描述和解释时，就形成了一个可以加以研究的科学概念。这种关于人类心智及意识的元理论假设受到当时正蓬勃发展的计算机技术的有力支持。

第二代认知科学源于20世纪70年代，为了克服第一代认知科学的"离身性"问题，第二代认知科学以认知的具身性（embodied）为核心特征，并呈现多样化发展。尽管许多学者认为"认知科学"的概念最早由鲍布罗（Bobrow）和柯林斯（Collins）（1975）提出，然而1975年美国斯隆基金会（The Sloan Foundation）对认知科学进行资助，扶持其发展，以及1977年认知科学期刊的创办，则被认为标志了认知科学的正式诞生。1979年，第一届认知科学学会在加利福尼亚大学召开，之后美国很多大学都陆续把认知科学加入其研究生学位培养计划里。① 这一时期的认知科学研究包括了许多具体的技术路线和视角，其中的认知动力主义产生了新的研究生长点。20世纪末，学术界曾出现关于物理符号论和环境作用论的分歧讨论，一批年轻学者主张认知由环境决定，且在个体与环境的交互作用中发生，并非单独发生于个体的大脑中，这就要求我们把符号放入意义世界里加以考量。认知动力主义者认为，不论是物理符号主义还是联结主义，解释的都是"计算的心灵"（computationl mind），而非当前应当研究的"经验的心灵"（experiental mind）。计算的心灵与经验的心灵共同构成了人类完整的认知。就人类个体而言，比认知系统更为重要的是调节系统，其位于主导位置，认知系统服务于调节系统。只有把认知和心智与人类本性、生存及其发展进行关联，才能充分合理地阐释每个人的心理过程；认知与心智来自身体经验。心智的体验性、认知的无意识性及思维的隐喻性是当时该领域应当探索的重点。

2004年，语言学家哈瓦德（Howard）提出了"第三代认知科学"的假设，其主要特征是利用脑成像及计算机神经模拟等先进技术，对人类认知、心智

---

① 霍涌泉，段海军.认知科学范式的意识研究：进路与发展前景［J］.陕西师范大学学报（哲学社会科学版），2008（6）：109–116.

与脑神经的相互关系进行模拟与解释。[①] 自20世纪90年代以来，这一视域下的技术路线包括认知神经模拟研究、脑成像技术研究等，需要认知科学、计算机科学、心理学、神经科学等多学科领域共同协作完成。实际上，20世纪的最后十年也被称作"脑的十年"，认知神经科学取向的探索取得丰硕成果。伴随着神经生物学及脑成像技术的发展，研究者得以对"活的"大脑进行观测。该领域的研究者们尝试采用不同的技术方法探索人类大脑的奥秘，将其与心理学实验范式相结合，便能够推断当执行某种认知任务时大脑不同区域的激活状态、激活水平及其在时间维度上的变化特征。

当前，认知科学正在蓬勃发展。国际上著名的认知科学的研究机构有：加州大学圣地亚哥分校，拥有世界上最早的认知科学探索中心，主要讨论大脑、行为及计算等；麻省理工学院，重点讨论分子和细胞神经、系统神经科学、认知科学、计算及认知神经科学等领域；伦敦大学医学院，主要研究注意、认知、语言及交流、记忆及知识等主题；法国巴斯德研究所神经科学系等。

就目前来看，《科学》杂志在2007年重点标注了十名科学家关于开展"心智的十年"相关计划的倡导。就此，在我国也引发了对认知科学的探索浪潮，当下大约有十多所著名学校将认知科学和它的相关探索作为"985"工程重点建设项目。另外，教育部直属的6所师范类型的高校一并合作开始了"教师教育创新平台"建设计划，其中将认知科学作为师范院校的优势特色学科。

二、认知心理学的理论创新

认知心理学与认知科学作为新兴的前沿交叉学科，在研究方法和范式上推陈出新，不仅关注"自下而上"的神经、计算层次开展研究这种微观视角，以便阐明心智的本质、智能的物质基础及其加工机制等重要主题，而且关注"自上而下"的整体性研究视角，即从心智的适应功能层次上，探索总结人的认知规律及行为模式，从而进一步指导实践活动。同时，在理论方面的持续

---

① HOWARD H.Neuromimetic Semantics［M］.Amsterdam：Elsevier Science B.V，2004：79.

创新给人留下了重要的启示。从以往经验可知，心理学的不竭进步就是在外部作用下不停更新的历史。信息加工论、语言生成学说、神经科学、计算机理论等，都为理解人类的认知和心智提供了崭新的理论指导。

认知科学范式的研究带动了许多理论问题和研究技术的重大进步，并逐渐改变了许多传统心理学课题的虚无和模糊的状态。目前，认知科学的理论范式正在发生快速的变化和不断的调整，可以为该领域的理论创新提供新的研究视角。

（一）物理符号主义范式

认知心理学或被称为第一代认知科学，其最重要的理论构念是"物理符号主义"。作为引领当前自然科学理论及实践发展的带头学科，计算科学在一定程度上促进了认知心理学的不断发展。

美国人在1943年发明了全球首台计算机，它被看作20世纪最具影响力的发明。当时的这台计算机体型庞大、占用一个巨大的房间，重量则达到30吨。[①] 而20世纪50年代晶体管技术的发明使计算机进入了一个全新的时代，有力地推动了第二代计算机的更新换代进程。1957年，美国多位青年学者参与了一次产生重大影响的会议，包括电子计算机专家、数学家和心理学家等，会议主要探讨了计算机模拟人类大脑活动的主题，这次会议是现代信息加工理论正式产生的开始。那些参会学者许多都成为影响全球的顶级科学家，例如，西蒙（Simon）于20世纪70年代荣获诺贝尔经济学奖，同时也是当代认知心理学的重要代表学者；纽尼尔（Newell）则在后来被授予美国总统科学贡献奖，并参与了现代神经计算机的发明。特别是因为这么多卓越的科学家颇具成绩的探索，在一定程度上促使该学科成为现代心理学发展的重要方向。信息加工认知心理学研究者对二代计算机理论及技术的更迭做出了卓越贡献，发展出一场新的计算机革命。

物理符号主义不仅是当代认知科学和计算科学的重要的理论基础，而且是一种崭新的从物理主义视角去认识和解释世界的新方法。该理论的核心概

---

① 杜·舒尔兹，西德尼·埃伦·舒尔兹.现代心理学史［M］.叶浩生，译.南京：江苏教育出版社，2005：408.

念是计算和符号。

　　"计算"这一专有名词是认知科学中的根本性前提和核心性的支柱，类似于"能量""质量"之于物理学科，"蛋白质""基因"之于生物学科。从含义来看，不单是通常所认为的加、减、乘、除等，而指的是在规则之上的符号串之间的改变，其包含了三个层次：第一个层次是"实现"的层次；第二个层次是"表征和算法"的层次；第三个层次为最抽象的"计算理论"层次。其中，第三个层次对信息加工处理有最重要的影响作用。根据计算的概念，不仅数字可以进行计算，定理证明、程序编码、文字翻译等信息加工过程也可以被看作计算。基于规则的物理状态是计算，那些有规则的生物的自然状态也应该被看作计算，进而推广到人的行为、思想、意识和心智等心理过程，也应该将其当作计算。

　　关于"符号"的概念，纽尼尔和西蒙认为世界存在的本质是符号，而非实体。符号并非物理实体，而是该实体所排列的形式。比如，圆柱的材质可以是木头、铁或者铜等。上述类似的表面上看起来根本不相同的物理机构能够用一样的符号及符号结构来表示。而且，符号能够由物质的任何可以操作的排序来表达。物理符号系统可以规定特定系统的抽象表达，而一样的物理符号是逻辑和思维的前提。因此物理符号假设需要数学学科的支撑。实际上，20世纪之初，数学逻辑运算的相关成果便已经表明，推理能够看作一系列的符号操作，模态逻辑、推理模型等方面的成果都为数字计算机的发明提供了细致的符号方法及模式识别范式。根据二进制逻辑，计算机可以表征现实当中的所有事物，所以大脑和心智类似于计算机，也只是一种特定的物理符号系统，不论两者从物理构造还是内部动力上的差异，从计算理论的层面上来看，都能够产生和处理抽象的符号系统。如此，人脑与恰当编程的计算机能够被视为同一类装置的不同个例，那么就能够在形式系统中通过运用规则对符号进行操作及演算，从而生成智能或心智，该范式也被叫作"基于规则"的范式。这一范式提出，一个完善的符号系统主要有6个功能：一是输入符号；二是输出符号；三是存储符号；四是复制符号；五是建立符号结构；六是条件性迁移。①

① 司马贺.人类的认知［M］.荆其诚，张厚粲，译.北京：科学出版社，1986：11.

20世纪70年代以后，物理符号主义研究者进一步将符号概念发展到生命现象和心理现象。他们认为，生命现象或心理现象也能够运用符号来表征。该过程仅须具备生命物、符号媒体及对象三个必备元素便能够达成。反之，如果当生命物不再存在，符号过程也就不可能产生。因此，生命物质是符号过程的必要部分，将其叫作符号的解释者。如果某物甲与某物乙之间具有"甲意味着乙"这样的关系，那么甲就是意味者，即符号媒体或符号，同时，乙就是被意味者。于是，"这里便有了指示与表达的关系"。物理符号论从生命物、符号及对象这三个必备元素的关系对认知及心理现象进行分析与阐释，这是相当显著的提升与进步，并且已经突破了物理主义还原论的束缚，为研究人类心理过程的本质问题提供了全新的视角。因为即使在许多不同的论域中，不同的事物往往一方面展现出不同性质，另一方面则表达出类似特点。这些类似特征就能够通过符号这种中介进行表达。这一理论视角为信息加工认知心理学提供了科学依据，也为解释人类的认知表征活动及心智加工过程提供了理论支持。从符号计算主义出发，探讨某个研究主题是否属于计算问题，取决于这个问题是否具备配套的算法规则。就生命现象和心理现象而言，在某种程度上，两者的规则性能够定义成计算。这使得我们从理论上和实践上都初步实现了古希腊数学家和哲学家毕达哥拉斯"万物皆为数"的天才预言。计算逐渐成为现代人认识自然、理解生命、感知社会、解释语言和思维意识的一种普适的观念及方法。可以说，我们所在的这个世界，其演化的过程就是"从虚无到存在、非生命到生命、感觉到意识及思维"，其整个过程都可以看作"计算复杂性不断增长的过程"。[①] 当然，物理符号主义是认知可计算主义纲领最早和最直接的代表，也是最具局限性的一种理论范式。

（二）联结主义范式

联结主义范式的再次崛起是第一代认知科学当中的另一重要思潮。1986年，麦克莱德和鲁梅尔哈特（Mcclelland and Rumelhart）的著作《并行分布加

---

① 郝宁湘.计算哲学：21世纪科学哲学的新趋向［J］.自然辩证法通讯，2003（6）：37-42，110.

工：认知的微观结构之探索》，被誉为认知心理学发展历史中的一座里程碑。[①]
这本书系统梳理了联结主义框架中的学术成果，对认知科学自20世纪90年代
之后的发展产生了重要影响。之后，联结主义被誉为认知心理学发展的"新
浪潮"。

物理符号主义与联结主义范式都是计算机科学在不同时期推动发展的产
物。物理符号主义范式像是单个计算机的处理加工过程，而联结主义范式则
更类似于互联网时代的信息加工，二者对信息加工过程有着不同的理解，且
对计算机学科的发展产生了不同影响。联结主义是在物理符号主义的基础上
进一步发展完善的，二者都是以人的认知加工过程来解释与完善计算机科学，
因而在一定程度上推进了计算科学与信息科学技术的进步。

与物理符号主义不同，联结主义的理论出发点是神经的网络加工，通过
大脑的生物活动来类比人类认知过程，以脑神经网络隐喻认知加工，因而是
"网络的"理论范式；而以物理符号主义为主导的信息加工认知理论则是一种
"符号的"理论范式。[②] 不过，从根本上讲，从物理符号主义到联结主义的转
变并不彻底，只是模拟的对象发生了转变，从计算机转为大脑，但起点依然
是模拟。由于两种理论所倚靠的根本逻辑相似，因此也有研究者评价联结主
义为"改良"的符号与计算。[③]

当然，物理符号论和联结论在许多方面仍然存在区别。物理符号主义范
式完全基于计算主义，强调认知、心智与计算机类似，皆为物理符号系统，
在搜索形式结构、建构符号运算规则的过程中就能够生成智能或心智。这样
一来，物理符号主义就依赖于规则进行认知加工，必然需要大量硬性条件加
以限定，而规则的实施则富有强制性及确定性。联结主义则更多强调认知活
动的灵活性，认为智能并不按照计算机的标准化运算逻辑，大脑神经元不是
逻辑电路，而是由大量的神经单元组成的网络，这些单元各自独立但相互之
间又密切联系，这种神经网络并非如物理符号模型所构建的进行串行加工，

---

① 余嘉元.当代认知心理学［M］.南京：江苏教育出版社，2001：19.

② 费多益.认知研究的现象学趋向［J］.哲学动态，2007（6）：55–62.

③ 李其维."认知革命"与"第二代认知科学"刍议［J］.心理学报，2008，40（12）：
1306–1327.

而是以分布式、大规模的并行加工对信息进行处理。

联结主义认为认知由大量加工单元组成的网络联结所产生，在特定时刻，每个加工单元都处于某种激活水平或状态，其实际的激活状态与环境及其他与之相关联的加工单元有关。根据联结主义者的观点，神经元有三个最基本的重要特性：加权、求和和传递。加权是对所有输入的信号赋予差异水平的权重；求和是把全部的输入信号加以整合；而传递则是指把整合起来的输入函数通过激活函数，产生一定的输出函数。从某一个神经元的功能来看，是十分有限的，但是众多的神经元相互联系在一起，组合成复杂的神经网络系统，就可能产生智能或心智。人的大脑就是这样一种智能化的信息加工系统，而没有必要像物理符号主义者所设想的那样，需要有一个支配信息流动的中央加工器存在，主要是遵循大脑神经网络中神经元联系的紧密程度，从而有效地实施"并行分布式加工"。对人工神经网络的模拟研究表明，并不需要中央控制单元的存在，绝大多数的神经元自己就可以作为处理器。也就是说，每个神经元都可以接收输入的信号（兴奋的或抑制的），接着按照输入的特定功能把信号传递至其他神经元。神经网络可以被看作一个整体性的行为，这是由最初的激活状态与单元的联接所确定的。虽然单一的神经单元本身是缺乏记忆的，但之前传入的信息经过了网络联结强度的改变而间接地得到表征。所以，认知过程不适宜用符号操作来表示，而应当用网络内活动形式的"动态变化"来表示。同时，联结主义主张的是许多并行加工的神经元，网络的基本活动不会因为个别神经元的错误加工而中断。这样，联结主义模型就与符号主义模型有所不同，联结主义模型更不容易受到计算的损害，更接近人类大脑真实的活动模式。联结主义范式为认知心理学和认知科学领域的探索提供了一项全新的技术支持和研究思路，从而逐渐摆脱物理符号计算的窘境，产生了关于"人工神经网络的革命"。

有研究者指出，"符号主义立足于对人脑意识思维的精确描述，受数字计算机的结构和运算方式的启示，在解决完整结构的类型的知识问题中取得了极大的成功，但在解决不完整结构知识类型方面，遇到了极大的困难"[①]。不

---

① 唐孝威.脑与心智［M］.杭州：浙江大学出版社，2008：117.

过，也有人认为，"它是打着计算的幌子，向联想主义的复辟"①。

（三）认知动力主义范式

认知动力主义范式是第二代认知科学的重要理论设计思想。从实际情况来看，该思想尚未形成统一的学派。一般来说，我们将新近出现的认知生态主义、认知进化主义和认知具身论等相关理论都称为"认知动力主义"的研究范式。

20世纪90年代初期开始，一些早期认知心理学的领军人物如奈瑟尔（Neisser）和布鲁纳等人，在其学术生涯的晚年对该学科发展的相关问题做出了较为深刻的反思和总结，以进一步完善物理符号主义的观点。像奈瑟尔便认为，该学科需要转向现实主义，以生态学的视角来代替信息加工的方式。他的主要观点是：认知是由环境决定的，大多数情况下体现在个体与环境的交互作用中，但不仅是发生于每个个体的大脑里。这就带动了认知生态心理学的兴起。这一新的认知生态主义理论方向一方面希望保存认知信息加工理论的研究成果，但另一方面又反对物理符号主义范式对认知加工系统的解离式研究。奈瑟尔等人提出，需要再次确定心理表征和计算理论的阐释界定，这是由于许多的心理生活不能进行精确阐释。福德（Ford）和诺曼（Norman）也强调，人不光是一种符号加工系统，而更重要的是人，是有生命的存在，换句话说，人作为个体，富有生物属性，又会与其他人和周围环境产生相互作用。从每个个体的角度出发，起主要作用的是调节系统，而认知系统主要是配合及协助调节系统的。由此可见，应该将认知系统与人的本性、生存和发展相连，才可以找到适当及科学的阐释。也就是说，应该把符号回归意义世界，这是科学阐释心理过程的关键。②认知生态主义的兴起为认知动力主义理论的发展提供了新的思想资源。

20世纪90年代中期之后，认知科学领域又诞生了进化主义的认知行为模式。其著名代表人物卡尔文（Calvin）指出，应当把人的大脑看作一种自组

---

① SMITH N W. 当代心理学体系［M］. 郭本禹，修巧艳，方双虎，等译. 西安：陕西师范大学出版社，2005：73.

② 葛鲁嘉. 认知科学的性质与未来［J］. 吉林大学社会科学学报，1995（1）：21-26.

织系统，应当把脑中进行的学习和组织视为一种"进化"过程，而非经过与计算机程序相似的活动所开展的活动。该领域的代表人物也主张"情境认知"的基本观点，他们认为，个体为了展开活动，大脑不光需要身体的支撑，更需要有所处环境的支持。实际上，认知是脑、身体与环境三者相互作用的结果。绝大部分情境中，认知主体不是通过心理模型去表征世界，而是直接把认知本身当作表征世界的模型。大脑、身体与周围环境的互动关系能够被看作一种动态系统，原理与其他的物理系统一样。这种对情境认知重要性的强调，与对人类的认知及心智过程基本性质的崭新理论有关，该理论反对把人脑和计算机相等同，反而强调要关注人类思维的起源和进化等问题。① 该理论认为，现代人类所具备的认知能力是因为其在演化过程中利于人类的生存及繁衍。因此他们强调要讨论人与动物的那些"在生态上有效"的信息和机能，而认知又被看作生存的最有效机能之一。与前两种研究范式相比，认知进化观点与联结主义都把人脑看作自组织系统，但反对把人脑类比于计算程序。他们把人脑喻为一个蚂蚁的巢穴，神经元就是里面的蚂蚁，不竭地开展自己的工作，但由于缺乏智能所以必须依赖于树状神经纤维向其他蚂蚁（神经元）传递信号。经过数量众多的简单神经元的互动，人脑中就会"突现"一个系统，像蚂蚁巢穴那样复杂而可进行适当调节，按照神经达尔文主义不断活动。

在多种认知动力主义理论当中，莱可夫（Lakoff）等人近些年提出了"具身心智主义"（Embodied Mind）或认知的"具身论"观点，这一理论取向也受到许多学者的关注。在进一步推动研究心智模拟的路上，近些年该领域的研究者更加重视认知活动的生理基础，以及身体在认知过程中所起到的重要作用。这种观点受到梅洛庞蒂（Merleau-Ponty）的身体现象学的影响，并且在此基础上，更加注重认知相关的体验性问题。莱可夫等人认为，心智从根本上讲是具身性的。这一观点的重要性使这种认知与二元论生物意义上的生物智能体有所不同。②

---

① 卡尔文.大脑如何思维［M］.杨雄里，梁培基，译.上海：上海科学技术出版社，1996：138.

② LAKOFF G, JOHNSON M.Philosophy in the Flesh：The Embodied Mind and Its Challenge to Western Thought［M］.New York：Basic Books，1999：3.

我国学者将上述思想从四个方面进行了总结：第一，认知是具身的，人类的认知或心智并不是无形质的思维，其本身属于具身的神经现象，是神经系统整体性活动的体现。第二，认知是有关情境的（situated），具身心智受到自然和社会环境的制约，认知不是对环境单一方向的投射，而是需要根据环境状况的变化而改变。环境对机体的影响是内在而根本的。第三，认知是发展的，即认知水平并非一开始就处于高级水平，而是逐渐发展起来的。第四，认知是动力系统的，它不是单独的头脑中的存在，而是一个整合的系统，其所探索的正是认知活动与环境的这种耦合情形所发展的动力推动机制。①

持有具身观的学者认为，物理符号主义研究范式将人类个体的认知心理还原成物理符号或形式思维的水平是十分片面的，并且也使得对实际生活中的人们关于认知世界的恰当阐释受到影响，他们认为能够有效走出这种困境的方法是：从最根本的身体能力及经验中寻找人类认知活动的依据和起源，也包括其发生和发展，深入探索人类知觉、思维以及情绪情感在身体上的体现，有利于创造出更加灵动而有自主性的机器。正是因此，有学者把这种观点称为"认知体验性"。人类个体能够从自身的感知觉出发去了解客观世界，首先我们会感受到自身与周边事物的空间联系，这些联系又作用于每个人的身体，从而在记忆中组成众多的意象。大脑在对同类意象的共同本质进行抽象之后，构成新的认知意象图式。由此可见，人类个体通过自己身体去认识世界，心智及认知与身体经验紧密相连，身体、大脑与环境三者的相互作用，是心理过程的认知基础。

具身认知观认为，人类认知与心智最重要的特征是其"体验性"。为了深入考察人类心智的这种体验性特征，在人工智能等主题中，一些学者已经开始对人类认知及心智的"意向性活动"展开了研究，这正是广为人知的布伦塔诺难题。这里所讲的布伦塔诺难题，指的是人类的心理活动绝大部分依赖于对象世界的内容及其意义。心理现象和物理现象不一样，人类的心理活动本身无法感知其内在的具体的心理过程，不过能够通过对象与结果之间的相

---

① 李恒威，黄华新．"第二代认知科学"的认知观［J］．哲学研究，2006（6）：92-99.

互作用去完成认知活动。事实上，这里提到的"对象性的支持和结果的反思"就是"意识的意向内容"或"意向体验"。所以说，意向性问题就是指意识内容对外界环境的指向性问题，也就是意识的对象性、自主性和体验性。意向性状态系统则是一种具有自身经验现象的物理虚拟系统，通过对意向性表征重新建构模型，从而创造出具有一定自主性的新一代计算机系统。这种意向性理论也逐渐变成人工智能领域的一个新的设计思路的基础。

（四）"4E+S"理论范式

进入21世纪以来，在科学哲学领域，许多研究者将近些年发展出的几个核心观点相似的认知理论范式合称为"4E+S"理论，即具身认知（embodied cognition）、嵌入认知（embedded cognition）、生成认知（enacted cognition）、延展认知（extended cognition），以及情境认知（situated cognition）五个理论取向，也有学者提倡将其中的4E整合为"融合心灵"。①

简要来讲，几种理论观点可以概括如下：具身认知将认知与身体及动作相联，认为认知是具身的；嵌入认知强调主体嵌入环境当中，不能分离，因此认知过程也有环境因素参与其中；生成认知强调主体与环境的互动作用是形成认知的重要组成；延展认知则将认知过程扩延到有机体之外的设备或其他物理实体当中，认为这些也是认知过程的组成部分；情境认知强调所处环境对认知过程的重要作用。可以发现，这些理论范式虽然具体观点有所不同，但都以反对笛卡尔二元论为根本逻辑，并认为认知或心智不仅存在于大脑之内，还存在于大脑之外。

"4E+S"理论观点为我们理解人类的认知过程提供了崭新的视角，从脑、身体以及环境的共同作用对认知过程进行阐释，丰富了认知心理学的理论范式。不过，也有研究者对该理论思想持谨慎乐观的态度，认为其尚不是一场"哥白尼式"的革命，必须把"4E+S"认知和标准认知科学整合起来，才能对认知进行全面的阐释。②

---

① 刘好，李建会.融合心灵：认知科学新范式下的4E整合[J].青岛：山东科技大学学报（社会科学版），2014，16（2）：7-14，38.
② 李建会，于小晶."4E+S"：认知科学的一场新革命？[J].哲学研究，2014（1）：96-101.

总的来说，认知科学这一学科的发展是心理学领域开展理论研究的崭新视角，推进了我们对心智和认知的本质问题进行阐释。同时，该领域的发展也推动了心理学理论的极大进步，是目前理论心理学领域中最具活力和创造性的一项研究主题。近二三十年来，理论心理学及其相关研究在西方心理学领域再次得到关注，也是受到认知心理学、认知科学、认知科学哲学、生态心理学等分支学科繁荣发展的推动作用。近年来美国哲学与心理学分会又引出一个备受关注的话题，即应当促进哲学、心理学及其他相关领域的研究者在共同关心的心智、认知等问题上的合作与交流。不难想象，目前生机勃勃的认知科学、神经生理学、计算神经科学和质性研究等新的研究方法未来可能主导理论心理学的元理论建构与实体理论发展的路径。理论心理学需要同认知科学相互促进、不断发展。

第二节　认知心理学与认知科学面临的新问题

认知科学研究范式倾向于从科学的视角再次关注人的认知心理过程，在心理学研究上取得了不可替代的显赫位置，可以说具有十分重要的学术贡献和理论意义。

目前的认知科学不只依据其大量的实验成果快速促进心理学的发展，还依托其不停发展的理论创新与技术手段，大幅度提高了该学科理论化和工程化的水平。国外研究者不竭创新的动力程度，远远超出了想象，值得国内学者的借鉴与学习。本学科的研究在"思想驱动"方面产生了许多富有成效的结果，有不少"大思想"的突破，也有众多"小思想"的累加。自心理学学科诞生以来，经历了三代学术团队的不断创新和赓续传承，在他们之中不单有布鲁纳、西蒙等具有代表性的思想家，也产生了许多"小思想者"，他们不竭致力于各类认知科学当中不断创作与发现。罗默曾经指出，科学发展的过程中，"产生大思想与产生数量为百万级的小思想相互补充，才能够使得经济持续增长。我们根据不同思想把数量有限的物理资源进行组织、并加以分配，这样才能使资源的价值在最大程度上得到发挥"①。而只有思想这种无形的资源才具备无限延伸和发展的潜力。相比国内的研究现状，存在着某些领域常常无法开展持久而深刻的探索。回顾我们的研究进程发现，在"大思想"方面缺乏创新，同时在"小思想"方面的累积也不够充分。应当呼吁研究学者们，哪怕无法达成"大思想者"，也可以在产生"小思想"方面做出许多努力。就目前国内的研究现状来看，我们大体上延续使用国外比较进步的实验范式及理论观点，大多数都重视从外部硬件方面来促进学科的发展。但事实上，我国有学者也指出，在硬件设备方面国内学术界能够快速追赶上国外的发展水平，然而在产生新观点及建构新理论的层面，国内研究者则需要做出更多努力。② 这是我国的科研工作者必须面临的挑战。

然而，认知科学也遭到许多指责，甚至包括十分严厉的批判。这些声音有些来自学科内部，也有一些来自学科外部的其他流派。从该学科内部发展水平来看，其并未形成一个独立体系，而是由诸多联系松弛的部分相连而成。另外，认知科学的出现就是以多学科取向的形式诞生的，而认知心理学则可以看作其中的一部分，虽然两个学科在概念上并不能十分清楚地加以区分。例如，心理语言学、哲学、人类学、神经心理学和计算机科学等范畴都是认知科学的一部分，同时也都受到认知心理学不同程度的关注；但认知科学更多去探索计算机当中与人类相似的特点（AI 人工智能），以及人类相似于计算机的特点。更为重要的是，根本性的争论也是认知科学正在进行探索的一部分。国内学者认为认知革命的局限性，一是它将心灵看作被动的和消极的，这种机械唯物主义的观点实质上是对意识的贬低；二是认知主义受经验主义和本质主义观点的影响，试图发现不受认知过程影响的客观真理，这实质上又是"对认知过程的贬低"。因此，认知革命是一次"不彻底的革命"，它在许多方面仍然保留着机械唯物主义和行为主义的特点。

---

① ROMER P M.Increasing Returns and Long-Run Growth［J］.Journal of Political Economy，1986，94（5）：1002-1037.

② 张卫东，李其维.认知神经科学对心理学的研究贡献：主要来自我国心理学界的重要研究工作述评［J］.华东师范大学学报（教育科学版）2007（1）：46-55.

　　来自外部学派的反对声可以说更为强烈。最为激进的代表性发言来自以斯金纳为典型的行为主义学派。例如，斯金纳曾在一篇文章里采用模仿的口吻对认知科学发出严厉的批评，包括认知科学学者们滥用隐喻、无根据推测内部心理过程、复兴认知研究、听任形而上学等思辨性的东西等。另一位行为主义者坎特（Kantor）也曾批评认知科学关注的是"想象出来的心理过程"。

　　社会建构论也对认知科学做出一定批判。例如，格根等学者认为，第一次认知革命的主要问题在于过分侧重和倾斜于认知过程的影响，这在一定程度上推动了学者们对认知等内在心理元素的关注。与此同时，该学科在现代主义理想的指引下，尝试寻找独立于主体因素之外且不受其影响的认知的"客观"真理。倘若真理或知识客观存在且独立于认知过程，那么认知过程就只能是表征与反映，而非建构与创造。也就是说，认知加工的过程只能是消极被动的。支持社会建构论的学者着重指出，认知加工的过程存在于知识产生的过程里，认知构建着知识，决定着事物是否成为知识，从而起到更加积极的主动性作用。于是，第二次认知革命必然出现。第二次认知革命的关键在于：首先，认知参与知识的创造与构建；知识是建构的，认知加工是主体积极创造知识的历程。其次，认知加工被视为人类语言表述及运用的产物，然而言语具有社会性，是人与人之间进行交流的结果，所以认知加工过程在本质上是公开而富有社会性的，之后才是私有而个人化的，从这个层面来说，认知并非在个体内部，而是体现在人与人之间。①

　　在我们看来，目前认知科学依然处在初期，发展阶段的认知科学探索必然面临着一些问题有待解决。总的来看，主要有两个方面：第一在于理论思想设计依托的问题，第二在于研究所采用的技术方法的问题。

一、理论思想依托的限制

　　认知心理学和认知科学的计算模拟思想反映了机械唯物主义的浓厚色彩。目前认知科学范式的心理学探索多数都是不够系统连贯的平面式结果，少有

---

①　叶浩生．第二次认知革命与社会建构论的产生［J］．心理科学进展，2003（1）：101–107.

整体性的理论框架。近二三十年来，西方认知心理学及认知科学的研究大多倚靠当前发展迅速的生命科学、脑神经科学及计算科学等学科的研究成果而前进，而这些学科也是21世纪最具发展潜力的学科内容。因此，需要汲取整合生命科学、计算科学等学科当中产出的新的方法和技术，还包括新的概念和规范，从而有利于清晰阐释人类大脑如何产生认知及意识的"难题"，同时在更为深入的层面发展本学科探索的新模式。仍然有待解决的难题是，当前生命科学及计算科学等学科的未来发展道路很难把握。例如，备受关注的脑科学其前景不容乐观，全球各国在该学科投入了大量人力和物力，然而得到的创新性突破进展却相当稀少。以美国为例，他们大肆实施的"脑的十年"项目，除了声势浩大以外，在学术成果产出方面并不理想。由于诺贝尔奖对神经生物学相关探索的奖励，这类研究也得到公众的很多关注，但实际上其所颁发的成果都是项目出台前产生的成绩。有些哲学家就此状况发表了自己的看法，认为关于认知的神经生理上的探索实际上毫无意义。认知神经科学的模块化学说指出，这类研究仅构建了类似于先天获得装置的乔姆斯基王国。[①] 目前来说，新的计算机虽然能够在运算速度方面有所提升，但是在模拟人类心智的人工智能探索方面却进展缓慢，甚至止步不前。人工智能领域的开创者之一明斯基（Minsky）认为，用计算理论去阐释人类个体的认知活动过程这种尝试，在近些年都未能成功。这一研究现状也使得学者们对计算主义认知探索的前景感到悲观。此外，电频脉冲与脑电的探索曾经在几十年前是该领域研究的热点问题；神经动力学模型和人工神经网络的探索也曾是另一个视角下的关注点。以上两个领域在当时都属于前沿尖端的领域，有众多的优秀人才投身其中，里面也有许多非神经生理学的学者。可是，目前它们都在进一步发展上陷入了窘境，从前那些对未来发展的积极构想已经不复存在，剩下了众多消极态度和反对声音。即使还有部分学者试图维持原有的发展方向，然而已经失去了曾经的激情与野心。在技术范式上无法实现较大进展，也让许多研究者认为认知科学的发展前景充满不确定性。当下的认知科

---

① 哈瑞.认知科学哲学导论［M］.魏屹东，译.上海：上海科技教育出版社，2006：207-209.

学，其前提支撑依然属于"争论"的情境下，断然追求认知心理学探索本身的实体性理论的突破，是十分艰难的。

有学者表达出对认知科学发展前景某种程度上的担忧，表示在该学科的历史进程中，不断出现多种不同的"流派"及新颖的研究方法，然而并未实现学科早期建立时所设定的目标，同时也有许多目前尚且无法解决的困难。比如，当前的计算机功能虽然十分强大，但我们在采用计算机技术模拟人类认知过程时仍然遇到瓶颈，这类问题的最根本原因到底是什么？一些学者认为是人类的编程能力没有跟上计算机的硬件设备；还有学者认为当前计算机的计算量级不能与人类智慧相比……实际上，试图解决认知科学领域各种理论及实践困境的根本途径，就必须从根本上理解人类认知及心智的本质。[①]

二、研究方法论的局限

目前认知科学领域探索中还存在着一个突出问题，那就是研究方法论的局限性及不可靠性。虽然近些年该领域在很多心理学核心问题方面逐渐向实验科学接近，如意识问题，但是有关意识与无意识的实证方面的探索基本上是从数据的相关分析当中得出"是什么"的推理，却不能对"为什么"的问题做出因果性阐释。在心理学研究的数据分析逻辑中，相关关系是一种较易出现和得到的数据结果，它与因果关系的阐释存在本质差异。[②] 而第三代认知科学普遍采用的认知神经科学等研究技术，如神经影像学手段，对意识的神经相关物问题（Neural Correlate of Consciousness，NCC）的探索（如40Hz）依然停留在宏观层面，尚未达到完整状态，其只是关注了局部神经的特征，神经生理学研究者也尚未掌握寻找 NCC 的方法。查默尔斯（Chalmers）也提醒我们，学术界应该对脑神经科学探索怀有谨慎期待。也有学者认为，认知主义将会被超越、并最终被替代。因为该理论体系没有把人类的实践行为概念化，没有认识实践的行动定向和协同建构等重要功能，也没有阐明实践如何

---

① 刘晓力.认知科学研究纲领的困境与走向［J］.中国社会科学，2003（1）：99-108，206.

② CHALMERS D J.How Can We Construct a Science of Consciousness ［M］//GAZZANIGA M S. The Cognitive Neurosciences.Cambridge：MIT Press，2004：74.

通过人的活动取得意义。认知主义的特征之一，就是通过强调认知过程及其实体，使研究者脱离人们彼此所进行的各种实践活动。在初级和中等程度的问题解决方面取得了极大的成功，而在深度复杂问题方面仍然有待于进一步发展。当前超越认知主义的新心理学则更加强调在自然情境中实现和认知"文本"的产生过程，这种文本又是实践活动的组成部分。当然，我们也赞同史密斯（Smith）的观点，即具有丰富内容的传统认知主义理论体系不易撼动，并且有不断加固的倾向，最终的结果可能是不同理论取向之间的融合与统一。

第四章　人本主义心理学与马克思主义

人本主义是20世纪五六十年代"平行于认知心理学的另一场新运动"。著名人本主义心理学的代表弗洛姆曾有言："今天，我们或许有可能更好地认识马克思对心理学做出的贡献了。……由于人道主义思想的复兴，为我们认识马克思的人道主义心理学创造了一个良好的基础。"[①]将马克思主义中的心理学思想简单归结为一种"人道主义心理学"的观点固然有误，但人本主义思潮在西方复兴的今天，这一说法的确有助于我们以新的立场认识与阐释马克思主义理论中的许多重要论断。

第一节　人本主义心理学的崛起以及时代意义

人本主义心理学几乎与认知心理学同时崛起于20世纪五六十年代，曾一度与认知心理学平分秋色，涌现出了以马斯洛（Maslow）、罗杰斯（Rogers）、罗洛·梅（Rollo May）等为代表的一批大师级人物，影响遍及世界各国。我国在20世纪八九十年代曾掀起过一场"自我实现热潮"。人本主义心理学自罗杰斯去世以后进入低潮时期，近年来随着认知科学技术化、人文化的新发展，以及积极心理学运动的蓬勃发展，人本主义心理学逐渐进入了一个复兴的新阶段。

对于将人本主义心理学作为全球心理学研究的主要新趋向之一，学者们

---

① 车文博．弗洛伊德主义原著选辑：上卷［M］．沈阳：辽宁人民出版社，1988：529.

各执一词。赞同这一观点的人们将人本主义心理学浪潮视为一场西方心理学界的变革，甚至有学者认为，人本主义其实是心理学学科发展的新目标，未来的心理学界将统一于人本主义的旗帜之下。反对者则认为，人本主义仅仅是一种哲学心理学思潮的反映，"人本主义心理学在其未成熟之时便出现了衰落"。尤其在人本主义代表人物罗杰斯去世后，人本主义心理学已失去了昔日的荣光。对此的分歧与争论持续至今，却没有人能够从根本上否认人本主义心理学对西方科学心理学进展做出的卓越贡献。为此，我们必须详细深入探讨人本主义心理学的积极意义及其理论局限，对其做出合理的认知与评价。

　　与以实证主义范式为基础的西方传统科学心理学不同，人本主义心理学尝试建构出"以人为本"的心理学理论。人本主义心理学的产生、发展以及当下的复兴思潮都与社会时代背景、哲学思潮以及心理学的学科内部矛盾运动三者的交互作用有关。

　　人本主义最早萌生于欧洲，当然在我国的传统文化中也有着不少丰富的以"人贵论""民为邦本"等为代表的人本主义思想。在西方，从文艺复兴到18世纪，人本主义一直在欧洲大陆的思想文化乃至文艺作品中占有一席之地。但在20世纪50年代，人本主义心理学却没有在孕育它的欧洲各国产生，而是在实用主义盛行的美国生根发芽。要解释为什么规模宏大的人本主义心理学运动出现在美国这个问题，就需要对美国当时的社会环境进行具体的分析考察。

　　第一，人本主义心理学思潮与美国当时的时代背景相当契合。20世纪中期，世界各国包括欧洲在两次世界大战尤其是"二战"以后，都陷入了经济与社会的艰难恢复期。只有美国大发战争横财，从而一跃成为"超级大国"，物质财富高度繁荣，人民生活水平也显著提高。社会统计资料显示，"从1950到1970年，美国人的家庭收入平均翻了一番，年收入从5600美元增加到12000美元"[①]。在社会走向富裕，经济繁荣发展的同时，美国人民逐渐产生更高的对精神满足感的需求。而人本主义心理学对人类潜能、自我实现以及对

————————

① 扬克洛维奇.新价值观：人能自我实现吗？［M］.罗雅，姜涛，译.北京：东方出版社，1989：45.

全面发展的健康人格的追求，正填补了美国全社会内在的需要。

第二，美国社会的物质财富高度发达的表面难以掩饰其背后日益尖锐的异化与矛盾，这些严重的问题使人们将目光转向心理学界，希望有一种心理学理论能对此加以研究、解释并解决。在美国，20世纪60年代既是一个发展迅速的年代，又是一个"令人头晕眼花的大旋转时期"。引起这种社会矛盾的主要是两方面原因：美国国内外政治局势的动荡，以及经济科技发展带来的负面因素开始显现。从国际形势上看，美国所处的环境相当不稳定，时急时缓的政治环境与全球性核武器的威胁使美国人民长期生活在军备竞赛与冷战的阴影中。一项盖洛普民意测验指出，在当时，70%的美国人都认为核战争会在未来十年内，甚至很快就爆发。20世纪70年代末，美国的核试验平均每年竟多达2400次。正如罗杰斯所说的那样，"恐怖、敌意和侵犯的存在是我们时代的紧迫问题"[1]。而国内政治方面，美国陷入越战泥潭难以脱身，国内反战呼声日益增高；马丁·路德·金和肯尼迪等政治名人相继被暗杀；种族问题也在各个城市引发混乱……一系列的恶性事件使得美国社会日益动荡不安。与此同时，社会经济科技发展带来的负面影响也在美国显现出来。20世纪70年代，"石油危机"使美国的经济遭受严重冲击，大批失业人口的出现，不断升高的通胀率，这些都使人民的生活质量有了显著下滑。科技发展的确推动并支撑着美国的经济增长，但其终究无法从根本上解决人民的精神需求问题，反而造成了一些过去美国不曾面对过的矛盾。美国长期信奉科技至上的信条，但自然科学为人类带来的并不只有美好的一面。历史经验告诉我们，人类本体地位的提升并不能仅依靠自然科学的发展，事实上最先进的技术往往都是为了战争而发明的，反而作为"夺取人类生存权的利器"发挥了巨大作用。人创造了机器，却又要服从于机器，甚至变成机器的一部分，科技发展带来的异化现象逐渐被人们重视起来，越来越多的人开始反省与怀疑"二战"后所产生的科技文化的正确性。此外，美国的学校教育也出现了两种不良趋向：一是重科学技术教育而轻视人文社会教育；二是在教学内容上重视知识技能掌握，而忽视人格素质教育。"重自然而轻人文"的倾向使美国的教育模式遭

---

[1]　林方.人的潜能和价值［M］.北京：华夏出版社，1987：443.

到社会各界人士的诟病。而人本主义心理学思潮的再次出现，正是一种对"科技中心主义"的反思，是美国心理学界对于时代挑战的积极回应。而精神分析与传统的科学主义心理学则在这些问题面前显得力不从心，难以满足人民大众的精神需求。

第三，美国社会生活文化的演变、人民的心理矛盾以及日益显著的价值观危机，对心理学理论研究与心理治疗方法手段的发展有了全新的要求。传统的美国文化具有乐观主义的典型性质，社会上总是流行着"每个人都可以是百万富翁""每个男孩都可能是美国总统"类似的话。然而从20世纪70年代起，社会上的人们对于这种旧有的价值观念逐渐产生了质疑，同时，悲观主义却在社会上被广泛接受，美国人民的内心情感世界与人生价值意义观念遭受到了巨大的负面冲击，陷入了各种内部矛盾中。某位人本主义心理学家曾说："在五十年代并直到六十年代后期，大多数美国人相信现在比过去强，未来又将胜过现状。到1978年，这一范型完全逆转，出现了一个'真正从乐观到凄凉的历史转折'。这些'未来的人'并没有发现世界在'增强'他们的'人和自然'。"在文化受到冲击的背景下，年轻一代的美国人开始公开反对其父母的以及传统的价值观。反校园文化、嬉皮士运动、吸毒、性解放、青少年犯罪、自杀、大学生失业等亚文化与不良现象变得十分严重。人本主义心理学家史密斯明确表明："作为第三势力的人本主义心理学的建立与作为六十年代现象的'花孩儿'（flower children）和有吸毒癖的'嬉皮士们'（hippies）发起的反主流文化运动的出现相重合。"[①]除此以外，自杀现象的高发也反映了美国青年人严重的心理危机。20世纪70年代，美国人的自杀率上升了17%，且大部分是十几、二十来岁的年轻人。[②]在这些社会的病态现象与心灵冲突面前，当时盛行的精神分析、行为主义心理学以及精神疾病治疗技术手段已是黔驴技穷。由此，致力于探索"人类健康生活新方式"，强调充分开发人潜能的人本主义心理学思潮蓬勃兴起。

---

① SMITH M B.Humanistic Psychology [J].Journal of Humanistic Psychology，1990，4.

② 扬克洛维奇.新价值观：人能自我实现吗？[M].罗雅，姜涛，译.北京：东方出版社，1989：47.

第二节　健康人格模式与马克思的人的全面发展学说比较

有研究者认为人本主义心理学补充了马克思的人的全面发展观，这种观点认为马克思关于人的全面发展的学说在心理学思想方面有所欠缺，更有甚者提出马克思"缺乏心理学的洞察力"。其实真正有所忽视的并非马克思本人，而是那些对马克思主义的理解过于简单化的部分研究者。弗洛姆就曾指出，从哲学伦理学中分化出心理学只是早晚的事。过去举世闻名的伟大思想家们，既是哲学家，又是心理学家。他们的人性观与其有关人生价值的心理学思想是联系在一起的，不可分割的。马克思在认识人这个问题上所做出的贡献，或者说他对心理学所做的贡献，是直接引向马克思心理学体系中最为深刻、最为先进的方面。

诚然，弗洛姆对马克思主义中的心理学思想有一定的曲解部分，但他在肯定并支持马克思关于人的全面发展的学说对于养成健康人格、实现人生价值的意义方面做出的贡献，是有目共睹，值得尊重的。要恢复马克思主义中关于全面发展的理想人格思想的理论地位，还需要更多人的共同努力。

然而，我国心理学学者在这方面的理论探索上仍然有较大的发展空间。人的全面发展学说一直是国内教育界的争论焦点之一，但多数人对马克思的人的全面发展学说还是缺乏深刻的理解。有的人将马克思的人的全面发展思想仅仅划入政治经济学的研究范畴，将其与人的劳动能力发展理论绑定起来，认为全面发展的人就是"脑力和体力充分发展的人"。也有的人将全面发展的人笼统地理解为共产主义社会所需要的新人，是未来社会的一种理想人格，因此在社会主义初级阶段就提倡培养全面发展的人，是对现实条件的误判。近年来这些问题得到了一定程度上的改观，我国哲学界开始重新对马克思关于人的全面发展的理论进行研究和评定。事实上，健康理想人格的内涵自古以来就是全世界思想家所关注的理论课题之一。而且，"每当历史的重大发展、转折时期，人的问题、人格问题尤其被反复地重新提出。今天，人的问题、人格的问题作为最尖锐、最紧迫的课题摆在我们面前"①。

　　一百年前，马克思主义创始人针对资本主义工业革命所带来的"人的片面、畸形发展"以及社会历史的发展规律，提出了人的全面发展学说。20世纪后期，西方人本主义心理学基于西方社会后工业时代国民逐渐产生的精神世界危机、心理健康问题等，提出诸如"自我实现的人"这种理想人格形象，并在西方国家掀起过一场"社会普及运动"。而近年来我国国内也对这些思想有了一定的回应与讨论。国内许多学者将人本主义的健康人格模式与马克思主义的"全面自由发展的人"观点进行比对分析，认为二者"有许多相通之处"或"暗合之处"。那么人本主义心理学的健康人格是否能够取代马克思关于人的全面发展学说，或者至少对后者起到理论层面的补充作用呢？

　　"在当代西方心理学中，人本主义心理学无论从队伍的规模上，还是从理论的建设上，都是一支举足轻重的力量。如果说六十年代之前行为主义和精神分析平分了西方心理学的话，那么从一定意义上说，今日的西方心理学几乎为人本主义心理学与认知心理学所平分。"②在西方心理学界发展壮大并在临床领域逐渐占据主流地位的人本主义心理学，对理想健康人格的关注重视决定了其与马克思主义中有关人的全面发展的理论观点具有必然性的联系。要弄清楚二者的复杂关系，就需要从具体理论出发进行分析。

一、马克思的人的全面发展学说与全面发展的理想人格

　　作为马克思在其著作中不断重复强调的经典论断，人的全面发展学说可以说既是马克思思想的出发点，又是其归宿。③马克思将"全面发展的人"作为人类发展最终的目标形象，他把人的全面自由和谐发展视作实现共产主义

---

① 岩崎，允胤．人的尊严、价值及自我实现［M］．刘奔，译．北京：当代中国出版社，1993：112.

② 叶浩生．西方心理学的历史与体系［M］．北京：人民教育出版社，1998：622-623.

③ 丁学良．马克思的"人的全面发展观"概览［J］．中国社会科学，1983（3）：127-153.

社会理想人格的必由之路。马克思长期以来一直都对人的全面发展与幸福生活赋予了极高的价值意义。

然而我国学术界却一直对此有所误解，有的学者认为人的全面发展其实是种"乌托邦式的预言"，"今天的社会已经证明，马克思的这一设想是不可能实现的"[①]，或是"马克思的全面发展的人描绘的是共产主义的新人形象。在当前提倡培养全面发展的人超越了现实基础"[②]。顾明远先生近期撰文指出：人的全面发展"all-round development"应该由"full-development"代替。[③] 过去中文译为"人的全面发展"这是不对的，应是"个人或个体的全面发展"，指的是个体的体脑结合，有别于我们通常讲的德智体美的全面发展。马克思和恩格斯在《共产党宣言》中说"每个人的自由发展是一切人自由发展的条件"。所以马克思强调个人的全面发展。

不过实际上，"全面发展的人"的学说既是理想范畴，又是现实范畴。现代人本主义心理学对塑造健康的理想人格做出的探索，为我们认识马克思主义的理想人格理论奠定了一个坚实的基础。日本学者横山铃子说过："在人类历史的发展的现阶段，为了考察个人作为伦理人格的形成问题，大概有必要考察个人作为人格的全面发展（也可以说人格的全面发展）。伦理人格的形成不能脱离人格的全面发展，二者是不可分割地结合在一起的"。我们固然不能同意弗洛姆将马克思主义中的心理学思想简单归结为"人道主义心理学"的观点，但是，当代人本主义思潮的再兴起，的确为我们重新认识马克思主义中全面发展的理想人格理论提供了一个参照。近年来，许多学者对"全面发展的人"这一概念尝试做出新的阐释、理解与界定，并对马克思主义中理想人格观点的时代意义进行了新的论证说明，取得了一定的成果。著名美学家李泽厚先生就做出过如此预言，"教育学（人的全面培养）将成为下一个世纪

---

① ISRAEL J.Alienation：From Marx to Modern Sociology A MacroSociological Analysis[M]. Boston：Allyn & Bacon，1971：46.

② 赵卫. 对马克思关于"人的全面发展"涵义的重新理解 [J]. 哲学研究，1990（4）：18-25.

③ 顾明远. 马克思论个人的全面发展：纪念《资本论》发表150周年 [J]. 教育研究，2017，38（8）：4-11.

的核心学科。中国的马克思主义者将在论述两个文明建设中，把美学—教育学即探究人的全面成长、个性潜能的全面发挥作为中心之一"①。

横山铃子将马克思在其众多著作中论述的"人格的全面发展"内涵总结概括为四个基本特征：创造性的人格的形成；肉体和精神、感性和理性的统一；同社会性的统一；通过终生努力而自我实现。②

而我国的哲学家丁学良则提出，马克思赋予了"人的全面发展"概念两个层次的内涵：第一层含义是指唤醒自然历史进程赋予人的各种潜能素质，使人的一切潜能获得最充分的发展；第二层含义是指人的对象性关系的全面生成和个人社会关系的高度丰富。③马克思认为："人以一种全面的方式，就是说，作为一个总体的人，占有自己的全面的本质。"④复旦大学朱义禄教授也提出，全面发展的人格包含了"全面发展""个性自由"两方面的内容。韩庆祥将这一概念理解为"个人的应有发展、个人的自由发展和个人的和谐发展"三方面内容。赵卫认为人格的全面发展实质上是"人在才能、情感诸方面发展的普遍性及个人丰富的内在差异性同高度的共产主义觉悟的统一"⑤。

根据马克思思想成熟作品中对人的全面发展观点的论述，我们以人格心理学的理想范式为基础对全面发展的人格内容进行了归纳总结，将马克思在这方面的主要观点概括为以下内容：

全面发展的人是"新型的完整的人"。

这种人的精神与身体，脑力与体力都得到了充分和谐的发展。

他们在各方面都得到了自由的发展。"成为自己社会的主人，也就成为自

---

① 李泽厚.批判哲学的批判［M］.北京：人民出版社，1979：488.

② 陈立人.论构建和谐自我［J］.湖南社会科学，2006（2）：25-28.

③ 丁学良.马克思的"人的全面发展观"概览［J］.中国社会科学，1983（3）：127-153.

④ 中共中央马克思恩格斯列宁斯大林著作编译局.马克思恩格斯全集：第3卷［M］.北京：人民出版社，2002：303.

⑤ 赵卫.对马克思关于"人的全面发展"涵义的重新理解［J］.哲学研究，1990（4）：18-25.

然界的主人，成为全面占有自己本质的主人——自由的人"①。

"全面发展"的任务或使命既是使自己的一切能力得到全方位的拓展，既有充足的科学文化知识，又对生产系统有着高度的理解。

具备高水平的创造力。马克思在自己的理论中强调了创造力与自我实现的密切关系。

全面发展的人能够克服社会分工与私有制带来的劳动和人的异化。

其有着丰富的个性品质与自己的社会关系，并能将个人爱好统一协调于社会需要中。

具有全球性的视野与思维，能够克服自身的职业、国家和民族的局限性。

有着现实人格的"理念"。

其发展的全面性是现实的全面性，而不是想象或臆想中的全面性。马克思指出"当避免重新把'社会'当作抽象的东西同个体对立起来"②。

个人的需要、情感、审美都得到充分的发展。

将劳动看作发挥自己体力与脑力的一种享受，作为自我实现的手段。"劳动会变成吸引人的劳动，成为个人的自我实现。""劳动不仅是生产人们物质需要的手段，而且是人自我肯定、自我实现的手段。"③

拥有完全解放了的个性品质。

这种新型人的出现与对其的追求是社会历史发展的必然选择。

最充分地发挥了他们自身的一切潜能。

从表层语义上来理解的话，马克思关于全面发展的人的理论表述与人本主义心理学中健康人格的规范标准有许多的相同相似之处：例如，都关注了个人需要与社会劳动的意义；强调了生产关系在全面发展与自我实现中的意义；都重视创造性个性的关键作用。

---

① 中共中央马克思恩格斯列宁斯大林著作编译局 . 马克思恩格斯全集：第42卷［M］.北京：人民出版社，1979：122.

② 中共中央马克思恩格斯列宁斯大林著作编译局 . 马克思恩格斯全集：第3卷［M］.北京：人民出版社，2002：302.

③ 厉以贤 . 马克思关于人的学说与教育［J］.北京师范大学学报，1983（2）：74-81.

二、健康人格模式对理解全面发展人格思想的积极意义

"健康人格"是"二战"以来，心理学研究中的一个新概念，也是受到关注的新领域，逐渐成为现代人格心理学的重要研究范畴。美国心理学家舒尔兹（Schulze）曾经指出："健康人格的概念是至关重要的。……许多心理学家认为，关于健康人格的研究应当是心理学最基本的中心。"[①] 健康人格概念在现代心理学中"令人尊敬的学术地位"无疑是马斯洛等人本主义心理学家不懈努力的结果。

所谓"健康人格"（Health Personality），是一种在结构和动力上趋向崇高人性发展的人格特质，是人性的自然本质要求，也是机能的自主性体现，是人性发展的一项责任或义务。这一概念超越了所谓的"正常人格"的被动的社会适应性状态，从本质上区分与非理性的病态人格状态的不同，是一个具有充分心理学规范意义的崭新人格概念。[②]

奥尔伯特（Allport）、马斯洛等心理学家在其理论中反复强调说明，"健康人格"概念与"正常、适应性"的人格概念具有本质性的差异。现代心理学根据统计测量、生物医学、文化相对论等范式来界定人格的具体行为标准，其中充斥着各种语义矛盾与概念歧义，其反映的是一种被动性、顺从性的人格标准水平，欠缺了主动性、积极性的人格过程。所谓"善于适应的正常人格"，本质上也是由社会规定的，已经产生异化的、庸俗的人格状态。现实生活中，人们总是将对社会的适应性作为一种理想品质，然而，没有人能够适应一切社会关系。社会生活中存在许多不正常、不健康的行为模式，对这些行为模式所结成的社会环境网络进行适应，其实是鼓励了人们不道德、不负责品质的发展。社会上的许多欺骗者、犯罪者以及身居高位的庸才身上都体现出了某种适应性努力，正是适应性人格使他们在各自的环境中以某种不合理的方式生存着。为了建立一种新的健康人格概念，人格心理学需要以"叙述阐释正常心理生活史的新方式"作为其宗旨，对正常、健康人格的发展做

---

① 舒尔兹. 成长心理学［M］. 李文湉，译. 上海：生活·读书·新知三联书店，1988：18.

② 姚满团. 和谐校园文化建构与大学生健康人格培养［J］. 新疆职业大学学报，2007（1）：25-27.

出新的权威性的规范，从而为建立合理的行为奠定普遍的理论基础。①

人本主义心理学家认为，以新的健康人格模式取代传统的正常人格模式，实际上是倡导了一种具有高水平素养、高尚精神、健康心智的新型社会人的形象。拥有健康心理的人是自然的、整体的、具有真正灵魂的人，是充分发挥了自身潜能并有能力完成自我实现的人。戈尔德斯坦（Goldstein）曾提出"我们所说的健康不是指哪种单靠自然科学方法就能理解的客观状态。它宁可说是一种和一个人怎样看他的生活价值的心理态度有联系。……心理健康就是一种价值"②。马斯洛也说："我们几乎将它等同于人类能达到的最高完美境界。但是这个理想并不是高不可及的目标，实际上它就存在于我们本身，但又被掩藏着。它是潜在的可能性，不是现实性"。健康人格"在特定意义上也就是'理想的'"。"这一人本主义的和第三思潮的人的形象，明白无误地表达了有史以来我们一直没有给人类本性的足够的解释；而这种人的形象的改变就其后果来说无疑是一场革命。"③

人本主义心理学对健康人格概念的规范性界定是否真的是一场革命，或者说它是否能够从根本上修正西方传统哲学伦理学中的人性论对理想人格理论建构过程中的错误呢？我们必须肯定人本主义心理学家们在人格研究领域得出的创造性成果的意义，尤其为我们深化对马克思关于全面发展的人的认识理解，提供了启发性的参照线索。

人本主义心理学的健康人格模式理论中并没有使用"全面发展的人"这样的论述，其理论的出发点与研究方法都与马克思的理论有着本质的区别。人本主义心理学提出的健康人格反映了社会进步对人格理论提出的新要求，代表了人们在社会发展过程中对自己个性品质自由、全面发展的期望与追求。从一些方面来看这些理论也论证并支持了马克思人的全面发展的理论，这两

---

① FROMM E.The Manifest and The Latent Content of Two Paintings by Hieronymus Bosch：a Contribution to The Study of Creativity［J］.The American Imago，1969，26（2）：145-166.

② 魏萍.西方心理学的马克思主义取向新进展研究［D］.西安：陕西师范大学,2012：9.

③ 戈布尔.第三思潮：马斯洛心理学［M］.吕明，陈红雯，译.上海：上海译文出版社，1987：14.

者在一定意义上的确如有的学者所说"有暗合之处"。人本主义心理学中的健康人格既代表了现代社会中人格发展追求的最高境界，也是"与社会生活相适应、为其他社会成员所接受而充分表现个人的个性特征的人格模式"。马克思的理论中也包含着现实人格与理想人格两个性质的范畴，因而也就存在着从两个范畴出发得到各自的对于全面发展的人的理解。我们认为，马克思关于理想人格模式的构想是从生活现实出发，从而试图对未来的人格发展状况进行的设计与论述。他所提出的全面发展的人、完整的人、丰富个性的人等概念，都是在用现实范畴内的概念去对理想人格进行尝试性的解释说明，就这方面而言是与人本主义心理学的健康人格模式相通的。马克思主义与人本主义心理学在这方面的理论，共同代表了一种对西方传统人性论中将人格的理想范畴与现实范畴分化对立的观点的反抗。

从古至今，哲学伦理学对于理想人格如何认定的问题已经有两千多年的探索历史。从古希腊时期亚里士多德对"和谐、完美、完善发展人"的憧憬，到文艺复兴人文主义者对"自由、完善新人"的追求；从斯宾诺莎（Spinoza）对"自由新人"的规定，到法国空想社会主义者对"全面发展人"的设想，无不展示了全世界思想家对于理想人格的向往与探索。然而马克思主义创始人和人本主义心理学家却将过往的探索评价为"大都已经失败了"。传统的以道德形态为标准所规定的理想人格普遍将理性和使命感视为最高追求，企图寻找一种人格发展的普世性基础，强调道德水平在其中的核心价值，突出对真善美的追求，却回避了现实生活范畴内的一系列问题，最终得到的只能是一种理论上或者幻想中的人格模式。西方的非理性主义在19世纪后期逐渐兴起，传统的道德理想人格理论在其冲击下逐渐失去原有的影响力。而对物质利益、现实社会的关注，成为学术界研究内容的共同趋向。马克思依据社会历史演进的规律，对当时资本主义社会中人格受到异化、发展畸形的状况进行了阐述与分析，论证了在大工业时代，人的全面发展的现实性与未来理想人格实现的必然性。首次将人的全面发展与理想人格作为成长目标的理论共同纳入现实范畴与理想范畴内，为人的全面发展学说奠定了科学基础。

不过，马克思在其著作中对人的全面发展并没有给出结论性的说明，因而为后人对其内涵的理解带来了困难与争辩。对于这一理论，每个时代的人都有其各自的理解。而现代西方所倡导的健康人格模式，无疑为我们对这一思想的深入认识提供了新的支持与参照。

人本主义心理学的健康人格模式，其建立受到后工业时代的资本主义社会中人们对理想人格追求的影响，致力于超越精神分析和行为主义对病态人格和传统正常人格的研究，试图通过对传统哲学伦理学中的道德人格与心理学中的现实人格进行整合并重建一个新的理想人格模式。在这一层面上，健康人格模式拓展了人格心理学的研究领域，尤其将人类自在的理想人格提升为自为的现实人格内容，赋予了人格一种能动性，因此人本主义心理学中理想人格的内涵随着健康人格概念外延的拓展，变得既符合社会规律与理论逻辑，又充满了情感意义。如此一来，人们对理想人格的追求就与人性的自然发展过程相重合。在这一层面上，人本主义心理学有力地支持了马克思关于全面发展的人的理论。

然而在更深的层面，马克思的全面发展的人的思想与人本心理学的健康人格模式却存在着根本性的分野。

其一，是两种理想人格模式对人格本质规定的根本不同。

人本主义心理学主要从个体角度、个人自我层面出发对健康人格的内涵进行界定。例如，马斯洛曾经提出，健康人的本质在于其拥有自我实现本能，以及心理成长和健康的潜能。他认为，自我实现的人"这个新概念就是心理健康的人，或者具有真正灵魂的人，实际上也就是自然的人"[①]。兰克（Ranke）将对人生价值、生活意义的追求作为健康人的本质特点，并强调对自我的超越。马克思则立足于社会层面对人格的本质进行了一定的论述："'特殊的人格'的本质不是它的胡子、它的血液、它的抽象的肉体，而是它的社会特质"[②]。在马克思眼里，人格是社会的产物。因此人的全面发展也是社会进步的必然产物和必然结果。可以看出，马克思的人格理论是牢牢扎根于人的社会生活和社会关系而提出的。

其二，是在研究方法手段上的相异。

---

① 马斯洛.动机与人格［M］.许金声，程朝翔，译.北京：华夏出版社，1987：320.

② 中共中央马克思恩格斯列宁斯大林著作编译局.马克思恩格斯全集：第3卷［M］.北京：人民出版社，2002：29.

人本主义心理学在健康人格模式理论的探索过程中发展出了许多新的研究方法，其善于使用整体分析与经验描述，以人性论作为理论背景对时代杰出人物和普通大众的人格行为表现进行考察，据此绘制出人格发展的目标形象。马克思的人格理论从社会历史进程角度出发，着重于对历史上资本主义社会对人类人格的摧残与异化进行整体分析。特别强调了人格在心理学研究中的科学性和广泛性要求，不能讲人性从人的社会性中独立出来，脱离了社会工业的对象性，即要否定"工业的历史和工业的已经生成的对象性的存在，是一本打开了的关于人的本质力量的书，是感性地摆在我们面前的人的心理学"[①]的观点。此外，在人格的完善途径问题上，马克思也与人本主义产生了较大的理论分歧。人本主义心理学认为健康人格的实现主要通过个体的自我反省和完善，而马克思理论中的自我实现和全面发展则涵盖"自然改造""社会改造"和"自我改造"三种方法。人本心理学的健康人格模式，固然对人格的社会价值意义有所关注，但这一理论中的"社会"实质上指的是富人们的社会，其健康人格的完善观点也大多建立在了经济富裕的条件下。

萨特（Sartre）曾说过，马克思的人本主义思想相比于现代西方的人本理论，是有一定先进性的。而在有关理想人格的规范方面，我们认为马克思的全面发展思想对人本主义心理学的健康人格模式也具有超越性。我们只有立足于现实且具有创造性的马克思关于人全面自由发展的观点上，去解决人本主义心理学在健康人格模式问题上遇到的困难，才能在理论探索的过程中一直保持这种超越性。

三、人本心理学健康人格规范的现代心理学意义

虽然现代人本主义心理学中，健康人格模式理论的提出和建立是否能够作为"一场革命"的问题还没有一个确定的结论，但其在理论探索与运动实践方面的进展对当代心理学的学科发展也有相当的价值意义。

首先，健康人格模式对现代心理学人格结构理论的完善起到了积极作用，

---

① 中共中央马克思恩格斯列宁斯大林著作编译局.马克思恩格斯全集：第3卷［M］.北京：人民出版社，2002：306.

也使西方学术界对健康人格的认识从理想道德范畴与社会现实范畴的对立中，逐渐转变为现实理想主义的综合形态。

19世纪后期非理性主义在西方的流行，使传统道德理想人格理论正式宣告解体。"物欲动力横绝肆虐，人格价值激剧嬗变"。针对这一时期，马克思曾以犀利的笔调写下："一切等级的和固定的东西都烟消云散了，一切神圣的东西都被亵渎了。人们终于不得不用冷静的眼光来看他们的生活地位、他们的相互关系"①。于是，这一时代的许多哲学伦理学家逐渐放弃对道德理想的人格共性的追求，继而转向对个体社会现实人格的关注。他们大多试图在人的感觉经验中，寻找人格的起源、内容和行为操作标准，通过对感觉经验的分析与自然科学方法的利用，形象描述现实物化的或是经济化的、对象化的人格世界，建立起相对主义的现实人格范畴体系。

而20世纪上半期的精神分析学派和行为主义学派将研究对象主要放在了"病态人格""变态心理""适应性正常人格"等现实人格的内容上，还建立了相应的行为矫正技术治疗体系。同时，对于理想人格、人生价值等问题的研究，却成了当时心理学的"禁区"。实际上，在后工业时代的资本主义社会中，对于理想健康人格的研究，获得了一种不断增长的现实主义内容。正如卡西尔在《人论》中所说的——有关理想、乌托邦之类的问题，在近代世界的发展中通过了时代的考验并证实了本身的力量，其说明人的本质特征绝不是"谦卑地接受给予"，而是不断创造和完善着现实世界。面临着人格危机的当代资本主义社会正迫切地等待着心理学成果的"救治良方"。在资本主义制度下产生的道德沦丧、意志瘫痪、精神亚健康等问题面前，人们的综合品质成了个体社会性发展与心理成长的决定性力量，人格素质的健全完善也有了更高的发展要求。在资本主义社会的环境下，劳动者的科学文化素养和技术能力水平固然非常重要，但在现代社会生产的过程中，人格素质的健康健全却更为优先，劳动者的责任感、忠诚心、自我实现意识、规则意识等特质在生产生活过程中的作用越发显著。因此，从个性出发，整体性地提高个体的人格素养与心理健康水平，已成为当代社会改革的关键构成内容之一，并且成为一种广泛的时代潮流。

---

① 马克思，恩格斯.共产党宣言［M］.北京：人民出版社，2018：31.

正是由于这种社会现实主义的普遍流行，致力于重构人类心理健康体系的人本主义心理学思潮应运而生。人本主义心理学力图在对传统人格范畴的泛化改造中解决哲学伦理学中道德理想人格范畴和现实人格范畴的矛盾问题，提出用健康人格概念来填补理想人格与现实人格概念间的裂缝，以应对后工业时代下"社会人"所无可避免的心理危机，它其实代表了西方学术发展趋势的主流观点。尽管人本主义心理学家们的努力在当前面对西方社会现实的时候显现出了软弱无力的一面，但其运动却有着相当的理论意义。健康人格模式的提出根本性地引发着传统人格结构的改善整合，并拓展了道德理想人格与社会现实人格的理论范畴，尤其是将人类"自在"的理想人格在广阔的层面上提升为"自为"的现实人格内容。由此，理想人格思想在健康人格模式理论的引领下，寻找到了崭新的存在形式。诚如弗洛姆所言，"任何理想，包括以世俗的意识形态表现出来的理想，都是人的需要的表现。我们必须充分重视这些理想的真实性"①。人类对理想人格的追求由"自在"上升至"自觉"，既拓宽了人格心理学的研究视野，也对心理学学科发展起到了一定的作用。

其次，人本主义心理学对理想健康人格的规范标准与符号操作体系进行新的阐述与确证。尽管其仍然属于一种新时代的保守力量，但对于正处在精神危机时期的人的心理健康发展仍具有积极有利的参照价值。

人本主义的健康人格模式理论，既有对理想人格的引导作用，又有对现实人格的规范意义。马斯洛、弗洛姆和弗兰克（Frank）等人在对现实理想人格的具体探索实践中，建构出了各自理论中的健康人格形象，例如，成熟的人、创造性的人、自我实现的人、超越自我的人，等等。若抛开其理论间的差异，仅整体性地分析其内涵，我们就能发现一些共同的思想进路，即通过对人的本性、健康人的本质和生成发展的可能性进行考察分析，建立起具有普遍意义的健康人格规范标准和操作技术符号系统，并据此设计出一种理想的健康人格形象。因此，人本主义心理学希望以现代西方文化的典型理论形态与符号形式来指导改变人类的行动模式，使人们在应对复杂社会关系问题时，能够遵守正确的行为规范，生成各自的独立且成熟的人格，以此来显现

①　蒋承勇.西方文学"人"的母题研究［M］.北京：人民出版社，2005：5.

健康人格的意义价值。

因此，健康人格标准得到了人本主义心理学家们的高度关注。奥尔伯特根据其长期性的调查研究，提出了健康且成熟的人应该达到的七条标准：能够专注于工作、自我发展并不断超越自身原有的界限；拥有很强的同理心和包容度；高水准的抵抗挫折能力和情绪控制能力；具有充分的劳动技能；能够站在现实角度客观地认识事物；对自己有着清晰的认知；拥有指向未来的一以贯之的个人价值观和社会责任心。弗洛姆则提出健康人格的实现需要五种特质或能力：创造性定向或生产性定向；创造性思维；创造性的爱；自身的幸福；人道主义的道德观。弗兰克认为要达成健康人格，需要六点特质：不应该仅追求自我，还需要追求生活的意义；全身心投入工作、社会和他人中去；拥有选择的自由即自主的能动性；不受外部力量干扰，拥有对自身的决定性；塑造自己的有意义的生活；不仅仅关心自己的利益，还对社会、他人抱有关怀，最终实现对全人类和宇宙的认同感。马斯洛也提出了自我实现的15项标准和8条途径（主要是个人的自我完善），该理论具有广泛的影响。人本主义心理学家们对健康人格标准的观点似乎很容易被我们认为是一种"对传统的复归"。国外一些学者发出了反驳的声音，认为这些健康人格模式的规范标准本质上是"对于已经宣讲了许多世纪的哲学和方法论基本真理的蒸馏"；"是对人类基本的、古老主题和规定的重新阐述"；人本心理学家们"宛如《旧约》中的先知。并没有包含新的或惊人的见解"。[①]而在国内，也有一部分学者将其归结为"后现代文化中的一种新的保守主义"。

但在我们眼中，这其实"亦非简单历史延续的继承和更新，而毋宁是一种包含着辩证肯定与否定的突变和飞跃，是崭新历史条件下的理论连续和中继"[②]。不论在任何时代或社会中，都总会有一系列带有道德价值的行为准则或精神规范来约束人们的思想与行动。尤其是社会正处于转型时期，整个社会的价值取向、人民的人格发展逐渐在震荡中呈现重新定位与多元化选择的趋

---

① 舒尔兹.成长心理学［M］.李文湉，译.上海：生活·读书·新知三联书店，1988：241.

② 万俊人.当代西方伦理学的主题嬗变与传统回归［J］.学术月刊，1993（9）：39-51，32.

势，其中存在着许多人格层面的失范与盲目的问题，一些更换了表面形象的庸俗观念正蚕食着人们的心灵世界。于是，对社会大众心理健康结构的重塑作为心理学工作者们的一项使命，就显得十分重要。过去数十年来，一些传统的理论观念被学者们重新拾起，在今天获得了蓬勃的全新生命力。而人本主义心理学作为后现代主义思潮中的一员，坚决地提出了重塑人的基本精神的主张，相比于过激的批判主义和圆滑的相对主义，这无疑是一种更贴合社会和个人的理论思想。人本主义心理学将重建一种积极的人格价值作为其研究宗旨，确立了人本主义理论框架下的健康人格模式概念，并将"乐观向上、道德责任心、利他精神、理性意识、工作劳动创造精神"等作为其价值指标。毫无疑问，这些努力对在新时代环境背景下重建人的理想人格追求方向具有广泛性的社会导向作用以及深刻的学科理论价值。

最后，人本主义心理学试图使用一种新的研究方法来建立其理想人格的模式内容，这对于人格领域的方法论是"一种具有前进意义的转变"。人本主义心理学在探索健康人格模式的过程中尝试利用了许多新的研究手段，马斯洛就提出，人本主义的各种理论、病例研究等，都使用了一些实际可行的手段方法，这与马克思主义理论以及既有的许多社会科学理论一样，都具有相当的科学研究上的实用性。一些人本主义心理学家认为，健康人格模式与传统哲学伦理学的道德理想人格思想还有一个根本性的差异，即这种新的人格理论对健康的理想人格进行了科学性的论证，而非以往使用传统道德说教和哲学思辨得出的结果。奥尔伯特尤其强调，过去传统的哲学伦理学之所以未能成功塑造符合大众生活实际的理想人格规范，就是因为以下两方面的错误：在理论层面上，仅仅要求人们对人格行动的结果进行评价，却没有集中注意导致了这些结果的过程；而在方法层面上，局限于"自上而下"的演绎推理，缺少了"自下而上"的归纳论证，只有哲学思辨和对经验事实的纯粹描述。对此，奥尔伯特反复说明，人本主义心理学家们已经闯入了传统哲学伦理学的"世袭领地"，在此需要更多新的具有充分科学性的探索，来防止掉入旧的人性论的理论陷阱。同时，马斯洛也认为，自我实现人作为一种新形象，即使和亚里士多德、斯宾诺莎等哲学家提出的人格图式有一些近似的地方，也在方法论问题上克服了他们理论中的"致命问题"，建构起一种整体性的科学的研究范式体系。人本主义心理学家们在健康人格模式的探索中发展出了具有特殊性的技术方法，例如，马斯洛的整体分析方法、内省的生物学方法，弗洛姆的社会心理分析方法，奥尔伯特的心理综合方法，弗兰克的意义治疗学方法，等等。此外，还创立了一些针对人格状态的归纳实验方法和治疗方法，并基于对实例研究的严密分析结果制定了测验量表，为人们了解健康人格模式以及进一步的探索研究积累了充足的数据材料与方法论资源。

第五章　积极心理学与马克思主义

　　积极心理学是当前心理学发展的一场新运动。有关积极情绪与幸福感的科学探讨并不仅是积极心理学的专利。事实上，自从科学社会主义诞生以来，革命导师就在积极情绪、乐观进取与人类幸福问题这些方面发表了许多深刻的论述，这些论述与当前的西方积极心理学、社会建构论思潮的核心主张亦存在着不少契合或相通之处。正如马克思和恩格斯的理论揭示了人类、自然、社会发展的一般规律，这些规律也在历史的发展中无数次被后人证实；而列宁和毛泽东在后来的革命历程中也提出了自己的相关见解。紧密结合当前积极心理学发展的最新趋势，不仅可以进一步赋予马克思主义长久不衰的生机与活力，而且可以引领和推动积极心理学研究不断健康发展。

第一节　积极心理学运动的兴起

一、积极心理学运动的产生

　　当代心理学有两个被学者公认的最新进展，其中之一就是20世纪90年代积极心理学的创始人赛利格曼（Seligman）所提出的个体的积极心理，同时也是心理学治疗的重心。积极心理学提倡个体要用一种相对积极的心态来重新构建个体的心理活动，当然也包括个体的心理问题。找寻和发掘个体与生俱来的美德与力量以及个体潜在的和现实的内容，用乐观、心理一致感、意义发现、压力管理、文化差异研究等理论为身体康复提供理论层面的支持。在健康领域，积极心理学从开始就与其产生紧密联系，Jahoda 在《积极心理健康的当代理解》中首次对积极的概念进行了深入分析，他围绕自我的积极态度、自我全面发展与实现、准确的现实感知能力、心理一致感整合能力、环境控制能力、自身能力发挥六个方面对健康概念进行诠释，这一观点被广泛接受并大量地推广引用。除此以外，人本主义心理学派的代表人物马斯洛为积极心理学的发展也不遗余力地摇旗呐喊。他提出自我实现的人类心理发展阶段论，对人类的潜力、美德或者可能达到的心理高度给予了全新的关注视角。可以说积极心理学是在美国当代著名心理学家塞利格曼的大力倡导下发展起来的，特别是塞利格曼于1998年当选为美国心理学会主席后，将积极心理学的创建看作自己 APA 主席生涯当中最重要的使命之一。从20世纪90年代后半期开始，在当代心理学的发展过程中出现了一股积极的倾向，即积极心理学运动的兴起。塞利格曼曾明确提出20世纪心理学发展存在的一个不足，就是对治疗心理疾病的过分关注，而忽略了人类自身所具有的积极品质，未来的研究应该注重积极心理学这一领域。这是心理学历史上第一次在正式的场合使用"积极心理学"一词，当时整个心理学界的绝大多数人还并不十分清楚积极心理学的确切含义。

什么是积极心理学？谢尔顿（Sheldon）和劳拉·金（Laura A.King）的定义道出了积极心理学的本质特点，"积极心理学是致力于研究人的发展潜力和美德等积极品质的一门科学"[1]。塞利格曼认为，"积极心理学的主要目的是测量、了解并加强人类的优点和公民的美德"。可见，"积极心理学将个体的积极因素作为研究的重点，提出心理学要用一种积极的心态和发展的眼光来研读人的心理现象和心理问题，从而最大化地挖掘个体的潜力，最终帮助其获得幸福的生活"[2]。积极心理学在帮助人类构建积极的应对模式上具有较强的实践指导意义。

积极心理学的兴起无疑为当今的心理学界带来一缕清风，使得心理学整

---

① 任俊.积极心理学［M］.上海：上海教育出版社，2006：3.

② SELIGMAN M，CSIKSZENTMIHALYI M.Positive Psychology：An Introduction［M］// Flow and the Foundations of Positive Psychology. Dordrecht：Springer，2014：48.

体上有了一种更趋平衡的态势。积极心理学与传统心理学的差异从对待心理疾病态度和相对应的实施方案上来看较为明显。不同于积极心理学，传统心理学因为服务对象常常界定为异常心理人群而显得有狭隘化倾向，并且在心理健康问题上对心理疾病有是与非的界定以及简单地用生物医学病理模式去解决问题。与传统心理学相比，积极心理学在教育理念上对学生内在的心灵成长更为关注，认为教育的第一要务是学生的人格全面成长，要用积极的理念和思想去建设学生的心理素质。教育应该重视的是学生的自我发展，个体心理都存在巨大的潜能，应针对每个人的多元化需要而产生与心理健康教育相对应的途径与方法。个体发展的主动权应该由个体掌握，命运的主宰者是自己。这种新的思路相对于传统心理教育中实施方案单一、途径简单、效果不明显的问题来说是一种突破。

二、积极心理学面临的主要问题与挑战

积极心理学主要提倡的是一种积极的心态，在面对心理问题的时候，从人的善良、美德为出发点去关注、解决潜在的和现实的问题，激发并挖掘个人内在的潜力和积极品质以获得良好的幸福生活。其拓宽了心理学的研究视野，充实了主流研究的内蕴，对当代心理学有着重要的影响。不可否认，积极心理学有其固有的优势与不可忽视的影响力，但也面临着重重困境。

一是理想主义、浪漫主义色彩过于浓厚。尽管积极心理学开展了许多诸如"失助性、积极情绪效应"的实证性成果支持，但过分强调积极向上的情感，突出积极的体验，会使人们感觉"积极"好像一种包治百病的万能药。显然，如果脱离现实而过分地追求和夸大积极的因素作用，无疑也是一种非理性的表现。

二是"追求积极情绪的悖论"现象的存在。许多人都有越是追求积极、越难以体会到幸福的悖论体验。个体通过提高快乐标准去追求积极情绪或者获得快乐的方式不恰当，又或者对个人的自我情绪进行过度监控，这些不恰当的方式不仅无益于提升主观幸福感，反而会给人造成身心方面的危害。除了给人的身体造成沉重负担，产生诸如暴饮暴食、酗酒吸毒等损害健康的行为，过分追求积极情绪还可能导致个人的主观幸福度及对生活的满意度降低，

甚至由于过度的自我聚焦而引发孤独、亲社会行为降低等症状。

三是积极心理学在强硬现实面前表现得还是相当脆弱的。过分强调或夸大积极心理学的神奇之处，并不能改变其在实践方面的脆弱无力。在过去的金融风暴或股市大跌等严酷现实面前，积极心理学的作用并没有得到凸显。

以上种种问题和争议在一定程度上制约着积极心理学的进一步发展。

三、走向 2.0 时代的积极心理学

近年来在西方出现了2.0时代的积极心理学版本。走向2.0时代的积极心理学主要致力于以下几个方面的工作：

首先，积极心理学2.0版本吸收了传统文明中的正能量，将"美德、意义、韧性、幸福"打造为自己的四大支柱。现代社会人们面临的最大问题是一切处于不确定性之中，不确定性造成了人们的焦虑与内心不安。而如何在不确定性之中寻求比较确定的锚定点，无疑是最重要的问题。"美德、意义、韧性、幸福"四个支柱涵盖了人类生存和发展的必要成分，同时也应该成为心理学研究的主要领域。其中美德提供了人们理想地图的引领功能，让人们更好地生活，主要包括了道德发展、亲社会行为、同情心等方面的内容。意义更是快乐或美好的生活里的必然内容。有研究者提出，意义包括快乐、成就、亲密、关系、自我超越、自我接纳和公平这样七种来源。意义的作用就像灯塔一样，与生活的方向、目标和价值息息相关。韧性即心理弹性，不仅指对痛苦挫折或磨难的忍受能力，更重要的是心理的反弹和恢复，特别是需要在逆境中学会成长。幸福则是一种关于现实的理想条件和追求的终极状态。每个人都追求幸福，反映健康功能和快乐，而幸福主要有快乐取向与意义取向这样两种类型：偏向追求个人快乐、成功的幸福；追求意义与美德的幸福。大部分人可能会认同第一种幸福，只有小部分人才能认识到追求意义与美德的重要性。

其次，以辩证的视角实现积极与消极方面的互动平衡。人的心理并没有绝对的积极和消极之分，这是二重性的特点。从所谓的消极中去找寻转变成积极的潜力，使消极与积极在一种动态平衡中共生，这是积极心理学发展的一个新特点。事物都是在矛盾运动中发展前进的，心理的发展变化也必然遵

循这样的规则。理解处于美好和黑暗时期的个体和社会让人们的生活更好是至关重要的，而缓解痛苦和增强幸福是两种不同的努力。人们在生活中经历挫折、困难和失败，这都是不可避免的。这些因素不仅能够阻止人们的消极情绪，而且能使其从挫折或创伤中恢复过来。

再次，寻找积极情绪的物质机制的支撑。当前积极心理学的研究更关注积极的生理神经机制问题。近年来认知神经科学研究的蓬勃发展，尤其是EEG、PET、FMRI等技术手段的出现，为探索幸福与快乐的神经机制的研究注入了新的活力，使得积极心理学的研究得到更加科学的证据的支持。目前在有关幸福感、快乐情绪的产生器、快乐传递和编码的脑机制等方面已经积累了很多成果。

最后，培养人的韧性与心理弹性，帮助人调整和克服挫折。积极心理学真正的价值和生命力之所在，是要在社会实践中具有针对性地去解决一些实际问题，而并非高空喊口号。当前积极心理学正走向科学、理性、辩证的方向，愈来愈符合人们的真实生活世界和行为实践方式。

积极心理学理论产生时间并不长，自然会存在一些缺憾，导致相关研究的有限性。随着研究理论和研究方法的进一步深入完善，这些不足一定会被克服。在健康领域的研究和探索中积极心理学具有极大的现实启发意义，积极心理学看到了人类自身存在的开放性和包容性。这无疑为人类持续不断的健康问题研究提供动力，使人类最终能够提升人性境界，实现可持续发展目标。

第二节　马克思主义的积极心理思想主张

20世纪末期，积极心理学在西方的兴起掀起了一股全球研究热潮。开展对革命导师经典论著中的积极心理学思想内蕴及其当代意义的研究，对于紧跟时代步伐、回应社会热点问题，具有重要的学术理论意义与现实针对性。现代人正面临着"物质生活极大丰富而精神生活渐趋旁落"的悖论困扰，积极心理学的创始人塞利格曼将这种现象称为"21世纪的幸福感困惑"，即经济物质发展愈加繁荣，社会焦虑抑郁等情绪问题却还是无法得到解决，甚至愈演愈烈。现代化除了资源的困境、社会的困境，还有心理困境，或者称之为"3000美金"的心理阈限。正因为如此，20世纪末期在西方掀起了一股全球性的积极心理学研究热潮，在国内也引起了极大的反响。其实，在马克思、恩格斯、列宁和毛泽东这些革命导师的论著中早已有过类似积极心理学的深邃思想和精辟论述。从新的科学视角对马克思主义的相关论述进行整理与总结，对于引导和鼓舞当代人积极乐观向上具有重要的正能量意义。不过，已有的研究还比较零散、抽象，缺少系统性、专题性的学术深入挖掘。

尽管当前西方的积极心理学新思潮并非来源于马克思主义，但马克思主义理论中所具有的科学性、主体价值性、崇高性、辩证性和实践理性等品格，是人类文明进步所具有的本质特性之精髓所在。这与积极心理学的核心主张具有相通及暗合之处。紧密结合当前积极心理学发展的最新趋势，不仅可以进一步赋予马克思主义长久不衰的生机与活力，而且可以引领并推动积极心理学研究不断健康发展。

一、马克思主义积极心理思想的主要观点

关于积极情绪与幸福感的论述并不仅是心理学家们的专利。事实上，自从科学社会主义诞生以来，革命导师就在积极情绪、乐观进取与人类幸福问题这些方面发表了许多精妙论述，这些论述与当前的西方积极心理学、社会建构论思潮的核心主张亦存在着不少契合或相通之处。正如马克思和恩格斯的理论揭示了人类、自然、社会发展的一般规律，这些规律也在历史的发展中无数次被后人证实；而列宁和毛泽东在后来的革命历程中也提出了自己的相关见解：譬如，毛泽东提出的"星星之火，可以燎原"，即看似渺小的事物只要团结起来，就可以发挥巨大的力量。这一点就是积极心理学中意志性变量可以将事物推向质变的结果。可以说正是在这些论述的指导下，各阶级才能被正确的方向引导，共产党的事业才得以一步一步走向成功。

然而，迄今为止将革命导师的积极心理思想与积极心理学研究范式结合起来的研究并不多，甚至可以说是一片空白。因此，用积极心理学的眼光和

角度来解读革命导师们的思想论述就显得十分必要。两者的结合对于建设国家和团结人民群众、丰富积极心理学的研究内容均有着极其深刻的意义。

（一）对人类幸福美德的追求

在德国浪漫主义与黑格尔哲学思想的影响下，马克思在中学时代就开始研究人类幸福的问题，他追求意志的自由，歌颂社会正义和人间真情，把人作为世界的中心，追求人的平等、自由和幸福，相信信念必定战胜懦弱、真理必定战胜邪恶。青年时期的马克思认为，人与动物本质上的区别在于人有自由的意志，往往在进行着有意识且有目标的活动，因而能够自主"选择"自己的生活道路。这可以说是其继承了西方文化传统，特别是古希腊和文艺复兴以来优秀文明的结果。虽然彼时的马克思对"人的本性"和人类幸福的认识都相对较为初步，但这些观点依然在他心灵深处留下了烙印。马克思的后半生也始终认为人类的终极使命是寻求普遍幸福和达到自身完美，并将"为大多数人带来幸福"以及"为人类的福祉而劳动"作为自己的毕生信念，这都为其日后与恩格斯的合作奠定了无比坚实的基础。

在马克思和恩格斯心中，一切民族要想获得幸福，就必然要走社会主义这条路。在这条路的尽头，社会劳动力是高度发展的，每个自由的个体也是同样发展的。马克思说："我们已经看到，在社会主义的前提下，人的需要的丰富性，从而某种新的生产方式和某种新的生产对象，具有什么样的意义。人的本质力量的新的证明和人的本质的新的充实。在私有制范围内，则具有相反的意义。每个人都指望使别人产生某种新的需要，以便迫使他做出新的牺牲，以便使他处于一种新的依赖地位并且诱使他追求一种新的享受，从而陷入一种新的经济破产。"① 在马克思看来，群众一旦掌握了相关的理论，就可从中发展出巨大的物质力量。他还认为，人类的根本就是人本身。换言之，理论通过说服别人来掌握群众，而其关键就在于掌握人的根本。当思想的武器终于失去它的作用之时，坚定斗争才是解决问题的最好方法。在普鲁士政变发生之后，马克思所创办的《新莱茵报》号召民众抗税，用暴力抵制暴力。

---

① 中共中央马克思恩格斯列宁斯大林著作编译局.马克思恩格斯全集：第3卷［M］.北京：人民出版社，2002：339.

他们呼吁无产阶级要遵循社会发展的客观规律和形势要求，坚决进行革命，夺取政权，要让全部的生产资料为社会所共有。在马克思看来，革命是政治的最高行动，所有无行动的空泛演讲最终只能沦为无物，工人阶级若没有政治行动，就只能永远在资本家的工厂里贡献热血和汗水。有了理论的科学指导做后盾，两人对革命的胜利充满信心，恩格斯曾在给友人的一封信中写道："有了这些人，什么都能够办得到，他们认为斗争是真正的幸福！"马克思与恩格斯毕生都致力于推翻资本主义的活动。世事杂乱纷扰，马克思在这一片荒芜中发现了一条亘古不变的规律，那就是要想让人类幸福，就必须朝着共产主义前进。这位伟大的革命导师在自己生命的最后十年也不忘使命，强忍病痛指导学生继续战斗，可谓用自己的思想点亮了一个个求知若渴的灵魂。

可以说，革命导师们毕生都在寻找一条能够指引人民走向幸福的路。他们提出的理论所要针对和消灭的正是自私、狭隘，以及为了一己之利剥夺他人幸福的消极品质。从某种意义上来说，积极心理学所关注的是个体的自我实现，而革命导师们则致力于全人类的自我实现。

（二）对人的解放与人的全面发展的憧憬

就起源来说，马克思和恩格斯的思想隶属于西方哲学。马克思作为近代西方哲学的终结者及现代西方哲学的开创者，他的思想无疑是珍贵的，并且极富研究价值。而马克思和恩格斯的思想与积极心理学之间的契合点，也为当代积极心理学的研究打开了新视角的大门。事实上，以马克思为首的革命导师在积极心理方面的论点既符合心理学的发展趋势，又因为列宁和毛泽东的继承和发展，契合了当代世界在不同生存境遇中所面临的问题。

当然，将革命导师的这些思想置于积极心理学这一新视角下加以系统考察，对目前学术界来说仍是薄弱环节。造成这种局面的主要原因在于许多人仍认为马克思主义的积极心理学思想是属于革命时代的产物，并不适合建设时期社会的发展。然而正如之前所说，一方面，马克思和恩格斯的思想在不断地继承中已然焕发出不一样的光彩，排除了曾经沉重的历史性观点，在吸收新观点的同时体现出强烈的时效性。毕竟，未来是不可预测的，没有人能在当时就预言出马克思主义将成为无产阶级革命的指路明灯。另一方面，在如今的全球化背景之下，关于积极心理学的研究既受到现实问题的引领，又受到国际文化大背景的影响。我们需要一种以新的思想、新的视角来重新诠释积极心理学。这一视角既需要厚重的历史底蕴，又必须完美契合国家自身的文化背景，而革命导师对积极心理学的诠释无疑是最好的答案。基于此种认识，对革命导师的积极心理思想的研究实际上已经摆在学界面前。

革命导师的积极心理思想虽然看似零散，实际上在细微之处却处处重合。这些思想可以被概括为以下几点：首先，他们都重视人的本质、主体性和解放性，并追求人类的全面发展与积极心理。马克思就将人类视为世界的中心，认为人是一切变革得以发展的前提。而到了毛泽东阶段，更是将人提升至前所未有的高度，将人视为"历史的创造者，是历史的主人翁"。其次，他们都提出了崇高的人类幸福追求。德国哲学家费尔巴哈（Feuerbach）曾在他的著作《幸福论》中对"幸福"做出详尽的阐释，"对于幸福的追求是一切有生命和爱的生物、一切生存着的和希望生存的生物、一切呼吸着的和不以'绝对漠不关心的态度'吸进碳气和氮气而不吸进氧气、吸进致死空气而不吸进新鲜空气的生物的基本的和原始的追求"[①]。革命导师们都将幸福视为一种关于现实的理想条件和追求的终极状态。在他们看来，每个人都追求幸福，这反映了自身的健康功能和快乐意志，而幸福主要有快乐取向与意义取向两种类型：快乐取向偏向于追求个人的快乐以及成功的幸福，而意义取向则偏重追求意义及美德的幸福。大部分人可能会认同第一种幸福，只有小部分人才能认识到追求意义与美德的重要性，革命导师所追求的幸福就是后者。最后，革命导师的思想都十分重视革命战斗中的乐观主义精神，这也与他们所处的大环境有关。革命导师彼时置身于家国动荡之中，革命斗争是必然，也是唯一的出路。

（三）革命战斗的乐观主义精神

更为难能可贵的是，革命的乐观主义精神并非盲目乐观，而是建立在认识客观事物发展规律的基础之上。以群众实践为基础，从不逃避和否认革命

---

① 费尔巴哈.费尔巴哈哲学著作选集：上卷［M］.荣震华，王太庆，刘磊，译.北京：商务印书馆，1984：36.

中所存在的困难，才能具有足以改造世界的毅力和信心，带领群众走向成功。革命导师的思想都能在革命低潮时化消极因素为积极因素，最终完成人类历史上一桩桩艰难而伟大的事业。正是因为他们相信群众、依靠群众，所以在面对一切消极情况时，才能永不畏缩、绝不失望，亦不仓皇失措，并选择用最积极的态度，充分发挥群众的主观能动性来解决困难。可以说，即使在革命最艰难的时期，他们也从未动摇对革命胜利的信心。列宁曾经说过："谁害怕社会主义建设中的困难，谁被这些困难吓倒，谁见了这些困难就悲观失望或者张皇失措起来，谁就不是社会主义者。"①这一观点充分反映出革命导师在革命低潮时坚定的心智与信念，这是历史上那些注定会死亡的阶级所不具备的，正是因为有了这种积极心理思想的科学指导和引领，他们才能一次次从险境中崛起，从困难中涅槃，历史发展的客观事实无疑证明了这一点。

二、马克思主义与当代积极心理学的相近之处

马克思和恩格斯虽然从未直接领导人民，但他们的理论指导了列宁、毛泽东等众领袖去引领人民取得革命的成功，建立起一个新阶级统治的国家。而列宁与毛泽东也在不断的斗争过程中逐渐发展出自己的学说体系，形成了带有强烈个人色彩且适应自身国情的特色论点。这些论述，尤其是积极心理的论述，因心理学整体发展太晚而被人们忽视，实属心理学界的遗珠之憾。与当代积极心理学的研究内容进行比较和整合，正是为了在与经典思想的对比中体味大师的风采和底蕴，也试图为今后积极心理学的研究提供一种全新的独到视角。

第一，二者均将正义、美德、幸福、乐观等正能量作为提升人的精神境界、人性健康的主线索。

现代社会中，人们所面临的最大问题就是身边剧增的不确定性，可以说，强烈的不确定性造成了大多数人内心的焦虑与不安。如此一来，如何在不确定性之中寻求一个较为确定的锚定点，无疑成了人们亟须解决的问题。鉴于

---

① 中共中央马克思恩格斯列宁斯大林著作编译局.列宁全集：第38卷［M］.北京：人民出版社，2017：350–351.

此，积极心理学的研究者吸收了传统文化中的正能量，将美德、幸福、乐观、正义等打造成提升人类精神和健康的主要线索，几乎涵盖了人类生存与发展的必要成分。

美德提供了对人类理想地图的引领功能，使人们得以更好地生活。美德包括了道德、同情心、亲社会行为等多方面的内容。亚里士多德《伦理学》的第一句话就说道，"所有艺术、应用科学，以及所有系统化的调查，甚至说所有行为和选择都对一些美德抱有目的"。他还表示："荣耀，愉悦，智慧，以及所有的美德——即使我们从它们之中并不能获得更多的利益，但我们仍然要能够选择它们每一种的权利——但是我们依然会为了幸福而选择它们之中的一部分，因为只有通过它们我们才能获得幸福"。可以看出，人类的美好需要肩负促进人类繁荣发展的重任，而美好的生活离不开美德。

幸福则是一种个体的心理欲望得到了满足时的状态，也可以看作一种持续时间比较长的对个人生活的满足感，并且希望这种满足感能够持续的愉悦心情。幸福往往带有强烈主观性和不确定性，人们所获得的幸福感都源于个体的主观感受。然而，对于不同的个体而言，幸福感的体验是不同的。譬如，一个人获得幸福的途径越曲折，所付出的努力越大，他所体验到的幸福感也就相应越大。此外，个体对目标的渴求程度也与幸福感成正比，即一个人越渴求某一具体事物，在他达到目标之后，所获得的主观幸福感也会越大。青年马克思就曾写道："如果一个时代的风尚、自由和优秀品质受到损害或者完全衰落了，而贪婪、奢侈和放纵无度之风却充斥泛滥，那么这个时代就不能称为幸福时代。"① 除此之外，他还把"时代风尚""自由""优异性"等条件视为一个时代是否有资格称为"幸福"的重要标志。如今，由于时代和国情的变化，积极心理学对幸福内涵的理解比当时马克思所理解的更为广泛和深刻。但无论幸福的内涵及达到幸福的条件如何变化，马克思及后来的革命导师都精准地抓住了它的核心部分。

作为积极心理学核心概念的乐观，主要是指对未来事件产生的一种积极

---

① 中共中央马克思恩格斯列宁斯大林著作编译局.马克思恩格斯全集：第1卷［M］.北京：人民出版社，1995：463.

期望以及好的结果。这种积极的解释风格能够使人在压力情境下自主调节身心健康，具有一定的稳定性。乐观是当今积极心理学中重点研究的对象之一，也是革命导师在积极心理思想中表达最多的概念。由于历史环境的影响，革命导师们在许多情境下都必须依靠乐观精神来渡过难关，这也使他们能够深刻认识到乐观在人的心理与身体健康方面起到的重大作用。

正义作为复合概念，并不是一种能够单独说明的价值，往往需要置于幸福、理性、自由、和谐等其他价值的关系中才能说明其意义。对于革命导师而言，正义是复杂的，我们甚至很难从他们庞杂的思想中提取出一个明晰的正义概念。然而，在他们的积极心理学思想中，正义又无比简单，这些思想跳出了方法论的桎梏，在"人"的基础上重新建立了根本，可以说是为正义建立了一个崭新的理论框架。在这一全新的框架之中，只有人的身心健康才是重中之重。

我们往往认为，在最坏的情况下，人类就会变成最糟糕的动物；但同样的，培养人类的优秀品质，提升个人的思想境界也是可能的，有很多方法都能挖掘出人性中最好的部分。革命导师和当代的积极心理学研究者殊途同归，都将前文中所提出的四种正能量视为人类完善自我的主要标志。这一点与传统主流心理学所存在的严重的贬低人性和非人化的倾向不同。无论是马克思、列宁，抑或毛泽东，都将人性的解放以及人的全面发展作为其思想的中心。马克思和恩格斯对无产阶级斗争的胜利全心信任，相信人民群众可以自己解放自己。这些无一不体现了革命导师思想中对人的关注，这也为后来的研究者指出一条引导人性解放的救赎之路。革命导师们所提出的这些极具创新性的观点，从某种意义上而言，成了消灭压迫、消灭异化、实现人的全面发展的思想武器，对传统心理学发起了猛烈而有效的攻击。

无独有偶，积极心理学的发展历程与革命导师的积极心理思想也存在暗合之处。在经过漫长的消极心理学的"寒冬"之后，心理学家发现我们已经无法通过解决已经存在的问题来促进人类的幸福，这代表着心理学必须开始将重点转至对人类积极品质的研究，通过对各种正能量的倡导来协助人们获得真正的幸福。当然，我们无法磨灭消极心理学对人类及社会的发展所做出的不可忽视的贡献，但积极心理学的产生是心理学自身发展的必然结果。历史已然证明，当社会处于一种持续繁荣稳定的时期之时，就必然会关注美德、幸福、乐观等积极品质。积极心理学的应运而生并不是完全否定了消极心理学。正相反，它在研究人类心理问题与疾病之外，更关注人性的优点和价值。正如革命导师所批判的贬低人性的传统心理学一样，消极心理学往往只看到人类心理所反映出的种种问题以及影响人类正常心理状态的恶劣外部环境，而把心理学定位于解决个人心理及社会的各种问题的科学。这样注定无法为人类社会带来期望中的繁荣。

第二，两者都将重心自消极被动中解放出来，倡导积极情绪的力量。

积极情绪是近几年的积极心理学研究中备受重视的概念之一。它涵盖的范围甚广，笼统而言，积极情绪就是一种正性情绪或正效价情绪。罗素（Russell）曾提出："积极情绪就是当事情进展顺利时，你想微笑时产生的那种好的感受。"弗雷德里克森（Frederickson）认为："积极情绪是对个人有意义的事情的独特即时反应，是一种暂时的愉悦。"孟昭兰认为："积极情绪是与某种需要的满足相联系，通常伴随愉悦的主观体验，并能提高人的积极性和活动能力。"[①]目前，关于积极情绪及体验的研究种类繁多，而其中最受关注的是个体对主观幸福感和快乐的体验。

主观幸福感（Subjective Well-Being，SWB）是指个体对自身所体验到的快乐和生活质量所做出的情感性和认知性的整体评价。换言之，即个体对一件事情在情绪上能体验多少"幸福感"的主观解释。如今，随着现代人对自身生活质量要求的不断提升，主观幸福感也越发受到专业研究者，甚至是普通大众的重视，对主观幸福感的研究也可谓层出不穷。事实上，马克思从青年时期就强调了人类对自身幸福的追求，而其他革命导师虽然在自己的著作中没有明确体现这点，但是在留下的字里行间亦可找到端倪。革命导师在幸福感的研究方面可以说是超越时代的，他们后来所提出的一些理论与实施的措施也证明了这一点。

中国共产党在土地改革期间，废除了不合理的封建半封建性的土地所有制，无地或者少地的贫苦农民获得了土地。这一措施致使农民的生产热情被

---

① 廖全明.普通心理学［M］.成都：西南交通大学出版社，2017：88.

极大地激发出来。在当时，农民的生产热情取决于当局赋予他们的政策便利，如果农民自身的劳动成果都被用来交公粮或者繁重的税务，那么余下的一些就不足以果腹，在这样一种高压的政策下，农民很难保持生产热情。土地革命解放了农村的生产力，使农民摆脱了封建剥削制度的束缚，有力促进了当时农业生产的发展。在这一具有跨时代历史意义的经济和社会变革背后，是农民的主观幸福感得到了提升，这与毛主席领导下的中国共产党对"人民对于幸福生活的追求"的精准理解密不可分。

有研究表明，一个人当前的心情状态能够以多种方式影响其主观幸福感。Schwarz（1987）等人的研究证明，一件微弱的影响心情的小事也可能会对个体的主观幸福感造成影响。Schwarz 和 Strack 在 1999 年的研究进一步表明，由于主观幸福感的评价机制过于复杂，一个人当前的情绪甚至会影响他对总体主观幸福感的评价，即总体而言你觉得自己幸福吗？生活得好吗？

研究发现，在个体持续体验到积极情绪时会产生一种"乐观偏差"（optimistic bias）。即在估计当前形势方面，乐观的人更倾向于将自己的情况看得比实际或者他人的情况更好一点，而悲观的个体则相反。在乐观偏差发现伊始，研究者将其作为一种盲目判断自身风险比他人更小的，不够现实的负性现象，但这无疑有点过于武断。自前文可以看出，在困境之中的共产党正是因为有了孤注一掷的乐观精神，才能不畏强敌，从重重困难中突出重围。这种心态巧妙地迎合了乐观偏差的观点，也恰好契合当今积极心理学研究中经典的矛盾情境：即现实社会能够提高我们自身成功适应环境的能力，而乐观的情绪则能给我们带来更好的主观感受。在现实与乐观之间该如何做才能达到某种微妙的平衡？革命导师没有给我们答案，但是如今的心理学研究者做到了。Sandra（2001）提出了"现实的乐观"这一概念，她认为"现实的乐观"与现实并不冲突，因此拥有"现实的乐观"的个体不会产生超越现实的评价。这一点比乐观偏差更值得信任，在一定意义上做到了乐观而不自欺。乐观偏差就似一道桥梁，穿越漫长的历史鸿沟使得革命导师和当代积极心理学研究者产生了沟通与共鸣。由对它的研究可以看出，积极心理学在近年来的进步可赞一声迅猛，而革命导师所奠定的坚实基础也功不可没。

第三，均强调个人积极与社会积极的紧密结合统一。

　　个人对社会的积极作用，实际上是个人社会价值的问题。个人积极能否与社会积极结合统一，关键在于其能否处理好自身与社会的辩证统一关系。

　　无可辩驳的是，当一个社会将积极作为自身存在的根本价值时，它才能变成真正意义上有效的、人道的、公平的社会。而对于一个有效而公平的社会，积极作为一种在社会公正和人类福祉的基础之上建构而成的客观而必然的力量，自然是受欢迎的。积极本身与社会的本质，以及人性的本质有众多重合之处。正是因为如此，社会积极才完全体现了以人为本的思想，这是对个人积极的升华。积极心理学重视个人积极与社会积极的紧密结合与统一，也是为了解决消极社会过于偏重问题所导致的片面性。在这种意义上，社会积极真正体现了社会本身的职能与使命，促进了每个人的全面发展，并进一步推动了对其幸福生活的追求。换言之，如果个人积极使得一个人生活得更加有尊严，又能在与他人的社会交往中表现出更多积极的特质，这无疑是一种社会意义上的博爱和人性的体现。

　　人是自身发展的决定者，人类发展的影响因素除外界环境所赋予的生存和适应压力，还包括建立在自我需要基础上的内部动机，无论在何种情境下，人类总是倾向于选择一种能使自己感到快乐的行为。当个体获得了足够的积极体验之后，就会对自己提出更高的要求，即拥有积极品质。由于这一要求来源于个体内部，于是更容易和个体的某些先天素质发生内化反应。从而形成固定的人格特质，个体积极也由此同步完成。

　　如今，人类的生存环境与革命导师时期已经全然不同，我们的奋斗目标早已不再是生存下去，而是逐渐变为享受生活。要想生活得更积极有意义、更富有人性，社会积极与个人积极就缺一不可。对于社会而言，其发展主要依靠它所拥有的所有积极的累积，因此，积极心理学无时无刻不在主动引导人们进行个人积极的累积。只有调动出所有人的力量，才能促进社会的日臻完美，才能满足人类自身的种种需要。因此，社会积极与个人积极的结合并不仅仅是一个"放之四海而皆准"的理论，它更是一种理论与实践结合的产物。

　　当然，我们仍要承认，对于积极心理学的研究，即使有了革命导师们经典思想的科学指导，我们未知的方面仍比了解的方面更多，然而正是因为这样的无知，我们才能保证在今后的研究中不断追寻真理，不辍进步的脚步。如果我们想要采取坚决且明智的行动，和当年的革命导师一样无畏困难，就只能选择持续前进。将当代积极心理学的研究与革命导师的经典思想进行整合对比只是第一步，我们的目光必须放得更远。

三、革命导师积极心理思想的当代现实意义

实践证明，若想要科学对待革命导师的积极心理思想，使之发挥出应有的指导作用，就必须深刻认识它们所包含的重要意义。革命导师有关积极心理学思想的本质并非局限于对积极情绪或人类幸福做出一般性的理解和诠释，而是深刻体现在他们努力改变现实的实践活动中。他们的积极心理思想所展现出的厚重而绵长的理论魅力，在于能够立足时代的高度，扎根于新的实践活动，来回答新时代的新问题。同样的，这也为他们的思想能进一步发展提供了无尽的动力。当前的中国随着经济的飞速增长，民生问题日益凸显，人民压力也由此增大，革命导师的积极心理学思想对于我们在实践中积极应对压力具有重要的理论意义和现实意义。

首先，对革命导师积极心理思想的研究进一步丰富了马克思主义研究内涵的时代性与现实针对性。马克思主义是中国特色社会主义建设的意识形态系统，如何将马克思主义的积极心理学论述与当代科学视野相结合，进一步重新认识革命导师言论的意义价值，丰富马克思主义研究的新内容、新形态，无疑是一个十分重要的理论问题。马克思主义理论中所具有的科学性、主体价值性、崇高性、辩证性和实践理性等品格，是人类文明进步所具有的本质特性之精髓所在。这与积极心理学的核心主张具有相通及暗合之处。然而，马克思主义的研究也迫切需要与时俱进，及时充实调整。革命导师的积极心理思想为马克思主义的理论建构带来了全新的思想资源。这在一定程度上丰富和扩展了马克思主义研究的内容及领域，同时为人类心理文化的繁荣增添了绚烂的一笔。

自改革开放以来，作为意识形态的马克思主义发生了很大的变化，作为强大的理论武器，革命时期的积极理论思想基础与方法策略在和平建设时期也面临着怎么样才能有效更新的突出问题。鉴于此，只有进一步探索、发掘

马克思主义理论的新内涵，才能服务于新的社会发展需要，以体现当今马克思主义研究的重要价值。基于积极心理学的理论视角和框架，开展对这些革命导师的积极心理思想本质、内涵、方法和实现进路道路等重要问题的深入而系统的挖掘，对我们在新时代中更进一步坚持和发展马克思主义有很大的帮助。积极心理学作为解决当今社会困境、提升人类幸福感的一种比较有效的理论范式和策略方法，能够为马克思主义研究提供新的内生性发展线索。同时，积极心理学的具体实证性研究成果，也可以为积极推进马克思主义理论提供更多实证依据和学理支持。若对马克思主义的研究能够紧密结合当今积极心理学发展的最新趋势，不仅能够进一步赋予马克思主义长久不衰的生机与活力，还能够推动积极心理学研究本身长期的健康发展。

其次，对革命导师积极心理思想的研究能够进一步提升积极心理学的研究境界、理论高度及深度。积极心理学的关注点与革命导师的思想蕴含有不少相通之处，积极心理学关注积极情绪等问题的研究，其最终目的是实现全人类的幸福；同样地，革命导师们毕生都致力于领导人民走向幸福之路。此外，革命导师们关于人的本质、人的主体性、自我解放和全面发展学说也包含着极为深刻的积极心理学思想。积极心理学对个体自我实现的关注与革命导师们对全人类自我实现的关注也可谓不谋而合。如果能将革命导师关于积极情绪、幸福感等积极心理学的论述整理出来，从群体和社会层面研究其对群体发展和社会进步的积极影响作用，这不仅是一个崭新的理论视角，还可以进一步提升积极心理学的研究境界与理论高度及深度。

目前来看，革命导师们的思想在境界、普遍性、深刻性上都要高于积极心理学思潮。因为历史环境的影响，他们的思想更重视革命性、鼓动性和实践性，而积极心理学则多强调实证性、科学性和特殊性。随着近几年认知神经科学研究的蓬勃发展，尤其是 PET、EEG、FMRI 等技术手段的出现，当前国内外的积极心理学研究者开始重视寻找积极的物质神经机制，试图从生理层面对人类幸福与快乐的神经机制进行解释，这一变化使得积极心理学的研究得以建基于科学证据的支持。目前积极心理学在关于幸福感、积极情绪的发生机制、快乐传递及编码的脑机制等方面已经颇有成果。这些研究结果为关注人类的优势与正能量，助其系统培养具有现实性的乐观情绪，最终提升自身的积极品质均有重要的调节作用。与此相对的是，革命导师则更愿意从实践性、批判性和历史建设性等方面来寻求人性解放的社会现实基础。如此一来，我们在今后的研究中只有将革命导师的积极心理思想了解透彻，才能从多角度、多层面来深入分析其思想，才能进一步丰富积极心理学研究的深度与内涵。

最后，从积极心理学的角度来分析和理解革命导师们的经典论述，深入分析他们关于"乐观""幸福"和"人的全面发展"等思想，不仅有助于促进每个人更健康、更和谐的生活，更重要的是，能够让革命导师的积极性言论不再仅是"高空喊口号"，而是更加深入人心。

紧密结合新的理论视角来诠释革命导师的积极心理学思想，并对其理论价值做出新的阐述，有利于发挥马克思主义在当前社会发展中的指导作用。中国想要发展，就必然不能闭门造车，只能到国际大环境中去主动加入竞争、寻求挑战、努力发展、自我壮大。而在与资本主义世界交往的过程中，被同化、利用的危险时刻都存在。我们一定要保持清醒，冲破现实困难的雾障。要知道，在革命导师丰富的理论宝库中，我们有取之不尽的经典理论得以学习和借鉴。他们的积极心理思想超越了实证主义的狭隘视野和单纯实验室研究的象牙之塔，突破了历史的限制，体现了不朽的生命力。将这些经典理论与当代积极心理学的最新研究趋势相融合，不仅有助于为马克思主义的大众化提供新的方法路径，还能够将马克思主义与中国特色社会主义道路密切联系在一起，将中国未来发展的大是大非问题与马克思主义的大众化紧密联系在一起，让马克思主义旺盛的生命力始终展现。在通过革命导师的积极心理思想的新视角来诠释积极心理学研究方面，我们期待着心理学的研究者能够做出更加富有成果的工作。

第六章　传统心理学对马克思主义的研究成就及限度

在运用辩证唯物主义指导心理学研究和发展的浪潮中，苏联和我国的马克思心理学研究取向的研究者曾一直引导着学术研究的自觉，但是如何进一步立足当代中国现实，结合当今时代条件，推动我国马克思主义心理学的新发展，无疑是我们亟须探讨的一个重要理论和现实问题。在当今时代，心理学研究如何在当代马克思主义运动中发挥重要作用，无疑仍然面临着许多发展创新难题与挑战。

第一节　苏联模式对中国心理学的影响

一、苏联心理学对中国的影响

苏联是世界心理学强国之一，除了美国，苏联是从事心理学研究最积极的国家，无论是在研究人数、机构、课题、难度，还是出版的著作、刊物方面都居世界前列，以其鲜明的特色屹立于世界科学之林。苏联心理学研究的主要特点有：

一是心理学研究机构较大。在20世纪五六十年代时，苏联就有四个心理研究所（苏联科学院心理学研究所、苏联教育科学院普通和教育心理学研究所、乌克兰教育部心理学研究所、格鲁吉亚科学院心理学研究所），中央级两个、省级两个。人员近千人，下设36个研究室。除了四个专门研究机构，还有12所大学设有心理学系或心理学专业，每年为心理学研究机构输送大批的研究力量。还在中学、职业技术大学和中等专业学校开设心理学课，培养心理学人才。

二是研究工作效率较高。例如，萨拉托夫师范学院心理教研室创建于1942年，该室有4个研究课题：文艺创作心理学、语言心理学、注意心理学和教育心理学。到20世纪80年代该室出版专著近50部，论文400多篇。从萨拉托夫师范学院心理教研室的工作就可以看出苏联心理学研究工作效率之高，题目系统性之强。此外，我们再从苏联心理学杂志发表的论文数量看，到1985年，苏联专业心理学杂志有6个，与心理学有直接关系的期刊有10多种。在这些刊物上苏联全年发表的文献数量大约为750多篇，也就是说平均每天两篇文献，其中80%主要刊登于心理学专业刊物上。

三是苏联心理学重视基本理论和方法论的建设。一直以来苏联心理学都比较重视理论，而且在十月革命后不久，就提出要贯彻辩证唯物主义的思想。强调哲学与自然科学的联系，明确提出要坚持马列主义哲学思想的正确方向，要运用辩证唯物主义和历史唯物主义的观点来指导生理学和心理学的研究，在反对唯心主义的同时要克服机械论和形而上学。尽管苏联心理学研究者对辩证唯物论的看法不完全一致，但辩证唯物论的基本观点是大家都遵守的，这在苏联心理学界是没有重大分歧的。西方心理学也有理论，但与苏联有所不同。西方理论不够深入，未免片面，理论基础一直没有超出二元论的框架。欧美心理学派别很多，每一派都有自己的理论，表面上看起来有各种各样的观点，但根本上都没有脱离二元论。苏联心理学重视辩证唯物主义、马克思列宁主义哲学思想，这是它能够屹立于世界科学之林、不可或缺的特色之一。

这些特点奠定了苏联心理学在世界心理学中独特且重要的地位。即使在苏联解体之后，苏联心理学界也涌现出像维果茨基、鲁宾斯坦、列昂节夫、鲁利亚、洛莫夫等这些杰出的世界级心理学家，他们仍然是苏联心理学能够屹立在世界心理学之林的形象代表。

在20世纪50至60年代，苏联心理学家同美国、英国以及同中国和东欧社会主义国家的心理学家经常有来往，互派学者进行访问与交流，相互翻译和出版心理学书籍，参加国际性的心理学会议，苏联心理学的成果在世界心理科学中得到了反映。尤其是1966年在莫斯科举行的第十八届国际心理学盛宴，更加促进和推动了苏联心理学家和外国心理学家的交往。这种交往的增加对世界心理学的发展具有重要的作用。

苏联曾是世界上第一个社会主义国家，在心理学上是第一个提出以马克思主义为指导改造传统心理学、建立马克思主义心理学的国家。对那些与其有相同社会制度的国家来说，苏联心理学无疑起到了引领、示范和借鉴的作用；而对那些具有不同社会制度的国家来说，苏联心理学是一种冲击，是一种新的研究方向，促使其在比较中得到进步。就苏联心理学的发展模式对中国的积极影响而言，具体表现在以下几个方面：

首先，苏联心理学重视心理学的基本理论研究和理论心理学，特别是马克思主义心理学对中国特色社会主义的心理学基本理论建设的影响曾经发挥过积极的示范作用。

苏联心理学对于我国发展心理科学具有重要的意义。第一，当时苏联的心理科学发展比较快，取得的成果较多，这给我们提供了丰厚的"学习资源"。第二，苏联的国情与我国的国情大体相近，我们都是社会主义国家，以马列主义作为各项工作的指导思想，我们的努力方向和目标基本一致。苏联心理学家的学术指导思想和研究本身的成功与失败，以及辩证唯物主义的思想方向都是可供我们借鉴的。在苏联心理学的影响下，我们国家提出自觉坚持辩证唯物主义的指导，要防止思想僵化，努力改革基本理论研究，进一步提高基本理论研究水平。因此苏联所建立的马克思主义科学的心理学对我们具有积极的影响作用。

其次，苏联心理学重视大脑高级神经活动的研究。巴甫洛夫学说、鲁利亚（Luria）的脑机能理论对中国心理学的唯物主义科学化发展起到了推动作用。心理学研究不仅需要哲学基础，更要有自然科学的基础，二者不可或缺。苏联把马克思列宁主义哲学确定为心理学的哲学基础，同时把脑高级神经活动的研究确定为自然科学基础。大脑高级神经活动的研究即有关心理生理机制的研究方面，主要代表有巴甫洛夫学说、鲁利亚的脑机能理论，都取得了举世瞩目的成就。

我国曾积极学习苏联模式，巴甫洛夫学说、鲁利亚的脑机能理论对中国心理学的唯物主义科学化发展起到了极大的推动作用。巴甫洛夫（Pavlov）（1849—1936）是一位著名的生理学家。他对高级神经活动等问题有很深入的实验研究，他的高级神经活动学说总结性地写在《动物高级神经活动（行为）客观研究20年经验：条件反射》（1923）和《大脑两半球机能讲义》（1927）等著作中。基本上成为辩证唯物主义深入研究心理问题的自然科学基础，有助于把心理学从内省主义中解放出来，有助于采用心理科学研究的客观方法。巴甫洛夫及其学派理论与实验研究对宗教与唯心主义世界观是一个沉重的打击。20世纪50年代初，苏联科学院与苏联医学科学院，以及俄罗斯教育科学院先后两次（前者在1950年6月，后者在1952年6月）召开了关于以巴甫洛夫学说改造心理学问题的会议。主要认为只有巴甫洛夫学说才是心理学的自然科学基础，批判了一些心理学家对巴甫洛夫学说采取的忽略态度。这两次会议以后，对巴甫洛夫学说、心理学生理机制的研究加强了。但出现了另一种倾向：对巴甫洛夫学说的教条主义态度，似乎只有以巴甫洛夫学说来解释心理现象才是科学的、正确的。这显然是不对的，这种倾向在20世纪50年代后期对中国心理界也产生了极大的影响。到20世纪50年代末60年代初，苏联心理学界已逐渐感到其中存在的问题，发现了这种倾向，之后逐步酝酿，开始有所改变。

许多学者认为，我国通过学习马克思列宁主义哲学和巴甫洛夫学说从而确定了我国心理学的哲学基础和自然科学基础。因为，巴甫洛夫学说、鲁利亚的脑机能理论不仅提供了自然科学的论证，也为心理学提供了方法论的指导原则，指出了研究途径。所以苏联心理学对脑高级神经活动的研究也推动了我国心理学的发展。

第三，苏联心理学重视实验研究，中国心理学长期重视实验心理学不仅受到西方的影响，也受到了苏联心理学的影响。

苏联心理学家普遍强调，为了保证经验清晰和报告准确，必须开展实验研究这一思想对中国心理学乃至全世界心理学都有巨大影响。要贯彻辩证唯物主义的观点，加强心理学的科学性，成为真正的科学，那么从自然科学中借来的实验研究就是必不可少的了。苏联心理学家长期重视实验研究，巴甫洛夫、别赫捷列夫（Bekhtevev）和瓦格涅尔（Wagner）等力求通过实验研究揭示心理的生理机制。他们对心理的生理机制研究的影响力之大是众所周知的，其研究成果被译为多国语言，广泛流传。所以中国心理学长期重视实验心理学不仅受到西方的影响，在很大程度上也受到苏联心理学的影响。

第四，苏联重视应用心理学，注重解决社会实践问题，特别是教育心理学、儿童心理学的实验推广研究。苏联心理学有重视理论的传统，但也注意加强心理学与实际的联系，使心理学为实践服务。从20世纪30年代起，随着国民经济与文化的发展，苏联对心理学的发展提出了新的要求——增强心理学的实践性，增强其为实践活动服务的特点。在社会和政府的支持下，苏联很快出现了一些心理学分支：劳动心理学和心理技术学、教育心理学、司法心理学、病理心理学、社会心理学等。这些分支心理学力图适应苏联国民经济与文化发展的迫切要求。20世纪40年代初，苏联人民开展了反法西斯侵略的伟大卫国战争，为了满足战争的需要，心理学界开展了为国防服务的科研工作。就是在这一阶段，苏联的国防心理学有了飞速的发展。20世纪50年代初，苏联心理学加速发展。在1952年、1953年与1955年举行的三次全苏心理学会议上，对战后进行的心理学研究做了总结：对大脑反射活动的研究取得了一定的成绩，克服了对巴甫洛夫学说的教条主义态度，克服了对心理学研究对象和研究方法的虚无主义态度。1957年，建立了苏联心理学家协会。1959年举行了全苏心理学协会第一次代表大会。会议表明，苏联心理学家在心理学的许多领域做出了成绩。20世纪60年代前期，由于苏联建设的需要，教育心理学、医学心理学、体育心理学、宇航心理学等进一步发展，中断多年的社会心理学研究也发展起来了，并开始研究与控制论、信息论和社会学等科学相联系的心理学问题，广泛使用了一些最新的实验技术和方法。在1962年召开的"高级神经活动心理学和心理学的哲学问题会议"上提出要求：要加强研究心理学和社会、心理学和技术的邻接领域的问题。此后苏联心理学进入一个新的迅速发展时期。苏联心理学的这些新特点新趋势，在1963年举行的第二届全苏心理学家代表大会与一些地方性会议上得到了明显的反应。苏联重视应用心理学，注重解决社会实践问题，特别是教育心理学、儿童心理学的实验推广研究。早在1877年，俄罗斯教育家、心理学家卡普捷列夫（Л.Ф.Калтерев）出版了《教育心理学》一书，作为一部从教育实际出发，较系统地阐述心理学问题的著作，它是苏联第一部"教育心理学"著作。十月革命后的20世纪20至30年代，苏联心理学家巴索夫（Basov）、布隆斯基（Blonskii）、维果茨基等人，从各自不同的角度以不同的观点研究了儿童的心理发展，包括个性的道德品质的发展问题。到20世纪40至50年代，苏联的教育心理学有了较大的发展，德育心理问题被作为一个独立的科学领域来进行研究。苏联教育心理学的特点是重视结合教学与教育实际的研究，广泛地采用自然实验法，综合研究占主导地位。至于儿童心理，医学心理工作者开展了关于家庭与儿童教育的心理咨询服务，包括心理诊断、心理矫正等，直接面向广大父母及儿童。在莫斯科，这样的咨询服务已经开展了近十年，取得了很好的效果。

20世纪70年代以后，苏联心理学更加重视应用心理学，解决社会实践问题，强调心理、心理学的社会方面，诸如培养新人、生产管理、宣传工作、婚姻家庭等方面。在1983年的六届全苏心理学会上，洛莫夫（Борис Фёдорович Ломов）在作为会议主旨的总结报告中提出心理学要为增强人民群众的"心理免疫力"服务。

1971年，苏联科学院成立了心理研究所，之后在基辅、塔尔图、第比利斯、塔什干、罗斯托夫、哈尔科夫、雅罗斯拉夫尔等城市的大学里又成立了心理学系（或心理专业），这就使他们的心理学机构大大增加了。值得指出的是，苏联特别注意儿童和婴幼儿教育。据统计，苏联全国有42所师范学院和262所师范学校为学前教育机构培养教师。据1981年统计，在苏联国立学前机构工作的人员达100万人。在这些教师队伍中，有85%受过高等和中等专业教育，其中包括心理学教育。

苏联对我国最明显的影响特征是心理学的"师范发展模式"。目前俄国还有一所莫斯科市立心理师范大学。它隶属于俄罗斯教育研究院（1993）的国际教育与心理学院，后来在此基础上，莫斯科市成立心理师范学院。它正式创立于1996年，从2000年开始具有大学资格。它是年轻的大学，虽然它的历史可以追溯于20世纪初，是俄罗斯第一个建立的（当时是世界第三个）科研和教育的心理学研究所，也就是今天的俄罗斯教育科学院的心理学研究所。

该校在相对短的存在期限内取得了高等教育结构非常高的职业声誉，成为在国内外享有充分权利的职业教育协会的成员。该校目前在师范和语言类大学中2004年排名第22，2005年排名第9。这里有主要藏书是心理学的图书馆，学术的和教学的文献总计超过30万册。

我国心理学也曾参考和学习苏联的"师范发展模式"，研究队伍中绝大部分都集中在师范院校，这确实在当时为促进我国的基础教育的快速发展起到了非常重要的作用，取得了一系列的伟大成就，其历史功绩值得我们永远铭记，但同时也引起了一些讨论和争议，这些问题亟待进一步研究。

一是从高等教育的培养目标来说，苏联强调专门教育。我国参照苏联的高等教育模式，突出对专才的培养和重视，相反忽略甚至批判通才教育。但就发展客观事实来看，倘若将过多的心理学研究者都放置在师范院校中，其必定导致心理学学生的知识面狭窄，也在一定程度上脱离了实际，而不能适应新科技发展的形势。尤其在1952年，我国的高等院校经历了调整后，出现了分工过细、理工分家的局面。无疑，这种新的发展趋势并不能满足交叉学科发展的需要，同时也势必导致师范教育体制模式下心理学发展的异常艰难。

二是我国对高等学校没有统一的管理领导。高教部只管理少数部属院校，大多数学校由中央各业务部委管理，形成条块分割的局面。受其影响，师范院校心理学的发展也较慢。1999年之后，开始实行高等教育的体制改革，逐渐清除和解决这一系列的问题。"向苏联学习"是当时院系调整的主方向，也就是说对苏联教育模式的学习是单向的，只允许老老实实地学，不允许有丝毫的怀疑或批判，可谓是"全盘苏化"，这使我们的课程教学陷入了程序化、僵化的局势，影响到教师创造性和学生主动性的发挥。这就导致了学校建设的僵化，没有自己的特色，学生的个性也得不到重视和培养。本来与美国、日本相比，苏联心理学模式就比较狭窄、偏执，所以这种不加以鉴别、全盘吸收的结果发展到中国就更为狭窄和偏执。

三是苏联心理学发展模式虽然逐步失去了市场，然而改革开放初期，1978年的恢复高考实际上又回到了20世纪50年代初期向苏联学习的格局，虽然说实际上开展了很多次的改革，不过受苏联教育影响的痕迹依旧存在。所以很大程度上我们可以认为，中国现在的教育发展情况，不仅延续和弘扬了中国传统文化的精髓和智慧，而且还融入了苏联教育理念和模式的丰富资源。想要彻底消除，并非易事。如今随着苏联的解体，苏联心理学的研究队伍也已解体。苏联心理学的昔日风光不再，苏联的马克思主义心理学已经走上了精神祭坛的阶段。我国老一辈精通苏联心理学的专家大都去世，年轻一代熟悉苏联心理学的很少，但苏联心理学影响中国的历史后果却难以消除。心理学人才培养的师范教育发展模式严重地限制了中国心理学的发展。随着当前我国师范教育综合化改革发展的新进程，心理学承载着延续教师教育的传统特色与国际化、应用化的双重角色任务。无疑要改变苏联模式影响的消极后果，还需要持续变革创新。

二、苏联心理学的马克思主义研究学术成就

苏联心理学家一般比较重视对理论问题的研究。他们认为，只有对心理学的一般理论进行认真研究，才能对每一分支领域中积累起来的科学资料、思想与方法加以系统化。同时，对心理学一般理论的研究，也是把心理科学成就有效地运用到实践中的重要条件之一。心理学这门学科理论性比较强，不重视理论很难前进，而心理学要加强其理论的科学性、成为真正的科学，必须贯彻辩证唯物主义的观点，建立马克思主义心理学。十月革命的胜利，对苏联的政治、经济、文化和科学（包括心理学）等方面都提出了新的要求，这也要求发展以马克思列宁主义思想为指导的心理学，同时要对旧的、唯心主义的心理学进行批判。别赫捷列夫、科尔尼洛夫、维果茨基三位心理学家在建立马克思主义科学心理学中做出了巨大的贡献。

（一）别赫捷列夫的反射学说

别赫捷列夫（1857—1927）是一位研究大脑和神经病理学以及精神病学的专家，他提出了反射学。他把对心理学的研究同精神病学和病理心理学的工作联系起来。他反对主观心理学的理论和方法，力求在研究的客观方法的基础上建立自然科学的心理学说。他把自然的心理学观点的体系称为客观心理学（从1904年起），以后他称为心理反射学（从1910年起）和反应学（从1917年起），试图建立马克思主义科学的心理学。以自然科学的唯物主义原则

为基础的反射学，与主观唯心主义心理学相比，是一种进步，因而引起了主观唯心主义心理学者的反对。但是，反射学家们在反对主观唯心主义心理学的时候，未能克服心理研究中的机械主义观点，即研究行为时忽视对意识问题的研究。企图建立缺失心理的心理学是有问题的。当然关于心理活动的反射原理还是很重要的，从20世纪20年代开始，反射原则就是苏联心理学最重要的方法论前提之一。

（二）科尔尼洛夫的反应学说

以科尔尼洛夫（1870—1918）为首的反应学是试图建立马克思主义心理学方法论的另一派别。20世纪20年代初，科尔尼洛夫领导了一些心理学家，用马克思主义观点对心理学进行改造，并反对唯心主义和经验主义，对反应进行的研究也获得了一些实验资料，这对苏联建立马克思主义心理学有着重大贡献。维果茨基在试图建立马克思主义心理学方面也起了巨大的作用。他在心理学的基本理论、普通心理、儿童心理、教育心理、病理心理以及艺术心理等方面都有很多研究。斯米尔诺夫（Smirnov）指出：维果茨基在苏联心理学的建立和发展中都起了出色的作用，他是为马克思主义心理学而斗争的首创者之一。1925年，他针对行为主义和唯心主义心理学所导致的心理学在方法论上的危险，发表了《意识是行为心理学的问题》的重要论文。他明确指出："忽视意识问题就给自己堵塞了研究人的行为这一相当复杂问题的途径。""如果把意识从科学心理学中排除出去，就会在很大程度上维护了过去主观心理学的二元论和唯灵论。"这是他以后从事高级心理机能研究的中心思想。建立马克思主义心理学是一项十分艰巨的任务。这不仅要求批判传统的旧的心理学，还要求不断地积累有价值的科学资料，根据马克思列宁主义思想，提出与之相应的新观点、新理论。由此可见，别赫捷列夫、科尔尼洛夫、维果茨基等心理学家在建立马克思主义科学心理学中做出了不可磨灭的贡献，可以说没有他们，就没有今天苏联心理学光辉灿烂的遗产。

苏联心理学的马克思主义研究是多方面的，其中在身心关系、意识等基本理论问题上比较突出。身心关系的研究，在苏俄心理学中集中表现为对"心理与物质""心理与脑""心理与生理"等相互关系问题的探讨。

　　苏俄心理学既有重视实验的传统，也有对理论问题的极度重视。在苏联时期，身心关系问题成为苏俄心理学理论战线上的一个重大前沿问题。安兹弗洛娃总结认为，在20世纪前半期，关于心理和脑的关系问题在心理学研究中并没有占据显著的位置。行为主义学派是"反生理主义"者，如华生和斯金纳都提出：研究脑与心理的关系无异于"灵魂藏在脑里"的唯灵论主张。只是在20世纪60年代中期"心理学家对生理学发生了巨大的兴趣"。苏俄身心关系理论研究的一个重要特点是，力图克服身心关系、行为和意识的分离问题，摆脱生物还原论和社会还原论的"二元论模式"，从"三元模式"（个体—活动—环境）来探索身心活动的神经机制和心理机制问题。

　　在十月革命以前，在"二元模式"（有机体—环境）上建立起来的别赫捷列夫的反射学和科尔尼洛夫的反应学曾占据了苏联心理学的统治地位。内省心理学派的代表人物格罗特（Grote），就在如何认识身心关系问题上，主要坚持二元论，重点推崇心理学的研究对象是不依赖于物理和生理过程的纯心理内容，因而强调只有内省法才是心理学的基础。他的学生切尔班诺夫（Chelpanov）也说："像生理学家经常推测的那样，心理学家根本不需要了解脑的机能作用的知识。"脑的机能作用的知识，"不言而喻，在很大程度上是需要的和有益的，但是并不能揭示精神生活的规律"[1]。

　　20世纪三四十年代以后，巴甫洛夫的高级神经活动学说长期成为理解身心关系、生理和心理关系问题的圣经及教条。这一高级神经活动学说认为条件反射是心理活动的物质本体，高级神经活动的过程既是生理现象也是心理现象，它们是心理的基本的神经机制，通过条件刺激物与无条件刺激物的结合而形成的暂时神经联系。苏联解体以前，特别是在20世纪五六十年代至八九十年代初期，苏俄心理学界涌现出一批世界级的理论家和实验家，像安诺兴、鲁利亚、鲁宾斯坦、列昂节夫、洛莫夫等，他们的许多相关研究在一定程度上丰富和补充了西方心理学的内涵。

---

　　[1]　斯米尔诺夫.苏联心理科学的发展与现状［M］.李沂，等译.北京：人民教育出版社，1984：166.

（三）维果茨基的高级心理机能论

现代苏联心理学的意识研究发轫于维果茨基的开创性工作。维果茨基深受马克思主义的影响，他使用马克思主义的立场、观点和方法探索纷繁复杂的心理现象，创造性地将马克思主义应用到心理学领域。维果茨基对马克思主义心理学的贡献集中体现在：（1）推动了马克思主义与心理学的连接。维果茨基对许多心理学现象展开了复杂的文化分析，无缝连接了马克思主义的社会政治系统，将心理学的概念、框架等视为一种文化历史现象。（2）致力于建构一种奠基于辩证唯物主义和历史唯物主义基本原理之上的"心理学唯物主义"。（3）确立了马克思主义心理学的本体论、认识论与方法论原则探索纷繁复杂的心理现象，创造性地将马克思主义应用到心理学领域。维果茨基认为，以马克思主义为指导的心理学改革不意味着放弃先前的学术研究，有价值的理论和成果必然会以一种改良的方式整合进马克思主义心理学。马克思主义心理学只能由扎根于心理学的马克思主义者利用心理学的理论、方法和研究成果来发展，而不可能根据纯粹的马克思主义哲学理论来发展。维果茨基认为，马克思主义心理学是将哲学学说应用到具体科学领域的典范，将马克思主义运用到具体科学研究，需要建构一种方法论，也就是应用到具体科学的概念系统。这一任务的实现并不是通过将马克思主义的普遍范畴和辩证唯物主义简单地介绍到相关科学领域。直接将辩证唯物主义原理应用到心理学问题解决中是不可能的，因为它缺乏有关心理现象的具体知识，即使历史唯物主义也不足以建构完整的心理学理论，因为它不能涵盖具体的心理过程、心理现象的本质、心理发展的变化规律及其因果关系，历史唯物主义无法包含适合心理学的范畴和概念。因此，维果茨基主张，我们必须创造一种奠基于辩证唯物主义和历史唯物主义的具体心理学理论，他称之为"心理学唯物主义"。

维果茨基将马克思与恩格斯对社会意识的历史唯物主义分析应用到了心理现象分析，主张政治与科学的相互联系。马克思与恩格斯在历史唯物主义中已阐明，对心理学的科学理解一定会引领社会进步，反过来，社会理解和批评也有助于阐明心理学理论特点和经验研究。在马克思主义心理学中，文化心理学是连接心理学和马克思主义最有成效的研究取向。文化心理学使用了马克思主义和学术心理学的概念，将心理学的理论、方法论引入马克思主义，这也是维果茨基发展他的文化——历史心理学的目标。维果茨基的文化——历史心理学植根于心理学领域，力图将心理学与宏观的文化因素联系起来，对许多心理学现象展开了复杂的文化分析，无缝连接了马克思主义的社会政治系统，将文化加以拓展使之包含社会细胞和政治经济，将心理学的概念、框架等视为一种文化历史现象，成为马克思主义与心理学的连接器。在《心理学危机的历史意义》这篇文稿中，维果茨基对当时的主要心学流派所使用的方法进行了透彻分析，他的结论是，作为一门科学，心理学存在的致命缺陷体现为方法论立场的分裂状态。他认为，当时的心理学可以分为两类，一类使用了"自然科学方法"，以唯物主义哲学为基础，另一类使用了"唯心"的内省方法，以唯心主义哲学为基础。他坚定地认为，只有唯物主义才能为心理科学提供适切的基础，因为其方法是客观的，而唯心主义取向的主观方法经常适用于艺术和美术活动。如果心理学希望成为真正的科学就必须放弃唯心主义，将唯物主义作为其哲学基础。维果茨基提出，意识是人脑高级心理机能的产物，而动物没有意识。在他看来，不能从人的生物本性理解意识，而只有从人的社会本性中，才能揭示人对自然界的这种积极变革。同时，他将人的心理机能分为两类：一类是低级心理机能，其也有简单与复杂之分；另一类是高级心理机能，它们具有一系列根本不同于低级心理机能的共同特征。低级心理机能与高级心理机能分别是种系发展与历史发展这两条不同发展路线的产物。按照维果茨基的论述，旧的主观心理学和新的客观心理学存在的相似之处就是原子论，都不约而同地认为可以把高级心理机能分析和分解为单个的要素。因此这些研究只是低级机能和初级过程的心理学。而且始终不承认高级机能和低级机能的差别。维果茨基将高级心理机能的发展看作行为的文化发展的最重要的一个方面。维果茨基开启了苏联学者从辩证唯物主义原理探讨心理问题的先河，有力地推动了苏联现代心理学理论研究探讨心理问题的热潮。同时也极大地影响了20世纪五六十年代鲁宾斯坦和列昂节夫等人的心理学理论体系的结构和内容。

（四）鲁宾斯坦的身心反映论

身心反映论曾经在苏联心理学的理论体系中占有十分重要的地位。反映论与反射论被誉为苏联心理学的两大理论支柱，而在试图建立以反映论为核心的苏联心理学新体系的过程中，鲁宾斯坦做出了异常突出的理论贡献。

鲁宾斯坦（1889—1960）是著名的心理学理论家，苏联基本理论体系的奠基人之一，莫斯科学派的代表。他从20世纪30年代到60年代，在逝世前，始终如一地致力于阐述马列主义对心理学基本理论的指导原则。出版有《马克思著作中的心理学问题》（1934）、《苏联心理学体系中的活动与意识问题》（1945）、《从辩证唯物主义的观点看意识问题》《存在和意识》（1957）等专著。美国学者培恩（Bain）曾说："他的著作确实揭示了实验心理学深邃而广泛的知识；他的不朽著作《普通心理学原理》在许多年间都是被当作心理学的标准教科书。他以毕生精力积极从事于实验研究工作。"[①]

在身心关系问题上，鲁宾斯坦反对内省心理学——心理东西的直接现实原则。内省心理学主张一切物质的东西、物理的东西和外部的东西，都是通过心理中介出来的，而主体的心理体验则是唯一的直接实现，甚至认为，"在心理学中，本质和现象是同时发生的"。鲁宾斯坦指出：如果如此，心理学就同物理学等自然科学没有什么区别了，心理学就成了一门多余的科学。鲁宾斯坦对于身心关系问题的学术努力主要集中于下面两个方面：

一是运用唯物主义的反映论原理阐述心物关系、心脑关系，力图为苏联心理学的理论体系赋予一个坚强的本体论基础。在1940年出版的《普通心理学原理》一书中，鲁宾斯坦提出了"心理—物理统一原则""心理发展原则""历史原则""理论与实践的统一性原则"这样四个原则。而心理—物理统一原则是指"作为脑的机能的精神和它的有机的基质——脑之间的统一性：作为外部世界的反映的精神与外部世界之间的统一性"[②]。在鲁宾斯坦看来，辩证唯物主义的一元论从根本上就是以外部客观世界为出发点，反映论是从客

---

① 赵璧如.现代心理学发展中的几个基本理论问题［M］.北京：中国社会科学出版社，1982：309.

② 赵璧如.现代心理学发展中的几个基本理论问题［M］.北京：中国社会科学出版社，1982：316.

观世界出发而走到心理现象。而唯心主义是以主观心理现象封闭于自身内部世界为出发点。在他看来，不管是唯心主义还是新实在论，无论是实证主义还是实用主义，它们都是二元论的变种。心理的东西是物质世界的形式之一——活动的形式之一。辩证唯物主义在本体论方面强调，心理现象是物质的一系列活动形式。心理与物质世界的其他现象结合起来的联系决定着心理呈现的不同属性。心理现象所特有的反应性质只不过是一切物质所具有的普遍性质的特例。心理现象正如所有其他现象一样，是与物质世界的一切现象、一切侧面和特性相联系的。他认为实际上，心理活动就是反映，同时反映也就是活动、过程。心理东西的客观性与主观性。二元论不只是在心理活动和脑的相互关系中，而且在主观与客观的认识论的相互关系领域。在20世纪50年代以后他的《存在和意识》著作中又强调指出，对心理同物质世界的关系分析有两个特征：第一是心理同脑的关系系统的特征，第二是心理同外部世界的关系系统的特征。对于心理与大脑之间关系的理解，鲁宾斯坦认为人脑具有两种机能：一种是心理的，另一种是生理的。解决心理和神经的关系在于脑的反射活动，同时还要注意到心理过程以及行动的调节器。这样可以在认识论上将心理问题同它在主体活动中的调节联系在一起。对于一切心理现象的共性是，它们都是由脑实现的对现实的反映，心理的东西作为脑的机能，作为反映，其规律性对一切人来说是共同的，它们规定着心理活动最稳定的核心，并构成作为一门科学的心理学最一般的规律。

二是借助反射论原理揭示人的心理实质，解释各种心理现象水平及其相互关系，力图将反映论与反射论不可分割地统一起来。鲁宾斯坦坚持谢切诺夫（Sechenov）和巴甫洛夫所开创的道路，把强调心理现象遵循神经生理学的一切规律视为普遍的规律。鲁宾斯坦认为，人脑是心理的器官，心理是人脑对客观现实主观的能动的反映。对脑的心理活动的反射理解的前提在于，它是由客观世界决定的，并且它对于客观世界来说是反映的活动。他指出，反射论也是唯物主义决定论推广于脑的活动，正如辩证唯物主义反映论的内部逻辑合乎规律地导致对脑的活动的反射理解一样，脑的活动的反射论也自然会导致把心理活动理解为反映活动。

鲁宾斯坦身心反映论的基本观点可以概括为这样几个要点：

第一，心理现象是在有机体同外部世界的相互作用中产生的。心理现象依赖高级神经活动，但其根源却在外部世界。心理现象不能与物质世界割裂开来。心理的东西作为一种过程而存在。

第二，在这一过程中产生心理现象的心理活动是神经系统、脑的反射活动。心理活动作为反射的、反映的活动是分析—综合活动。

第三，由于心理活动的反射性质，心理现象是对影响着脑的实在的现实的反映。

第四，脑的反映活动决定于通过内部条件而起作用的外部条件。对脑的心理活动的反射理解必然会引起对心理机能定位问题的新看法。[①]

鲁宾斯坦"之所以能对苏联心理学产生影响，主要地正是由于他能够对心理学理论做出系统的，并且与官方所接受的原则大体一致的论述。这本身就是一个了不起的功绩"[②]。同时，每当苏联心理学的历史发生这样的转折的时候，他总能做出一种能被人接受的心理学的理论综合，并且总是保持着贯穿其思想的统一性。当然，鲁宾斯坦的心理学理论及其身心反映论观点也受到了当时苏联心理学界的批判。他将辩证唯物主义的决定论原则和反映论原则绝对化、标准化，对苏联心理学研究意识形态化和教条化思潮的兴盛起到了推动的作用。

（五）列昂节夫的意识活动论

列昂节夫（1903—1979）是苏联著名心理学家，毕业于莫斯科国立大学，曾任莫斯科大学心理系主任，也曾经担任过国际心理学联合会副主席。在20世纪二三十年代他就是文化历史学派的重要成员。随后在自己五十多年的心理学研究工作中，形成了以他为中心的苏联心理学最大的学派。其意识活动论观点集中体现在《活动·意识·个性》（1975）这一名著中。他所创立的"意识活动论"理论，是在批判传统心理学的内省意识理论和根本排除行为主义

---

① 鲁宾斯坦.存在和意识［M］.赵璧如，译.北京：生活·读书·新知三联书店，1980：240.

② 赵璧如.现代心理学发展中的几个基本理论问题［M］.北京：中国社会科学出版社，1982：310.

的意识论的基础上形成的，后来逐渐发展成苏联心理学基本理论的一个中心支柱。这一理论对苏联心理学理论的发展起过重大的历史作用。

关于意识在心理科学中的地位问题，列昂节夫曾经做出过极为深刻的论述。他说，将意识作为"心理学上认识对建立作为一门具体科学的心理学完整体系而言，是最重要的一些范畴。这门科学的研究任务是探讨个体如何通过心理活动对现实进行反映以及这种反映的产生、功能和结构。这就是对象活动范畴，人的意识范畴和个性范畴。"[①] 而心理学中更困难的则是意识范畴。按照列昂节夫的观点，意识作为在社会劳动过程中产生，并要求语言参加的一种高级的、为人特有的心理形式，关于它的一般学说构成了人的心理学最重要的前提。心理学研究的任务之一，就是不能局限于研究意识表面上的现象与过程，而要深入到它的内部结构中去。要把作为心理学范畴的意识范畴区分出来，而这就意味着要弄清把具体个体的心理与社会意识及其形式两者联系在一起的那些实际的转化。列昂节夫还提出，心理学上的"意识秘密"不论用什么方法都未能打开，只有马克思发现的方法例外。马克思奠定了具体心理学意识论的基础，这个理论为心理科学开辟了崭新的道路。他认为，根据辩证唯物主义的观点，意识是一种性质上特殊的心理形式。意识的发展当然不会重复意识产生的社会历史过程，也不因先辈形成的观念和概念直接投射于他的大脑而自觉地反映世界。

在意识的本质问题上，列昂节夫提出意识是"共同认识"，或者"大认识"。个体意识只有在社会意识以及作为其现实基质的语言存在的情况下才能存在。在意识心理特征的科学阐发方面，列昂节夫也有许多独到之处。他认为，意识主要有活动性特征、感性特征、意义特征和个性特征。所谓活动性特征，列昂节夫认为也就是指对象性特征。人的意识同时也是人的对象世界活动的产物。关于意识的感性特征，列昂节夫中肯地指出，发达的个体心理特征具有心理上的多量度性。在意识现象中我们首先发现它们的感性内容。这种内容也就形成现实的具体映象的感性成分，即实际感知到或浮现在记忆中的属于未来的或只是想象到的现实。意识的感性映象的特殊机能在于它们

---

① 列昂节夫.活动意识个性［M］.上海：上海译文出版社，1980：9.

赋予展示于主体面前的世界的自觉图景以现实性。就意识系统来说，感性内容并不直接地显露自己的机能，而是以主观的间接方式来表现在"现实感"这一模糊的体验中。例如，视觉感受机能在人的视网膜上是颠倒的映象，主体却能够把它视为正常的现象。对于意识的意义特征，列昂节夫也有十分精彩的阐述。他指出，人的感性映象具有新的质，这就是它的表义性，是人的意识的最主要形成因素。其中，意义折射着世界，而语言是意义的负荷者。意义作为个体意识的"形成因素"之一。意义的存在具有二重性。意义被个体化与主体化是心理学的研究对象。另外，列昂节夫也非常强调意识的个性特征。认为意义在个体意识系统中的运动的另一个方面，需要将意义与另一个意识的"形成因素"——个性化含义联系起来。意识现象具有双重的决定：内部决定与外部决定。个性化含义造成了隐藏着的意识图景，也造成了意识的偏颇性。这都是对个性进行系统的心理学研究的课题。

列昂节夫的意识活动论以其严密的思想和深邃的理论洞察力，在苏联乃至国际心理学界产生了广泛的影响。

（六）洛莫夫的身心系统论

心理系统论或身心系统论是20世纪80年代最盛行的心理学的基本理论模式，其主要代表人物为洛莫夫。有苏联学者曾总结认为，现代心理学主要有内省论、行为论、活动论和系统论这四种基本理论模式。

洛莫夫（1927—1989）是苏联又一位享有国际声誉的著名心理学家，曾经担任苏联科学院心理研究所所长、国际心理科学联合会副主席。在身心关系问题上他的重要功绩是，从系统论的观点重新阐述了心物关系、心理和生理的关系、心理与脑及周围外部世界的关系。晚年洛莫夫又从认知心理学和认知科学的范式方面比较深入地探讨了身心问题。

关于心理系统论的一个重要理论基础，洛莫夫在《心理学的系统观点》一文中指出，系统观点是"从辩证唯物主义原则中引申出来的"[①]。系统观点具有洞察心理现象基本特征奥秘的可能性。系统观点不同于直线式的决定论。

---

① 赵璧如.现代心理学发展中的几个基本理论问题［M］.北京：中国社会科学出版社，1982：58.

他还提出，把心理的本质看作机能的东西是比较富有成效的观点，而把心理特性看作物质结构的东西则是庸俗的唯物主义。

洛莫夫的身心系统论的另一个理论基础是阿诺欣（Anokhin）的机能系统理论和鲁利亚的心理机能的动力定位理论。他认为，"有前途的观点是肯定心理的神经生理基础本身的分析中的系统性原则。这种观点是从这种观点的立场来看，整体性的心理过程和初级的神经生理过程不能直接对比，而是要通过分析整个脑的系统的机制"。心理的东西对神经生理的关系来说，是在作为一个完整的系统的脑的机能的动力中实现的，而不是个别的要素中。心理与生理的关系问题，从系统观点看，心理不是精神过程的直接延续，和脑内的有关因素联合为整体的系统化过程，所以心理对生理的关系是表现脑作为完整系统机制所实现的系统性。

洛莫夫指出，作为心理学研究对象的人本身就是一个系统。人不仅具有复杂的社会系统，而且还具有一个复杂的生物系统和物理系统，这就决定了人的心理特点和发展过程的多样性、多面性以及多水平性。同时，心理又是一种整体性的东西。人的心理在对所反映客体的关系上，它是客体的反映；对其生理的关系上，它是脑的机能；在对行为的关系上，它是行为的调节者。这三个方面又是在统一的过程中实现的。如对知觉这一心理过程的研究，从心理物理学方面研究和从心理生理方面研究，都仅能提供某一个侧面的内容，而只用某个侧面的材料做出结论显然不可能对知觉所包括的全部特征做全面的了解。因此，只有综合知觉的不同方面的研究才能够理解知觉这一心理现象的特征并揭示其固有的规律性。

洛莫夫认为，在心理学的研究中，至少可以分为三种分析水平：在第一种水平上，人作为整体，被看作社会系统的要素，其属性是在社会系统中考察的，主要因素是意识、个性、活动和交往等。在第二种水平上，是对心理的基本机能在生活活动中机能的考察（心理的基本机能有三种：认识、调节和交往）。第三种水平要求研究心理现象的神经生理基础。

洛莫夫认为，只有用系统的观点，才能把心理科学的众多领域整合起来，形成统一的心理学理论。因为任何现象都应当放在整体系统中来考察，心理现象也是如此。现代心理学的明显趋势是日益分化，它已发展成多分支的系统，而且还将继续分化下去。同时，心理学也日益和其他科学相互渗透。与此相对立的一种趋势是要求对心理学的众多领域进行整合，从中概括出作为心理现象的特征的那些共同的、本质的东西。

洛莫夫提出了对心理现象进行系统分析时应该遵循的基本原则或要求。第一，心理现象是多维度、多侧面的。因此，研究心理的某一方面时，应把它看作某种协调系统的一个方面，并从多维度上研究它。第二，心理现象是多水平的、多层次的、多功能的，因此在研究心理现象时应从不同水平、不同层次、不同功能去接近它。第三，心理现象存在的关系是众多的，不同的关系决定了心理的不同性质。因此在心理学研究中，应当揭露它的各种关系，从而确定其不同的性质。第四，心理现象是动态的，这就要求在现象的发展过程中，在不同阶段上，对它的性质进行系统分析。

在20世纪80年代末期，洛莫夫（1989）还从认知心理学和认知科学的范式探讨了身心关系问题。他指出，人的心理是具有各种机能的有机整体。把心理现象作为一个系统看待，它又包括一系列具有不同机能的子系统，可以划分出三种基本的、不可分割的子系统：认知子系统、调节子系统和交往子系统。首先，认知子系统主要操纵着认识的机能；其次，调节了系统保证活动和行为的调节作用；最后，交往子系统是在和别人交往过程中形成和实现的。另外，洛莫夫还将认知反映过程分为三个层次：感觉与知觉层次；表象（映象）层次；概念思维层次。在感觉与知觉层次上，映象是主要的知识形式；在概念思维层次上，概念是主要的知识形式。认知发展过程的主要决定因素是行动与交往。因此认知科学与身心关系问题必须研究"行动与认知的关系、认知与交往的关系以及认知与大脑的活动"等重要内容。依据洛莫夫的意见，可以把认知确定为一种关于同认识主体相对立的客观现实的和关于作为认识主体的本身的个人知识。由此定义出认知的两个最重要的机能，一是使关于客观现实的知识在言语中客观化和巩固化，并使这种知识摆脱认识主体而抽象化，能保证适应环境。二是从周围环境中把自己作为"主体—个人"区分出来，这就保证自我感知和自我评价成为可能，而这是发展内化的社会动机的前提。理解认知机制，必须研究整个机体与大脑所反映的环境之间的相互关系。因而，"心理与大脑的关系"问题也变成"身心关系"（身体与精神）

的问题。[①] 之后出现的俄罗斯主体心理学，也在一定程度上发展了洛莫夫的系统心理观点。

总体上来讲，苏俄心理学对身心关系、心脑问题的研究，是在参照及评价西方同类型问题的基础上逐渐兴起、发展和衰落的，同时也继承和发展了他们自己的学术成就，苏俄心理学从某种程度上讲要比我们中国的研究水平高一个档次。他们所取得的成就及经验教训的确能给我们很多启示。

首先，苏俄心理学家曾经力图把辩证唯物主义原理与心理学的科学观和方法论紧密结合在一起，为身心关系的心理学理论奠定一个坚强的本体论基础，这一发展方向无疑是正确的。苏俄心理学在世界心理学史上占有重要的地位。在传统上，苏俄是沟通东西文明的纽带、桥梁及交汇点。十月革命以后的70多年里，在国际上兴起过一个"强大的苏联研究模式"。在20世纪50至60年代，苏联心理学曾一度是我国心理学效仿的榜样。苏联学者普遍重视以辩证唯物主义的认识论、反映论和实践活动论为理论基础来改造传统的心理学的思想体系，诞生了一些比较完整的心理学思想学说，体现了较高的理论水平。尽管20世纪90年代以后苏联心理学的风光不再，但是其精神遗产对我国学术界所产生的影响是极为深远的。苏联解体之后，辩证唯物主义思想已在俄国走向了"精神祭品"的阶段，因而如何把苏联的马克思主义心理学思想重新纳入人类思想史的长河，把苏联心理学重新纳入世界心理学和建设有中国特色的心理学研究进程，是需要我们进一步研究和反思的一个重大课题。

其次，苏联学者在大脑与心理机制的实验和理论研究上做出了举世公认的成就。从谢切诺夫的反射论到巴甫洛夫的条件反射高级神经活动学说，再到阿诺欣、伯恩斯坦（Bernstein）的机能系统学说，以及鲁利亚的神经心理学，无不反映出极度重视心理活动的脑物质基础的一种"强大的苏联研究模式"路径。积极探讨脑物质机制问题是目前西方和我国心理学研究的一个优先选择原则，但是，我们也需要吸取苏联过分重视脑机制研究而造成认知心理学

---

① 洛莫夫，冯炳昆.认知科学与身心关系[J].国际社会科学杂志（中文版），1989（1）：89–100.

方面落后的经验教训。由于国际上对大脑研究的实质性成果进展不大，目前最先进的研究脑活动机制的方法——神经影像学技术，其仍属于一种宏观的、间接的、粗糙的、描述性"未完成体"的研究形态。值得一提的是，近年来在国内兴盛的认知神经心理学所谓的主流风气，颇有当年我们向苏联"一边倒"的模样，而目前又倒向西方，十分需要我们警惕并引以为鉴。

最后，研究身心关系问题的路子应该是宽广的。苏联身心关系研究固然取得了不少令人瞩目的学术进展，但是其中长期存在着一体化、标准化和教条化等弊端，如缺少多元化的研究途径，没有西方那种宽广的视野。而发展到我们中国则比苏联学者还简单化、极端化，这必然会影响到心理学事业的繁荣。追求真理的途径是多样的，对此我们应该有一个比较清醒的认识。

苏联心理学在整个发展过程中，曾经出现过两次飞跃时期、两次平台时期。其中在20世纪三四十年代理论探讨发展迅速，20世纪50年代出现一个平台期，从20世纪六七十年代起又开始迅速发展，这一时期的发展侧重实际，20世纪80年代出现了需要整合的系统观点和主体心理学。而在这两次飞跃时期，苏联学者对意识这一重大心理学理论热点和实践问题的深入探讨，无疑起到了极其有力的推动作用。当然，苏俄心理学者对马克思主义心理学问题的研究存在着不少误解和教条化的理解及阐述。许多研究往往停留在一般理论问题上的讨论，尚缺乏具体科学的实证支持。对无意识的研究比较少，尚无法与西方的研究气势相提并论。

第二节 近现代中国心理学马克思主义研究学术成就

近十年来，相较于国外西方马克思心理学思潮的涌现，国内心理学界的马克思主义研究处于低迷时期。20世纪，我国老一辈学者专家开创性地运用辩证唯物主义指导心理学研究做出了巨大的贡献，但如此优良的学术传统却逐渐成为历史。当下的年轻一代大多选择回避或者脱离马克思主义心理学研究，以致造成学界有不少人感到探讨马克思主义心理学是一件"奇怪"的事情的反常现象。

一、近现代中国心理学者对辩证唯物主义的研究

在20世纪二三十年代，伴随着西方文化的大量传入，西方心理学也在此时受到了国人关注，一大批新的理论和观点被大量引进我国，出现过一段现代心理学繁荣发展的局面。与此同时，马克思主义取向心理学研究也在我国脱颖而出，较早倡导这一取向的学者有郭一岑、潘菽、朱智贤和刘泽如等老一辈心理学家。新中国建立后，随着政治上马克思主义理论指导地位的确立，心理学也走上了以马克思主义为指导的研究取向。我们试图通过对老一辈心理学研究者的工作经历和其代表性观点的介绍和整理，管窥新中国成立前中国心理学者对辩证唯物主义研究的发展历程。

（一）郭一岑对辩证唯物主义心理学思想的介绍和反思

郭一岑（1894—1977）是中国现代心理学家的先驱，唯物主义的心理学家。在20世纪初期，我国出现了一次关于辩证唯物主义的争鸣，学界众说纷纭。郭一岑在留学归来后，深刻地认识到国内心理学发展存在的困境，同时也认识到需要理性地看待西方心理学的引入。因此，他十分认同苏联专家所倡导的以辩证唯物主义和历史唯物主义作为思想引领并指导心理学的发展。1928年，从德国留学归国途中，他特别去拜见了当时任莫斯科大学的心理研究所长科尔尼洛夫，他非常赞同科尔尼洛夫"以辩证法的观点去研究心理学的"创见。在其著作中，提到"心理学必须是新哲学的，这里的'新哲学'是指辩证唯物主义"。不同的哲学观点，势必会影响学科的发展取向。郭一岑认为当前在二元论、机械唯物论等观点指导下的心理学发展，出现了一系列的问题和矛盾，这也就更迫切地需要坚持辩证唯物主义来鞭策心理学了。

心理学必须是人类的，心理学必须是社会的。生活在动荡的年代，郭一岑以一己之力推动着我国心理学学科的建设和发展，他是国内翻译介绍苏联心理学著作的第一人。他认为当时的心理学发展一方面需要注重"心理学教师之培养"，另一方面就要注意"心理学书籍之翻译"。因而，他在1934年完

成了译著《苏俄新兴心理学》，书中收录了《巴甫洛夫的高级神经活动说》《科尔尼诺夫的辩证唯物论的心理学》和《别赫捷列夫的反射学派》三篇文章，重点阐述了苏联著名心理学家巴甫洛夫、科尔尼诺夫和别赫捷列夫的研究成果和学术思想。同时，郭一岑致力于宣传辩证唯物主义来指导我国心理学的发展，在其著作《现代心理学概述》中也彰显了这一理念。

值得学习的是，郭一岑在不断进取的同时也在不断地反思和开拓我国心理学的发展进路。他对苏联心理学家对心理学学科发展做出重要贡献提出高度评价的同时，也对此发表了严肃的质疑和批判。他表示，首先"巴甫洛夫以反射作用为其全部试验及全部学说的出发点，并且以大脑作为镶嵌品，这个假定与事实是否相符合"，紧接着"即使反射作用的存在无可怀疑，而人类的行为是否全部能以交替反射说明，还是很大的问题"。任何一个理论在开始的时候都是不完美的，而正是需要的新的声音和血液的注入，才能充满生机。这些见解和看法，在其后的著作中清晰可见，哲理浓郁，正击中西方心理学在基本理论上的要害，至今仍有重要参考价值。

（二）潘菽提出建设有中国特色的心理学

潘菽（1897—1988）原名潘有年，字水叔，是我国老一辈心理学家的杰出代表，也是我国现代心理学的奠基人之一。在多年的教育和科研生涯中，他为我国心理学的建立与发展做了大量基础性工作。20世纪30年代，中国的心理学向何处去，众皆彷徨，心理学者改行者众多。对于如何看待和发展我们国家的心理学，他主张：要坚持走我们自己的道路，建立具有我国特色的心理学。他主张，只有坚持马克思主义的唯物辩证法，才能够促进我国心理学的生长，促使其为社会主义的革命事业服务，改变被唯心论和形而上学所主导的过去的心理学情况。同时，他坚持认为我们不能完全模仿和照搬西方的主张和做法。为此，潘菽先生在报刊上以"为心理学辩护"为题，接连发表文章，为心理学呐喊，使心理学站住了脚跟。在之后的抗日战争期间，他随校迁往重庆，在心理系开设了"理论心理学"课，以自己学习到的马克思、恩格斯、列宁和毛泽东著作的哲学思想探讨心理学中的基本理论问题。

潘菽先生一直非常重视我国心理学学科的发展方向及前进道路等一系列

根本性的问题，他的许多深度见解影响至今。关于心理学的科学性质问题，过去的心理学领域相对来说没有一个较为统一的认识。潘菽先生对此表示，我们既不能把心理学完全看作自然科学，也不能简单地把心理学归入社会科学或其他具体的学科，如哲学、教育学、生物学等。因为，心理学既包含有自然科学的性质，又展现着社会科学的魅力，是具有二重性质的中间科学，是跨于两大科学门类之间的一门独立的基础科学。他的这一看法已为中国心理学界普遍接受，他的这一正确观点和他为实施这一主张所做的种种努力，无疑会对中国心理学的发展道路产生深远影响。

　　老一辈心理学家的学术贡献和治学特点都是多方面的，但都无不体现着唯物辩证法的批判和革命的品质。潘菽对传统心理学的"知、情、意"三分法体系提出了疑问，并提出了二分法观点，即把整个心理活动分为意向活动和认识活动两个主要范畴，以作为他自己的心理学构想的基本框架。他认为这两大范畴都存在着各自的矛盾，同时二者之间也有矛盾，正是由于这些矛盾构成了心理活动总的矛盾的特殊性，推动心理活动向前发展。这些矛盾，只能在一定历史条件下得到解决，而在另一种社会历史条件下就可能解决不了，甚至需要完全否定。潘菽先生的一生都致力于探索改革旧心理学和建立科学的辩证唯物论心理学的途径，书写了中国心理学史上带领心理学走向现代化的辉煌篇章。

（三）朱智贤的辩证唯物主义心理学理论思想

　　朱智贤（1908—1991）是我国现代心理学重要的奠基人之一，国内现代著名心理学家、教育学家。他的少年求学阶段就在一些进步学者的先进思想的熏陶和影响中度过，也一度引起了他对心理学和哲学之间认识的极大关注和兴趣。朱智贤在大学期间，在所学的一些哲学课和自己的阅读中，就不断地被世界上各个流派的哲学思想吸引和熏陶，其不但了解了各种唯心主义、实用主义，还学习了黑格尔辩证法基本理论。他还读过李浩吾的《新教育大纲》，该书主要是运用马克思列宁主义哲学理论观点来剖析和阐释教育理论。这些对他进一步认识、开展关于心理学哲学理论问题的研究工作有重要意义，同时他也深感苏联心理学发展的方向和道路是值得我们学习的。并提出对照搬西方心理学的情况是需要警惕的，虽然西方心理学有很多科学知识是值得我们学习的，但是从哲学理论上讲，存在唯心主义、形而上学等偏差和缺陷，万万不能直接效仿。因此，他在教学中，坚持用马克思列宁主义哲学的核心观点——辩证唯物主义和历史唯物主义基本原理，来分析和批判地讲解西方心理学各个流派的理论观点。

朱智贤一生著作颇丰，尤其在儿童心理学研究领域贡献突出，他在《儿童心理的发展》一文中，明确地提出了儿童心理的内部矛盾（特殊矛盾）是儿童心理发展的动力这一观点，并不断完善和发展该理论思想。他在这一方面做了全面的、系统的、深刻的研究，基于辩证唯物主义儿童心理学发展观的立场，基于矛盾的对立和统一的原理视角，重点阐释儿童心理发展上的内部矛盾，进一步明晰了其与外部条件的关系，挖掘儿童心理发展的重点和本体，从而为正确地理解儿童心理发展提供了有价值的重要理论参考和思想资源。他的《儿童心理学》被公认是我国第一部运用马克思主义观点、吸收国内儿童心理学成果、体现我国当代学术水平的儿童心理学教科书。在该书中，朱老在阐述每一个问题时，始终坚持以辩证唯物主义思想为指导，吸取国内外研究的精华，结合中国儿童的实际心理特征，提出适合中国儿童心理发展的理论观点，并提出中国儿童心理学研究在理论上必须坚持唯物辩证法。

（四）曹日昌推动辩证唯物主义心理学研究

曹日昌（1911—1969）是20世纪最有影响力的心理学家之一，同时也是一个坚定的马克思主义心理学家[①]。他出生于当时的农民家庭，但一直受到仅仅读过几年书的父亲的强烈鼓励和支持，在家乡读完小学、中学，又顺利考入国立北平师范大学（现为北京师范大学），三年之后继续在家喻户晓的清华大学心理学系开始了刻苦学习。在这一过程中，他接受了近代著名的心理学家唐钺、周先庚等人的先进观念和学术观点的熏陶和指导，积淀了心理学领域扎实的专业理论知识基础，培养了宏阔的研究视野。他一生追求进步、胸怀理想，是一位极富社会责任感的学术大家，把自己的学术理想寄托在新中国的土地上。

---

① 赵璧如.曹日昌心理学哲学基本理论述评［J］.大众心理学，2007（2）：43，45-46.

曹日昌先生在心理学基本理论方面的贡献尤为突出，他力图用马克思主义的观点客观评介心理学的研究成果和对待各种学术争论。一直倡导要坚持马克思列宁主义哲学在心理学中的指导地位，要用辩证唯物主义和历史唯物主义的立场、观点和方法研究心理学的基本理论问题，同时要用心理学的科学知识丰富和发展辩证唯物主义。早在20世纪30年代，曹日昌就开始在心理学领域传播辩证唯物主义哲学理论思想了。在1939年的时候，曹日昌先生先后发表了《心理现象中的辩证法则》《新心理学方法的建立》和《心理学的辩证法的发展》等文章，极具开创性地运用辩证唯物主义来解释心理现象及心理学的形成发展历程。之后，他又运用唯物辩证法的观点对心理测验的若干问题进行剖析，为构建新的心理测验体系提供了理论基础。他在讲话中经常引用列宁的这句话：心理学是"那些应当构成认识论和辩证法的知识领域"，强调心理学与哲学不可分割的联系。

（五）高觉敷的辩证唯物主义心理学思想

高觉敷（1896—1993），原名卓，字觉敷，我国著名心理学家、教育家，被称为中国当代心理学大师。在求学时，他对心理学有着浓厚的兴趣，并得到诸多良师益友的熏陶和引导，使其拥有了自觉投身心理学研究的笃定与坚守。早在20世纪20年代初期，高觉敷就和当时著名心理学研究者潘菽、郭一岑等学者开始不约而同地致力于苏联辩证唯物主义心理学在国内的传播。对于心理学的学科性质，他认识到了，其从发展之初就兼具自然科学和社会科学的双重性质，而自然科学的发展从某种程度上来说必然会受到哲学思想的支配。因此，他认为"就我个人来说，或者我国绝大多数的心理学工作者来说，都深信只有马克思列宁主义、毛泽东思想或辩证唯物主义、历史唯物主义，才是科学心理学的正确的指导思想，也只有这种思想才能引导我们建立名副其实的科学心理学"[1]。继而对于心理学的根本任务，他也提到了心理学要通过自身科学的知识来具体"证明精神是物质的产物或转换"及"证明精神的东西的反作用"。由此，进一步强调心理学与哲学的关系的重要性和直接性。

高觉敷长期从事心理学教育和心理学的研究，尤专心于心理学史的研究，

---

[1]　高觉敷.高觉敷心理学文选［M］.南京：江苏教育出版，1986：474.

成就斐然，被称为中国"心理学史一代宗师"。他在心理学史的研究中，始终坚持观察辩证唯物主义和历史唯物主义的指导原则。并具体指出，在心理学史的研究中应注意唯物主义心理学与唯心主义心理学的对立，但是我们不能因其世界观的唯物，就肯定他的一切，也不能因其世界观的唯心，就一棍子打死。[①]民国时期，整个中国正经历着西学东渐的过程，对西方心理学的研究也逐渐深入，他的心理学研究主要注重对西方心理学流派的探讨。而新中国成立后，他有机会能够更深入地了解马克思主义思想，并及时地以马克思主义哲学作为研究西方心理学史的方法论指导。他撰写了大量学术著作，翻译引介了许多学术名著，出版了《现代心理学》（1934）等20本专著，翻译了《苏联心理学简史》（新中国成立后）等10余种，发表了《新心理学与教育》（1923年10月号）等150余篇文章。高觉敷先生终其一生为我国现代心理学发展和前进指引方向，展现了不凡的学术眼界、治学能力和人生智慧，更为后辈学人敬佩。

（六）刘泽如致力于辩证唯物主义心理学的开拓

刘泽如（1897—1986），原名刘澄青，字濬哲，是我国著名的心理学家和教育学家，为我国的辩证唯物主义心理学理论建设做出了突出贡献。在其从事心理学研究工作的多年中，始终坚持以马克思主义为指导，为心理学基本理论的发展和创新呕心沥血、成果卓越。他坚持以辩证唯物主义为指南，"要以辩证唯物论的认识论——主客观矛盾法则去研究神经和外界刺激的矛盾关系并从神经和外界刺激的矛盾关系上去说明各种心理现象"，坚持对机械唯物论的批判，创立了以主客观矛盾规律为核心、独树一帜的心理学学术思想体系。

刘泽如先生一生著书立说，思想的光芒熠熠生辉。1932年，在北京大学工作时期，他撰写了《爱情心理学论》，试图运用唯物主义观点对爱情心理进行分析研究。爱情心理是他对人的情感问题的思考，主要观点是从主客观矛盾和神经生理学方面阐释人们的心理和行为问题。在陕甘宁边区工作期间，又撰写了《神经系统样运动——机械的还是辩证的》《神经生理矛盾运动和意

---

① 叶浩生.高觉敷教授的生平及其学术贡献［J］.心理学探新，1993（1）：1-2.

识反映的矛盾过程》和《道德问题研究》等40余篇论著手稿。之后，又多次撰写关于辩证唯物论心理学主题的一系列文章等，部分收录在《刘泽如心理学文选——心理学基本理论问题研究》一书中，始终坚持运用辩证唯物主义研究心理活动规律，为后人留下了丰富的精神遗产。

心理学的主体研究对象是人。马克思主义对人的概念是马克思主义哲学的一个核心的概念，而心理学也是一门关于人的主要的科学。五四运动以后，随着马克思主义在我国热烈且广泛的传播，马克思主义取向的心理学研究热潮也逐渐蓬勃发展，宣告着心理学的未来已经到来。正是老一辈心理学研究者的高瞻远瞩和责任担当，极大地丰富和推进了心理学理论的主要范畴和命题，构建了具有中国特色的心理学学术体系，让我们更加深刻地认识到了要努力加强马克思主义哲学和心理学的结合在心理学方面的贡献，这方面的工作是大有可为，大有需要，也是大有前途的。

二、新中国成立以来的马克思主义心理学研究

新中国成立以后，我国的心理学研究基本上坚持了马克思主义的指导方向，但其探索过程却充满着艰辛和曲折。从文化属性上来看，它是马克思主义和中华优秀传统文化相结合的产物，是在马克思主义中国化的过程中孕育出来的新的文化形态。因此，在纷繁复杂的国内外形势下，我国马克思心理学仍有很多研究项目和研究者长期深受影响，冲击和考验着马克思心理学研究者的思维方式、工作方式和研究进展。

第一阶段，新中国成立初期，在复杂的环境中面临着风险和挑战。最早出现的对资产阶级学术的思想的批判，导致了一切被认为是资产阶级的学术思想，包括西方主流心理学都应该被抛弃。与此同时，心理学的研究转而走向完全学习苏联心理学的道路。尤其当时苏联心理学兴起的用巴甫洛夫学说改造心理学的热潮对我国的心理学发展产生了巨大的影响。进入20世纪60年代后，随着中苏关系的破裂和恶化，心理学的发展又遇到了新的难题和新一轮的挫折。潘菽先生等学者在总结和反思这一阶段我国心理学发展的经验教训时，重点指出"在学习过程中曾有这样一种论调，说'有马克思主义就不需要心理学'，这是一种错误的取代论，它实际上是取消了心理学，取消了心理学对我

国社会主义建设应有的贡献"①。也正因为这种思想的制约，心理学领域的研究一直没有得到应有的重视和认可，某些方面的研究甚至被视为禁区。另外一种倾向，在于对心理学学科本身性质的选择，一些心理学研究者偏激地倡导科学主义的阵营，而选择忽略和漠视其他取向的心理学讨论。另外，西方心理学史是作为一门实证科学被建立起来的，近代中国在引进西方主流心理学时，也是把它作为自然科学看待的。虽然这样的做法和看法在当时来看并不无道理，但是长期来看，其所引起的心理学发展的弊端显而易见，也使得心理学研究遭受了更多的质疑和争论。但整体来看，无论是对心理学发展的不重视，还是对心理学学科性质的诘难，都难以阻止老一辈心理学研究者的不懈努力和革命精神。正如有学者总结，"从1956年到1966年全国社会主义建设的十年中，我国心理学界试图以马克思主义为指导，结合实际，开始探索适合我国需要、能为社会主义经济文化建设服务的方向，调整并落实规划，在教育、劳动生产、医学等领域中以及在基本心理过程、心理的生理机制和心理发展等方面的研究都进行了相当数量的工作"②。

　　第二阶段，改革开放至今，推动马克思心理学取向研究的高质量发展。国内的心理学研究又迎来了新的发展热潮，其中马克思主义取向心理学的研究也焕发出勃勃生机。这一阶段一直以来都对学习和引入大量的西方主流心理学思想和研究模式呈现着极大的热情与宽容态度。这一方面体现着我国心理学研究是能够与国际心理学的研究接轨的，但另一方面也逐渐显露出国际心理学发展的"理论主干脆弱，学科枝叶茂盛"问题影响着我国心理学的发展。我们也欣喜地看到，国内仍有一部分理论心理学研究者，像陈大柔、赵璧如、车文博、王丕、王启康、叶浩生、马文驹、朱永新、郭祖仪、霍涌泉、王波、魏平等学者，他们仍然坚持运用马克思主义的理论武器探讨心理学问题的方向，继承并发展着马克思主义取向心理学的研究。主要体现在以下几个方面：第一，促进学术交流，注重对西方马克思主义心理学经典著作、主要观点和代表人物思想的多维阐释和再次解读。如1985年，河南大学教授王

---

① 潘菽.致中国心理学会基本理论专业委员会1986年学术年会参加会议的全体同志们的信［J］.心理学探新，1986（4）：1-4.

② 王甦.我国心理学发展趋势［J］.学会，1996（3）：25.

丕撰写了《马克思主义与心理学》，从人的本质、感觉、思维、语言和思维的相互关系、辩证思维是人类思维的最高阶段等九个方面阐述了马克思著作中散见的心理学思想，是系统介绍马克思心理思想的专著。中科院心理所陈大柔在1986年的《国际上心理学辩证理论探索的兴起》中，详细地论述了心理学作为一门独立科学以来，在马克思主义思想影响下，运用辩证思维去探讨心理学理论的成果及展望。[①]我们团队也在2011年发表在《心理学报》上的《试论西方马克思主义心理学取向的特点及成就》文章里系统且深入地回顾和梳理了当今西方心理学研究中所盛行的马克思主义流派，包含传统的精神分析马克思主义、人本心理学马克思主义和辩证法心理学等思潮，以及新流行的实证主义心理学的马克思主义、女权主义心理学的马克思主义、批判心理学的马克思主义和多元主义辩证法等新取向，并为我国马克思主义心理学研究提供重要的理论资源和现实启示。[②]第二，赓续学术传统，重点挖掘和整理老一辈马克思心理学研究者的研究思想和成果。如郭祖仪教授曾撰写《略论刘泽如对心理学发展的独特贡献》[③]；陕西师范大学也组织开展关于刘泽如老先生的革命教育文献展，其中重点介绍了对我国辩证唯物主义心理学的理论建设的贡献和成就。第三，不断开拓新时代的探索，致力于我国马克思心理学发展进路的反思和创新。叶浩生教授团队在国际《理论心理学》期刊发表了关于从中国心理学发展视角来认识马克思主义实践观对心理学学科发展的意义，为马克思主义和心理学的结合提供了新的见解和展望。[④]王波教授近期也在他的《中国马克思主义心理学研究的再思考》一文中也指出，"我们需要加强对马克思主义经典作家的心理学思想研究，为中国马克思主义心理学创造本体

---

① 陈大柔.国际上心理学辩证理论探索的兴起［J］.心理科学通讯，1982（4）：17-21，66-67.

② 霍涌泉，魏萍.试论西方马克思主义心理学取向的特点及成就［J］.心理学报，2011，43（12）：1468-1475.

③ 郭祖仪.略论刘泽如对心理学发展的独特贡献［J］.陕西师范大学学报（哲学社会科学版），2016，45（4）：146-152.

④ YANG W D, YE H S.Methodological Implications of Marxist Practical Philosophy for Psychology：A Perspective from China［J］.Theory & Psychology，2013，23（3）：371-390.

论、认识论和价值关切"[①]。

　　总的来说，马克思主义哲学与心理学的整合仍然是理论心理学中的一个重要问题。近年来，我国关于马克思主义心理学取向的研究热潮虽然为上升趋势，但相对国外马克思心理学发展的形势依旧相对薄弱。把握学术演进的脉络、传统和变化，才能够提出新问题、新思想和新方法。我们期望未来的马克思心理学研究，能够在传承老一辈学者优秀研究的基础上，逐渐整合优势学科力量，进一步开展学科建设的基础性工作，从而推进我国马克思心理学研究的良性发展。对真理的探索一直都是在曲折中前进，当代学者需要以真理的精神追求真理。

---

① 王波.中国马克思主义心理学研究的再思考［J］.马克思主义研究，2018（4）：113-121.

第七章 结束语：马克思主义心理学研究的坚守与创新

在世界大变局的新时代形势下，马克思主义心理学思想再次进入人们的视野，这有助于我们拓展、深化马克思主义研究的视野和思路，进而带来关于理论心理学发展的新境界和路径，使人类的心理文化放射出更加夺目的光芒和活力。中国特色心理学研究的创新问题在理论范式上主要有这样三种思想源泉：一是以辩证唯物主义为科学范式的内核。不少国内外学者明确指出新的心理学理论形态可追溯到当代自然科学在人的科学进步中的作用，马克思开创性提出的一系列心理学范畴，能够为新时代理论心理学研究提供理论内核。二是以中国的传统文化和现实探索与实践为基础，积极探索和总结当前及未来中国心理学理论创新的内涵、模式、突破点。三是以西方心理学的合理成分为科学养分。如何守正创新，开拓进取，积极推进心理学做出"更为基础性的贡献"，是体现中国心理学理论特色创新的一项艰巨而复杂的战略任务。

第一节 中国心理学特色创新的思想源泉

受西方现代主义、科学主义和实证精神的影响，科学心理学独立一个半世纪以来，取得了巨大进步和突出成就，不仅成为现代科学之林中的一门重要的"重型学科"，而且在国家和社会发展中发挥了重要的作用，特别是在军事、人工智能、教育和健康保健领域中扮演着不可或缺的角色。然而，当代心理学在前进发展中也面临着现代主义与后现代主义"饱和发展"的双重挑战。除了美国，其他国家的心理学本身仍然处于较为弱势的学科地位，还不足以影响社会和其他学科。在日常生活中，人们对目前时代的心理学持有反感情绪：一方面，心理学作为科学的基础不够牢固，我们这个时代的心理学钟情于量化方法技术；另一方面，这一时代的心理学本身也不重视"心理"问题，而是去重视行为或者神经，心理学自身都不关注心理了，争相到别的专业领域去打工。除了学科自身问题，社会背景等外部因素也不利于心理学的发展，外部因素还缺乏社会文化心理发展的良好条件。寻求中国心理学繁荣的第二次飞跃仍然任务艰巨。

一、面向中国问题的心理学：正确对待传统文化与本土化

"以中释西"无疑是建设中国特色心理学的一条重要路径。中国心理学的学科建制引进自西方，因此不可能没有西方的烙印。但是，西方心理学文化最终都是需要为我们中国人服务的。我们中国人描述与解释的西方心理学也需要为中国服务。我们心理学工作者不能长期停留在"日常生活中是中国人，科学研究中是西方人"的状态。[①]"中西方两种文化是异质的文化，特别是西方文化的入侵，对中国来说，开始是被迫的，所以冲突和融合经过了长期的痛苦过程"[②]。现代中国人心理的文化基础是复杂的、多元的，而最基本的、最核心的文化基础当然是中国的传统文化。因此，中国心理学在实现国际化、现代化的进程中，需要正确对待中国传统文化。必须继承和弘扬中国文化的优秀传统，摒弃陈旧落后的思想观念。一个民族和一个人一样，看不到自己的缺点的时候落后就即将开始。同样，一个失去自信并自我贬低的个人，也不会有什么发展前途。

随着当今世界性的文化研究热潮的发展变化和中华民族的复兴崛起，曾经被西方学界关注的中国传统文化再一次走进国际学术研究的舞台。印度文

---

① 张建新.心理学被科学和人文拉向何方？［N］.中国社会科学报，2021-09-23.
② 顾明远.中国教育的文化基础［M］.太原：山西教育出版社，2004：301.

豪泰戈尔曾说："世界上还有什么事情比中国文化的美丽精神更值得宝贵的？中国文化使人民喜爱现实世界，爱护备至，却又不致陷于现实的不近情理！他们已本能地找到了事物的旋律的秘密。不是科学权力的秘密，而是表现方法的秘密。这是极其伟大的一种天赋。因为只有上帝知道这种秘密。我实妒忌他们有此天赋，并愿我们的同胞亦能共享此秘密。"泰戈尔所讲的"中国人本能地找到了事物的旋律的秘密"，的确值得人深思。

　　长期以来，正统的科学心理学以西方文化为根据，得出中国传统文化只有片段化的零碎心理学思想，而无心理学理论一说，试图以此证明中国文化缺乏相应的心理学知识谱系。在许多西方心理学研究者看来，中国文化中所蕴含的心理学思想只是一种主观臆断，并不具科学证据支撑。其思想只表现出历史意义，并不具备现实意义，体现出哲学意义，而无科学意义之表征。由此可见，如果以西方传统心理学的工具和尺度分析与归纳中国古代典籍中的心理学思想，只能找出零散的心理学思想论述就丝毫不稀奇了（高觉敷，1985）。但若舍弃西方传统心理学的标准，以中国文化心理学的视角审视中国文化，便可发现其中不乏系统化的心理学思想。我国老一辈心理学家潘菽曾明确指出，我国古代的科学心理学思想已表现出好几个很值得予以表明的光辉特征：人贵论、形神论、性习论、知行论、六情论、唯物认识论。之后他又将"六情论"改为了"情二端论"，并补充了"天人论"与"节欲论"，这就确定了我国古代心理学思想的八个范畴。[①] 高觉敷更是专门讨论了中国古代心理学思想的主要范畴，分别是天人、人禽、形神、性习、知行。再以中国传统思想资源中的"心文化"为例，这是两千多年来中国历代思想家们持续不断讨论积累起来的重要精神遗产，也是东方心理学思想有别于西方现代科学心理学的一个显著特点。然而长期以来，受西方科学主义范式的影响，不少学者将传统心文化视为"唯心主义的产物"。在当前文化心理学研究热潮不断纵深发展的时代背景下，很有必要重新认识及发掘传统心文化的积极思想资源。中国传统"心文化"经历数千年的发展，不仅对当今国人的心灵成长具有深远影响，而且对现代心理学的健康发展起积极作用。传统"心文化"

---

① 潘菽.中国古代心理学思想［M］.北京：北京出版社，2018：8.

对于建设有中国特色的心理学内容体系、促进东西方文化思想交融，特别是在文化自信建设、国民心理健康维护等方面仍然具有不可忽视的重要价值。发掘这一历史文化宝藏，不仅有助于提高我们的文化自信，而且能对促进和丰富国际心理学的发展起到积极的作用。

中国传统文化自然需要包括近现代的传统文化。国内学术界对近代心理文化的消极面、落后面分析总结得比较多，而对近代一百多年在落后中挨打、在沉沦中奋起的民族复兴的壮丽篇章需要有新的认识理解和发掘。当然我们也不能回避传统文化具有二重性的矛盾问题。在积极继承弘扬民族文化优秀特质之外，也需要对传统心理学思想的消极影响加以摒弃。挖掘中国传统文化中蕴含了系统性的心理学传统，无疑是中国本土心理学研究的根本性进步，但止步于解释其心理学传统绝非中国文化心理学研究的最终目的。需要注意的是，对中国文化中心理学传统的认定并非对现代科学心理学的扬弃，而是对立身于传统之中的心理学资源进行提炼和筛选。近年来，葛鲁嘉教授对中国传统文化中的心理学思想展开了一系列的转换性研究工作，而以此为基础创建的全新探索和发展已被称作"新心性心理学"。这一"新心性心理学"并非对心性心理学的传统之复刻，而是以发展性的视野力求思想上的突破与创新，赋予中国传统文化以全新的现代意义，使之成为新的学术资源，值得我们重视。①

传统文化对助推当前心理学的本土化具有积极的意义。心理学的本土化是国际心理学发展的重要组成部分，因此有关心理学的本土化与全球化是改革开放以来持续不断讨论的重要学术问题。进入2000年以来，心理学的本土化与全球化作为元心理学的重要课题，更是受到了中国学者的普遍关注。国际化和全球化是指心理学在世界范围内的影响和发展过程。当今心理学的全球化，不仅是心理学的西方化，更主要的是心理学的美国化。由于文化不同，各国心理学家根据自己国家的传统文化，建立适合本国特点的心理学模式，

---

① 葛鲁嘉. 新心性心理学宣言：中国本土心理学原创性理论建构 [M]. 北京：人民出版社，2008：46.

由此便有了心理学的本土化。① 心理学的本土化与全球化的关系涉及的是文化的特殊性与普遍性的关系；本土化离不开全球化，全球化也离不开本土化，离开本土化而奢谈全球化是毫无意义的。② 本土化的目标是建立本土心理学。本土心理学作为一种研究取向，具有五个基本特征：取向人文性、文化契合性、范式多样性、内含普适性、心理学研究独立化和自由化，其中文化契合性是主导特征。心理学的本土化包括两个阶段：一是保守的阶段，试图转换西方心理学的研究内容，把研究被试从西方人转换成当地人，把心理行为的背景从西方的社会文化转换成当地的社会文化；二是激进的阶段，开始突破西方心理学的研究方式，寻求和尝试多样化的思想理论和研究方法。③ 本土心理学的产生需要一定的条件：一是有其深刻的社会文化历史根源；二是自主的；三是体现和反映当今社会文化特点；四是有独到的概念体系及研究策略，④ 其内容包括：论题的本土化、概念和理论的本土化、方法学的本土化以及学科制度的本土化。⑤ 在本土化思潮的驱动下，杨国枢、杨中芳、余安邦、王登峰等学者试图立足于中国文化背景研究中国人特有的心理与行为，如"人情""面子""中国人的人格"；还有人则尝试建立"新心性心理学"：以探讨和揭示心理学的心理文化、心理生活、心理环境、心理资源和心理成长为目标，以开创和建立中国自身本土的心理学学派、理论、方法和技术为己任，以推动和促进中国心理学的创新、创造、发展和繁荣为宗旨。

中国心理学研究的国际化是一个关系到中国心理学研究为国际心理学所接受并确立其在国际心理学中地位的问题。"民族的才是国际的"，这是一条颠扑不破的真理。因此，中国心理学研究国际化就是要能更好地促进中国心

---

① 叶浩生.心理学：世纪之交的困惑与争论［J］.教育研究与实验，2000（2）：27-32，72.

② 贾林祥，叶浩生.心理学本土化研究若干问题之思考［J］.陕西师范大学学报（哲学社会科学版），2001（3）：143-148.

③ 葛鲁嘉.中国心理学的科学化和本土化：中国心理学发展的跨世纪主题［J］.吉林大学社会科学学报，2002（2）：5-15.

④ 贾林祥，叶浩生.心理学本土化研究若干问题之思考［J］.陕西师范大学学报（哲学社会科学版），2001（3）：143-148.

⑤ 张秀琴，叶浩生.本土心理学评析［J］.心理学探新，2008（1）：3-6.

理学研究的本土化，并积极参与国际心理学交流。为此，中国心理学研究除了要注意国际心理学研究的方法、模式和成果表达方式，更要关注本土化的研究。如果中国心理学研究在形式上不能与国际心理学研究接轨，这就成了中国心理学于国际心理学交流的一个障碍，没有自己本土化的特色，也就失去了独立于世界民族的资格。中国心理学只有在遵循国际心理学形式的本土化研究中解决了世界四分之一人口的中国人的心理问题，在国际心理学中的地位才会得到确立。很多国内学者强调指出，假如不能采用国际心理学研究的标准或形式，也会延缓中国心理学在国际心理学中的地位确立，降低其对国际心理学的影响和作用。只有汲取了国际化的心理学研究规则，才能更好地与国际心理学交流，并通过比较，更好地了解心理学研究的历史、现状和未来发展趋势，也能更好地启发我们做好心理学本土化研究，建设和发展中国心理学，解决中国人的心理问题。这就要求我们积极建设中国心理学的话语体系，充分发挥历史文化的优势以及本土化的研究优势，展现中国人的创造精神。中国心理学的现代化和国际化不仅仅是学习模仿外国，更重要的是结合我们自己的心理生活实际，展示我们中国人自己的特色。在国际化时代，我们与异质文化的交流、融汇和冲突摩擦是必然的。中国心理学者需要以更加积极的精神，勇于变革，勇于创新。一方面要克服盲目排外、不接受异质事物的褊狭的弱点，尽可能遵循国际学术准则，避免被动；另一方面则要吸取过去全盘西化和全盘苏化的经验教训。中国传统人文精神与现代西方人文主义思想相砥相长，可能有助于廓清心理学发展进程中自然科学与人文社会科学两种对立的研究范型长期争论不休的迷雾，并提供有价值和意义的新的发展线索。这对心理学界增强人文社会科学研究取向，重建科学化和人文社会化相统一的理论体系，也极有助益。这正如有的学者所指出的那样，我们要完成的任务是建立面向世界的独立的有中国特色的心理学理论体系，即以"辩证唯物主义为指导思想、中国古代心理学思想为历史背景、中华民族文化圈的影响为潜在变量、中国人的心理与行为为主要研究对象、揭示人类心理发展规律为基本任务和社会现实为主要服务方向"。

　　在建立本土化的心理学体系这一宏大的理论综合建构工程的过程中，内地和海外华人学者多年来持续进行的本土化研究运动，必将大有可为。我国台湾学者杨国枢曾经指出："只有中国人的本土心理学才是有着中国人的心理与行为之真正的心理学。相信终有一天，通过大陆、台湾、香港三地学者的共同努力，我们必将缔造华人本土心理学，并会因此而重写适合于中国人的普通心理学。重写社会心理学、重写人格心理学、重写发展心理学、重写教育心理学……"①

二、面向国际问题的心理学：正确处理全球化与西化的关系

"以西释中"是我国心理学建设发展的一项长期的重要任务。当今国际心理学界的主流心理学依然是以欧美文化为中心的西方心理学。②经过一个多世纪的发展，西方主流心理学已形成了两大方法论取向，即科学实证主义和人文科学取向两种文化传统。这两种取向试图从不同角度揭示人类心理活动的本质，但仍无力构筑出人类心理活动的完整形象。西方有许多学者认为，这正是西方心理学成为"危机中的科学"之根源所在。他们提出，心理学的健康发展，需要用辩证唯物主义的相应观点来研究人的心理，并据此确立与之相适应的研究范式——马克思主义的心理学。③

在我们不断深入地探寻关于马克思主义心理学的萌芽与发展时，其所彰显的科学性、深刻性、批判性和逻辑性的伟大力量，也在进一步向主流心理学的机械论、还原论以及经验主义、实证主义、价值中立等狭隘、偏颇的相关理论与方法发起多次冲击。这无疑对解决国内外主潮流心理学的理论缺失问题有着独特的贡献作用，同时为当今时代心理学研究不断走向辉煌提供了重要的启示意义。国际化和应用化是当今国际心理学的两个主要发展趋势。全球化不仅塑造着世界经济和文化模式的变化，也影响着我国心理学的国际

---

① 郭祖仪，霍涌泉．超越危机 走向成熟：世纪之交中国心理学的发展走向［J］．陕西师范大学学报（哲学社会科学版），1997（2）：66-73，75.

② 黄希庭．构建和谐社会 呼唤中国化人格与社会心理学研究［J］．心理科学进展，2007（2）：193-195.

③ SMYTHE W E, MCKENZIE S A.A Vision of Dialogical Pluralism in Psychology［J］．New Ideas in Psychology，2010，28（2）：227-234.

化发展进程与方向。现代心理学的专业化与应用化为世界各国的高等教育机构带来了许多令人振奋的机会，与此同时，挑战和风险也不可避免地存在于复杂的国际化环境中。

对于国际化的理解，国内有学者概括为5种观点：国际交流说、人才培养说、发展趋势说、客观规律说、社会职能说。也有研究者提出，心理学国际化、全球化规则主要有三个方面的内容：一是适用于全人类心理的研究通则；二是适用于国家和地方需要的行为研究技术方法；三是具有冲突与潜在发展意义的规则。[①] 他们认为国际化是指国家、社会的政治、经济、文化活动以及社会生活等方面的交流合作已经跨越了国界，出现了在国际范围内的物质精神资源的共享，在不同的国家和地区之间产生了跨越地理意义的更为广泛的联系。

新的科技革命把人类带入了一个新的知识经济的时代。知识经济时代的特征不仅是知识成为发展经济的主要要素，而且带来了经济的全球化和社会的各种变革。而最大的变革是人们价值观的变化。知识经济使人们看到了人的价值、知识的价值。知识经济使人们认识到，人不是简单地创造资本的机器，人是社会的主人，又是自然的一员。人的发展、人类的发展是第一位的。人的创造、经济的发展，归根到底是为了人类自身的发展。知识经济时代也对心理学有了进一步的认识。心理学的本质是研究人的心理现象的科学。心理学确实离不开政治和经济的发展，离不开社会的发展。但心理学不是消极地适应社会政治和经济的发展，心理学要促进社会的进步和发展，而最终的目的是促进人类自身的发展。科学技术的发展带来了经济全球化，同时也影响到文化的国际化和心理学的国际化。但是，文化的国际化不是文化的全球一体化，其不同于经济的全球化，而是文化教育也必然会受到全球化的影响，主要是指文化教育的国际交流与融合。当然其中充满着矛盾与冲突。人类的生存与幸福已经越来越紧密地同全球性的经济、政治、社会及环境问题联系在一起。没有哪个国家能在自我封闭中健康地发展。几乎所有的事件都已被

---

① 宋文红，朱月娥.21世纪中国高等教育国际化的思考［J］.高等理科教育,2002（4）：1-6.

纳入全球范围，全球事件就是本土事件。我们共同面临许多问题，这些问题也是全球化趋势引起的。这些问题对我们产生了非常大的心理影响，影响到我们生活的方方面面，诸如文化矛盾冲突问题、个体与集体的社会认同，控制与选择以及生活的意义等。全世界的心理学家正面临这种挑战，新的形势要求必须加强心理学的国际合作与交流，解决共同的问题。不少心理学家与组织纷纷做出了回应。Fowler 也在 APA Monitor 中提出"国际心理学"（Global psychology）的术语，旨在加强国际合作，解决国际性的问题。美国心理学会还开展了一系列有关国际心理学的计划，包括成立专门的心理学委员会，出版国际心理学的书籍与杂志。《美国心理学家》还开辟出国际心理学的专栏。此外，还成立了许多相关组织，如国际心理学家委员会、国际心理科学家联合会、国际心理学会、国际跨文化心理学会、国际应用心理学会等。这表明，心理学国际化的趋势越来越强烈。心理学在研究方法的取向以及对研究内容的界定方面正发生相应的变化。

马赛拉（Marsella）提出建立"全球心理学"的观点。他把"全球心理学"描述为"运用多文化、多部门、多学科、多民族的知识和手段，来对全球性事件引起的个体与集体的心理变化加以描述评价及理解"[①]。这位学者特别强调要打破研究中的文化霸权主义，尤其针对西方文化。他认为在全球性事件的影响下，过多地关注某一种文化是片面的，应该关注所有的文化，所有面临的问题。单一的文化，单一的理论及研究方法已不足以解决越来越多的国际化问题。全世界有超过5000种的民族文化，每一种文化都应当是平等的。而且现代社会呈现出多民族、多文化的特点，没有哪一种文化可以自称所谓的主流文化。传统的西方文化已经没有任何理由成为世界的主导。整个世界趋向多元化，心理学也应走综合研究的道路。每一种文化都有其独特的心理生活，所以有必要去关注本土文化的影响。本土心理学的研究是整个心理学发展不可缺少的，然而本土心理学并不是心理学研究的最终目的。心理学要取得学科上的统一性，必须超越本土心理学，片面强调本土心理学的研究，很

---

① MARSELLA A J.Toward a "Global-Community Psychology"：Meeting the Needs of a Changing World［J］.American Psychologist，1998，53（12）：1282-1291.

可能重蹈传统西方心理学的覆辙，各自为政，损害心理学的统一性。

心理学的全球化需要以问题为中心，这是全球心理学的本质特征。传统西方心理学之所以离现实越来越远，其根源就在于以研究方法为中心，过分注重研究方法的选择与操作，让心理学背上沉重的包袱，始终处于如何对研究对象取舍的艰难选择冲突中。西方心理学家总是以科学的研究方法为标准来衡量对象的可研究性。以研究问题为中心的实质就是首先考虑研究问题的真实性，然后再选择合适的方法去研究。让研究方法服从于研究对象，而不是让对象服从于方法。现代社会已经不再是一极化的世界，社会生活的各个方面都呈现出多样化的特点。心理学的理论建设也是如此。心理学应该告别以研究方法为界限的单一理论体系时代。人类的心理生活不是一幅简单的画面，任何单一的理论想全面解释这幅画面都是不可能的。例如，斯金纳的强化理论，把一切行为都归于强化，并由此认为一个社会进步的要义在于设计一个能够生存、发展的文化体系，以取得良性的强化，以此影响社会成员的行为规范。斯金纳幻想用强化的方法建立一个美好的乌托邦，显示了他在复杂社会现实面前的幼稚。同样的，班杜拉无视社会现实的复杂性与多元性，试图用"自我效能"的群体效应起到改变落后社会现实的作用，这显然是不可能实现的。心理学家的任务不是为了体系而建立体系，而是为了解决现实问题。

国内著名心理学者荆其诚曾经提出："真正的科学心理学必须考虑到世界各地的研究"，但他紧接着就开始进行反问："但是问题是，不同文化集体间的行为差异能大到必须建立一个完全新的心理科学的地步吗？"根据他的观点，不同国家（包括众多发展中国家）的心理学不断发展，将更多研究成果加入心理学的大家庭中，跨文化的研究最终将与主流心理学联合，二者将共同提出更强有力的普遍适用的理论。他多次引用塞格尔的话来证明自己的观点："跨文化心理学的消灭之时即其成功之日。当心理学的全部领域成为真正国际化和文化兼容时，换言之，当它成为真正的人类行为的科学时，跨文化心理学就达到了它的目的，而成为多余的了。"[①]心理学的未来必将是一种国际

---

① SEGALL M H, LONNER W J, Berry J W.Cross-Cultural Psychology as a Scholarly Discipline: On the Flowering of Culture in Behavioral Research [J].American Psychologist, 1998, 53（10）: 1101-1110.

的心理学，即"在可见到的将来，随着全球化的进程和国际交往的增多，将会看到行为和意识研究的更多的交汇，国际心理学也会有较少的差异而有更多的共同性"。心理学的一些研究领域共性是主要的，另一些研究领域文化特性是主要的，这方面的研究无论在研究的选题上还是在研究方法上都会有所差异，然而其发展方向是趋向减少差异而有更多的共性。心理学已经发展成为一个非常丰富的学科，研究者更倾向于采用多样化的观点来解决存在的问题，而不是固守在一种理论或体系中。"心理学中的学派之争不那么激烈了，更倾向于取长补短，互相尊重，那种唯我独尊，别人全错的大批判已经不多见了。"

当然，中国心理学所面临的挑战与矛盾也是极为严峻的。有学者从国际视野出发，审视了中国心理学发展所面临的挑战，认为中国的改革开放已经极大地刺激了中国的经济增长，但是中国的传统文化也遭遇了现代化与全球化的挑战。怎样处理好心理学的国际性与本土化之间的差距，是中国心理学所面临的重要课题。"中国的改革开放和现代化给中国的经济和社会带来了巨大变化。一方面是中国古代的传统和价值观，另一方面是现代化的全球性文化，二者之间的冲突引出了大量的社会和心理问题，等待社会科学家去研究。"①

三、面向现实关怀的心理学：马克思主义心理学理论研究的内核

现实关怀是马克思主义思想的精神所在。马克思主义心理学研究的一个突出特点就是对现实社会的热切关怀和社会变革精神的强烈参与。这种精神对心理学的未来发展开辟了一条广阔的道路。近20年来，西方国家进入了后现代社会，资本主义的危机已经改变了形式，不再仅发生在经济和政治领域，也反映在了技术和社会精神问题方面。伴随着科学主义、技术主义和消费主义文化的深入发展，给人的自身存在和本质的全面自由发展带来了新的阻力。

---

① JING Q, ZHANG H.Advances in Psychological Science［M］.East Sussex：Psychology Press/Erlbaum（UK）Taylor & Francis，1998：271-291.

机器束缚人，科技支配人，物品奴役人，科学技术使人失去了本来的自我，物质消费使人变成了异化者和单向度的人等问题，要求心理学家超越"实物的人"的局限，从更为广阔的角度研究人的心理与精神。

习近平总书记在哲学社会科学工作座谈会上的讲话中指出："我国广大哲学社会科学工作者要自觉坚持以马克思主义为指导，自觉把中国特色社会主义理论体系贯穿研究和教学全过程，转化为清醒的理论自觉、坚定的政治信念、科学的思维方法。……理论思维的起点决定着理论创新的结果。"总书记在这里提出的将科学的思维方法作为哲学社会科学研究的重要内容，不仅对弘扬社会主义正能量与防止思维走偏具有普遍性意义，而且对于凝聚中国力量探索中国梦具有重要的现实意义和深远的文化价值功能。心理学研究需要重视批判、反思与创造的方法。

（一）科学性精神：马克思主义心理学研究的理论创新实质

马克思主义理论蕴含着丰富的自然科学精神和人文主义思想公理。马克思主义心理学理论研究首先要坚持马克思主义的自然科学与人文科学思想公理，为心理学的理论建构奠定坚实的基础。当代科学性一般需要有公认的基础假设，由公设用逻辑推导出整个体系的逻辑自洽性、可证伪性，以及理论实践应用的重复有效性。所谓公认的基础公理，就是指每种理论需要有普遍赞同的基准前提，例如，数学上的几何以五公式为前提；物理学以牛顿定律为前提；经济学以资源有限、欲望无穷为前提。心理学经过130多年的发展也积累了许多公认的基础假设，像心物关系、心理与生理的关系、韦伯—费希纳定律、史蒂文森定理、短时记忆的编码组块等。理论研究也需要遵循逻辑自洽性，即逻辑推导的自身不矛盾性，特别是推论或结果之间的不矛盾、结果与公设不矛盾，突出理性思辨的逻辑性。证伪性原则也是检验理论科学性的一个有效法，科学体系是可以被证伪的体系（可以被证明是错的），而伪科学体系是不能被证伪的体系。波普尔在其著作中认为，像弗洛伊德和阿德勒的理论中存在的一个主要问题是进行"事后断言"，而不是进行事先断言。"由于这些理论没有做出冒险预测，它们也就没有被证伪的危险，因此就不是科学理论。"①波普尔在《猜想与反驳》一书中说："一种理论的科学内容越多，理论传达的东西越多，它所冒的风险也就越大，也就越容易受到未来经验的反驳。理论如果不冒这种风险，其科学内容为零——也就是说它根本没有科学内容，它就是形而上学。"②理论对实践应用方法的重演有效性更是检验理论科学性的重要标准。科学在其领域是普适的，是可验证的。不会因为操作者不同，得到不同的结论。这保证了科学性要求。

从科学知识的传统三元定理来看，知识是由"真实、信念与确证"这三个要素组成的。知识的第一个要素必须是真实，"真实"是知识的必要条件。构成知识的第二个要素是信念，即相信它是真的，才能成为科学知识。第三个要素则是确证，知识是作为确证的真实信念。就这个意义而言，心理学基本理论或理论心理学所研究的对象，既是真实的，也是可以确证的，当然是可以相信的。人的心理现象及活动规律，既有实证性意义的定量现象，更有非实证性意义的定性活动存在。实证性的定量心理现象，对于人类活动而言意义是比较有限的，普遍性比较弱。而心理活动更为普遍的是"无法量化"的客观存在，需要依赖于理论研究和实证研究的方法加以全面认识把握。理论的研究方法主要是通过理论推导或对已存在的现象事实进行分析而提出或总结关于心理现象与规律的看法。而实证的研究方法则是指根据一定的研究目的，按照数据分析的要求获得数据材料，总结得出关于心理现象与规律的结论或观点。这两种研究范式应该互相补充，没有必要区分"谁是正统"。科学知识研究的义务在于揭示真理和规律。从科学性出发进行的心理学理论研究领域同样是值得依赖的。当前理论心理学的发展面临着一个"后理论"的挑战，不是宏大的理论叙事，而是微观理论。如果说，后理论研究的主要特征表现在两个方面：一个是话语叙事心理学，另一个是多元化心理学，那么马克思主义心理学至少是多元化中的一元，而不能没有。当代西方马克思主

---

① 赫根汉.心理学史导论［M］.郭本禹，蔡飞，姜飞月，等译.上海：华东师范大学出版社，2006：12.

② 波普尔.猜想与反驳——科学知识的增长［M］.付季重，纪树立，周昌忠，等译.上海：上海译文出版社，1986：127.

义也出现了从科学走向叙事的趋势，西方新马克思主义心理学研究不再只研究宏观叙事问题，也转向微观具体层面，这使得马克思主义的概念更贴近心理学的话语系统。心理学的理论研究既要坚持从真理、规律观念出发，又要坚持一定的价值、规范约束。这一真理、规律"反映的是人脑对客观世界的本真认识，价值观念反映的是事物属性与人的主体需要之间的关系"①。从真理、规律观念出发，心理学理论的研究应该始终坚持实事求是的科学性原则，客观准确地揭示人心理活动的本质属性和内在规律，反映和还原心理活动的原本状态，增强心理学研究的科学性。在研究方法上，马克思曾指出，科学上正确的方法由两条道路组成，在第一条道路上，完整的表象蒸发为抽象的规定；在第二条道路上，抽象的规定在思维的行程中导致具体的再现，这说明马克思把"实证的东西"和"辩证的东西"有机地统一在一起了。②

科学创新精神也需要体现在价值规范层面。心理学理论研究必须服务于国家的社会需要。人的心理活动不可能脱离社会文化的制约，也不可能不受特定的社会条件下经济、文化的影响。心理学绝不单纯是自然科学的事业，更重要的是一项社会事业。心理学理论研究创新水平的提高离不开对政策经验的总结提升。

（二）批判性精神：马克思主义心理学研究新取向的集中反应

批判性是马克思主义理论创新的一个重要特点。马克思主义经典理论具有双重批判的创新特点，马克思主义创始人一方面批判资本主义社会制度和大工业生产给人带来的劳动异化问题，另一方面提出了在吸收资本主义工业生产的先进成果基础上建设全面自由发展的共产主义人类理想社会。

当前西方马克思主义心理学理论研究的一个突出取向是重视批判精神。这一取向在心理学研究中具有突出的价值意义。英国马克思主义心理学者帕克认为，当前批判心理学的任何表现，在某种意义上说也是马克思主义的形

---

① 司晓宏.教育管理学论纲 [M].北京：高等教育出版社，2009：11.

② 陶德麟，汪信砚.马克思主义哲学的当代论域 [M].北京：人民出版社，2005：300.

式再现。① 马克思主义取向心理学强调理论的反思和批判功能，从本体论的角度解释批判研究的张力并重视批判性的现实主义。② 这种方式类同于科学哲学的功能。也就是说，理论心理学研究需要持续关注对经验后的反思，追寻心理学研究为什么这样做，以及怎样才能发展得更好。进入21世纪以来，国外马克思主义者特别是西方马克思主义心理学者在不懈研究中取得了明显的学术进展，主要表现出了这样几个发展趋势：一是对西方社会的批判出现了由宏观批判走向微观批判的重心下移趋势，也可以说能够在重视批判的同时，积极寻找新的理论支撑点。二是在科学观和人的本质观方面充分发掘马克思主义的思想资源，强调马克思主义的学说不仅成为哲学、社会科学、人文学科的学术准则中重要而且被认可的组成部分，而且也是自然科学研究的学术准则的重要组成部分。三是积极回应现实社会的重要现实问题和参与社会变革，丰富了社会心理学领域的研究成果。四是在伦理道德心理学层面重视对马克思主义全面自由发展的理想人格境界的探讨和发掘。他们对人类未来健康心理的积极憧憬，对西方资本主义文明前景的人道主义忧虑和关怀，给人们留下了深刻的印象。

西方新马克思主义心理学的批判精神表现在以下三个方面：首先，它质疑主流心理学所谓的"变量研究范式"，重视历史经验法，这在批判心理学创始人霍兹坎普（Holzkamp）和厄恩斯特（Ernst）的相关论著中表现尤为明显；其次，反对主流心理学研究将抽象孤立的个体当作"人类的全部"或者"全部有机体"，重视社会不同利益集团的心理差异；最后，强调心理学必须是一门具有历史性和社会文化性的学科，提出心理学研究应重视马克思主义的辩证唯物主义和历史唯物主义的指导作用。

现代心理学是当代西方心理学的主流，它表现出基础主义、本质主义、个体主义等特征。主流心理学重视心理现象的生理基础的探讨，力图给心理现象一个稳定的物质基础，给心理学的研究构建一个科学基础。近几年来出

---

① PARKER I.Marxism & Psychology: Conference Report［J］.Psychology in Society，2010（39）：65–66.

② PARKER I.Critical Psychology and Revolutionary Marxism［J］.Theory & Psychology，2009，19（1）：71–92.

现的认知神经科学热也与追求这种理想有直接的关系。无论是科学主义心理学还是人文主义心理学，都相信心理现象的本体论地位，认为心理现象是一个不同于物质现象的"精神存在"，具有实体性的地位及特征。

后现代主义心理学对西方主流心理学进行了猛烈的抨击，矛头直指主流心理学的立论基础：实在论、反映论和个体主义。后现代主义心理学认为，当代西方主流心理学代表了心理学的现代主义理想，体现了当代西方社会的现代主义价值，在当代西方社会的后现代主义思潮面前，心理学中的现代主义已经面临着无法摆脱的困境，因此需要进行一场激进的革命，以重构当代心理学。

从社会建构的观点来看，传统心理学的研究对象——人格、态度、情绪、认知等并非一种内在的实在。心理现象并不存在于人的内部，而是存在于人与人之间，是人际互动的结果，是社会建构的产物。语言"能指"的名称和"所指"的实体之间并不存在一种本质的、必然的联系，其关系是人为的、偶然的。从社会建构论的观点来看，语言是先在的，语言的"能指"功能并非仅仅具有命名作用，它同时还具有规范作用，它规定了人们认识的方式，限定了人们思维的方向。因此，语言在一定程度上并不能把其看作一个中性工具和媒介，也不能认为是一个真理的载体。①

个体主义是现代主义中的一个重要体现。自17世纪一次伟大的反封建的思想解放运动之后，个人理性的价值一直被倡导和推崇，其目的在于通过理性之光驱散愚昧的黑暗，进一步反对宗教神学的专制主义。启蒙思想家们认为人们的心中都存在着一个自主控制的领域，并且其不受外力的制约。在这样的文化的盛行和滋养中，逐渐演变拓展并成为主导西方社会的个体主义倾向，其深刻地渗透和作用于社会生活的各个方面。而遗憾的是，心理学中的个体主义往往习惯于通过个体内部来寻求行为的动因，用生物的、生理的、机械的因素解释人的社会行为，而使社会文化逃脱于心理制约作用的影响。实验社会心理学的创立者奥尔伯特非常认同该观点，宣称社会心理学首先是

---

① GERGEN K J, THATCHENKERY T J.Organization Science as Social Construction：Postmodern Potentials ［J］.The Journal of Applied Behavioral Science, 2004, 32（4）：350-377.

一种个体的心理学，因为社会心理是由个体心理组成的。在此之后的各心理学流派，无不从个体的内部，或者从对个体直接的环境刺激的角度认识心理与行为，认为心理和行为理所当然具有个体属性，文化和历史的因素被置于无关紧要的位置，造成了心理学中个体主义倾向的盛行。

人类的认识总是在不断地发展和进步。20世纪初期韦伯、舍勒（Scheler）和曼海姆（Mannheim）等人对经验论和唯理论所倡导的个体主义知识观产生了质疑。他们认为科学知识并非科学家在实验室中的客观发现，而是一定的意识形态、文化实践、政治导向和社会利益的产物。心理学的研究也需要从关注个体理性转向关注公共理性：个体理性并非潜伏在理性行为背后"指导"和"控制"行为的内部过程，而是个体参与社会生活的一种形式。[①] 理性不是个体的，而是公共的。这种公共性质首先表现在语言是公共的，使用语言意味着接受这种公共性的影响，然后，行动方式的"适当"与"不适当"不是由个体决定的，而是相对于文化习俗的。国际知名的理论心理学家格根指出："后现代主义发现个体理性的概念存在着严重的问题……语言是一个依赖于自身的系统，既前于个体而存在，也后于个体而消亡。因此，作为一个理性个体而言是参与到一个已经构成其自身的那个系统，其言说是借鉴了已存在的格式或适当的话语风格。在这个意义上，个体理性仅仅是一种文化参与形式……"[②] 对于个体的意识体验，不是把它视为反映外部实在的镜子，而是看作参与的一种关系。幸福和伤心的体验是一种关系形式，是某种人际关系的扩展和延伸。"建构论视知识起源于各种关系。"[③] 因此，知识不是通过客观方法"发现"的，而是人们在社会生活中互动、协商和建构出来的。

西方主流心理学，由于一直处在经验实证科学范式的影响下，强调实验

① BLYTH E, BURR V, FARRAND A.Welfare of the Child Assessments in Assisted Conception：A Social Constructionist Perspective［J］.Journal of Reproductive and Infant Psychology，2008，26（1）：31-43.

② GERGEN K J.Psychological Science in a Postmodern Context［J］.American Psychologist，2001，56（10）：803-813.

③ RASKIN J D.The Evolution of Constructivism［J］. Journal of Constructivist Psychology，2008，21（1）：1-24.

室实验等经验方法，把客观化作为理想的目标。这种理念的指导，无疑逃避了文化历史背景的分析，包括文化因素、价值观念、社会背景被作为无关的干扰而被排斥在研究者的考虑之外，也就是说认为个体是脱离社会文化背景而存在的抽象的个体。这种研究模式在心理学中造成了一种错误的导向。

被西方主流心理学所崇尚的实验室实验就其本身来说并没有什么过错。自然科学使用实验室实验取得了丰硕成果，在人类认识自然、改造自然的过程中发挥了极其重要的作用。问题在于自然科学探讨的是自然现象，而心理学探讨的是充满着社会文化因素的精神现象，两者之间的差异使得实验室实验不能简单地套用在心理学的研究中。在心理学的研究中，无论实验设计多么严密，主试和被试都会把各自的文化背景带入实验情境中，从而对实验结论产生影响。"知识的生产，无论是通过科学的程序还是其他方式，都不能脱离文化，并且是文化的一个部分。即使当科学获得了它自身极大的冲力时，科学仍然锻造于文化的锅炉中，使用着文化提供的语言概念，并因是否符合文化的需要而受到奖赏和忽略"[①]。

拒绝考虑文化历史背景的分析必然导致一种把个体看成抽象的存在的倾向，当分析行为产生原因时习惯于从个体的内部心理机制着手，而忽视行为的情境和文化因素。这种"科学与价值无涉"的信念随着实证主义的衰落，在人文科学阵营受到普遍质疑。在心理学家的心目中，智力理论没有价值偏见，对所有的人都是公正的。但是现在许多心理学家都已经意识到，传统有关智力的理论建构带有浓厚的文化价值色彩。它是西方文化价值观的产物，同时又服务于西方文化。智力测验在20世纪初期成为种族歧视的工具就是最好的证明。此外，西方个体主义的意识形态也造就了个体主义的心理学理论。

在20世纪30年代，法兰克福学派利用黑格尔和马克思的理论观点，将矛头直指启蒙时期以来形成的实证主义科学观、技术理性和自由资本主义。这些学者不满足于对资本主义社会进行经济学和历史学的实证性分析，而是对整个资本主义社会进行总体性的哲学和社会学批判，形成了社会批判理论，

---

① MARECEK J.Gender, Politics, and Psychology's Ways of Knowing [J].American Psychologist, 1995, 50（3）:162-163.

其目的是揭示所谓科学真理和技术理性背后隐藏的价值偏见。这些强力的声音首先影响了心理学中的女性主义者。女权心理学家认为，造成主流心理学忽视和扭曲女性心理，把女性心理边缘化的根本原因是主流心理学盲目地以自然科学为楷模，效仿自然科学的经验实证研究模式。

进入20世纪90年代以来，一批女权主义马克思主义心理学者也不遗余力地批判了传统主流心理学中存在的男性中心主义偏见，并试图通过对心理研究议题的重新审视、再度诠释和修正，完善心理科学。他们试图通过马克思主义理论对心理学的基本概念、理论和方法进行革新，以重建与传统主流心理学相异的、适合社会现实、重视"人"本身的马克思主义心理学。[①]女权主义心理学者指出，所谓"客观""中立"的主张实际上掩盖了男性的价值观，维护着男性的权力和社会地位。孤立实验情境、排斥社会环境因素的影响是造成扭曲妇女形象的原因之一。实验者假定被试是一个不受性别、社会地位、态度和信念、文化传统影响的一个"纯"被试，所得到的结论是最可靠的，可推论至一切情境中的一切人。然而，那些被实验者排除的因素可能恰恰就是决定行为的关键因素。性别的角色期待、文化传统的影响是造成差异的根本的原因。传统心理学把这样的一些文化影响下的心理特征描绘成天生的、固有的，其结果只能起到维护男性对女性不平等权力关系的作用，掩盖了男性为中心的社会中女性受压抑的本质。印度心理学家文德娅在分析价值中立信条的危害性时指出："心理学的价值中立概念所体现的意识形态功能是十分明显的，它使公众以先入为主的方式毫不犹豫地接受心理学的主张，并把这些主张看成非政治性的真理，而实际上心理学的这些主张不过是一定社会历史条件下形成的思想观念。由于心理学的发现被描绘成非政治性的，因而事实上传播了占统治地位的意识形态，行为的所谓"客观"描绘实际上成为理想行为的规范……在价值中立的外衣下，心理学传播了个人主义、男性优越和政治上的顺从等观念……"[②]

---

① YANCHAR S C, GANTT E E, CLAY S L.On the Nature of a Critical Methodology［J］. Theory & Psychology，2005，15（1）：27-50.

② VINDHYA U.Feminist Challenge to Psychology.Issues and Implications［J］.Psychology and Developing Societies，1998，10（1）：55-73.

新马克思主义心理学家吉尔根曾抨击西方主流心理学研究存在的弊端主要体现在以下五个方面：

一是研究价值的无涉性。许多人认为心理学的研究应当远离价值取向，但每个研究者实际上都有自己内隐的价值取向，因此，研究价值的无涉性导致的结果正是内隐性偏见的出现。

二是片面强调研究普适性，无视心理现象的复杂性与多元性。事实上每个地域和每个国家以及不同阶层的心理都有着巨大的差异性，过分强调普适性结果，将会导致出现特质性结论，进而出现"风险人群"的偏见性结论。

三是标榜价值中立性，强调非政治化。亚里士多德将人定义为"政治动物"，强调了社会政治关系与人类生活的密切联系。因此，价值中立导致的研究结果往往是对社会底层和落后地区的大众心理问题的偏见。

四是实证主义的"客观性原则"。实证主义的"客观性原则"反对心理意识等概念，其结果必然导致没有心理的心理学的出现。同时，主流心理学为了维护客观性原则，又会产生将人类复杂的心理过程简单化的倾向。

五是实证的科学方法的垄断地位。从其基本特征来看，主要是基于现象论学说，不认为可以通过理性来认识感觉材料，而主要承认我们能够在对现象的归纳基础上掌握科学定律。但同时，对研究方法和技术手段的过度迷信和推崇，会导致对理论研究和理论综合的忽略和弱化，其结果必然造成心理学枝叶繁茂但又主干脆弱的困境。

马克思主义心理学家通过对主流心理学存在的弊端进行分析与批判，强调心理学研究者在研究中应当重视科学理论的指导作用，关注社会生活的各种因素对人们心理活动的影响，特别是社会实践对心理活动产生的巨大影响。由此强调心理科学的研究具有社会情境性与价值负荷性，并主张心理学研究应秉持多元化的方向。①

根据新马克思主义心理学的代表人物帕克的观点，一个真正的反资本主义批判心理学包含四个相互联系的元素，批判心理学的这几个元素能使研究

---

① GERGEN M.Feminist Reconstructions in Psychology: Narrative, Gender, and Performance［M］. Thousand Oaks: Sage Publications, 2000: 16.

更深入地回答，甚至使"为什么为批判心理学"这个问题不攻自破。这四个批判分析的元素也许能通过这种客观学习让我们更接近马克思主义方法。①

其一，在宏观层面上，马克思主义心理学需要更接近对心理学运作的优势形势的分析。分析不仅仅需要聚焦在"心理学模式"上，也需要聚焦在心理学所用的方法上。从社会关系中个人主体的抽象性和研究者的抽象性，心理学家们构想出我们活动的真实原因是心理学再呈现出资本主义下我们的第二本性元素。它将引导我们建立一种心理学化的政治经济学，正如在资本主义下它将在更广发的商品流通中运作。

其二，将是怎样的历史性组成替代心理学的学习，以便他们能确保关系的思想体系再呈现或摧毁他们。需要注意的是我们现在所使用的每一个框架都是资本主义开辟新市场所必须的条件。这不断变化的资本主义思想体系文本由商品生产和消费方式反映的不同矛盾构成。正如在新自由主义看到的案例一样，替代心理学的学习应该包含在它之上的政治经济条件里。②

其三，在日常生活中怎样使这些概念运作并产生当代心理文化也是值得探究的。将心理学作为一门学科的历史性理论性分析，我们需要细致的文化分析，分析我们复制的某种精神生活的条件其必需的错误意识的新形式。需要寻求翻造日常生活实践对心理学可能形成的抵制基础。商品的抽象和流通使从事智力研究成为可能。但他们确实没给我们任何直接的入口，这也是经验主义这个思想体系走到尽头的原因。集体事件形成了抵制的基础。有些理论研究必须作为集体革命推想的一部分，将抵制呈现在我们面前，并发挥效用。

其四，帕克通过对当前英语世界中的批判心理学的表现形式进行探讨分析，认为批判心理学的任何形式，在某种意义上也是马克思主义的。在英语世界里，心理学对给予的言行的记录学习已经相当普遍了，但是，对其有关方法与理论的批判，已成为批判心理学的趋势。不管批判心理学是明确的政

---

① PARKER I.Critical Psychology：Critical Links［J］.Annual Review of Critical Psychology，1999，1：3-18.

② GORDO-LOPEZ A J，CLEMINSON R.Techno-Sexual Landscapes：Changing Relations Between Technology and Sexuality［M］.London：Free Association Books，2004：17.

治争论还是隐晦的政治争论，概念和方法论存在争论已是一个不争的事实。从表面看来，在心理学里"批判"争论的出现总是外部世界政治斗争的一种功能。当我们出售我们的时间给一些机构时，这些机构想通过我们的劳动力获利，并且这些机构在我们为人类做出巨大贡献的方面还撒谎。①独立的心理学个体本是社会关系的总和，却被粗劣地分解成元素，并且加上一些社会心理学尺度，这是对我们的一种羞辱与伤害。家庭、私有财产和国家是一种物质结构，它是特殊社会关系的集合，是我们进行作用的一种结构条件，并不是社会心理学研究的领域。更甚者，有关的心理学描述激发的功利主义的透明度，也阻碍了从我们身上榨取剩余价值的认识方式，亦阻碍了看清学术加速文化的资本化。而这一刻看上去好像仅仅是在为世界做贡献。对待不健康和不幸的方式也忽略了扩大的异化和剥削，这是在没有检查普遍的思想体系神秘化的前提下将错误信念当成我们批判的目标，而这些也导致了工作和休闲好像所有人都相同，实际上不同，所以对受害者继续指责。但是，心理是社会的建构，这就足以说明心理不是一种自然现象的存在。对自然现象而言，它有着其本身所具有固定的机制与规律，不论社会怎样变迁，文化怎样不同，都能够在一定程度上保持相对的稳定性，并与人们对它的认识无关。不同的是作为一种社会建构，心理现象存在于社会交往和互动中，同社会文化息息相关。如果在人的内部确实存在人格结构，那么在一切情景中都应该表现出与内在结构一致的行为，可实际上，在不同的情景和场合，行为表现并不一致，比如，在这一场合，我们可能腼腆、羞涩、沉默寡言，但是在另一场合情形可能恰恰相反。这说明行为是被情景决定的，而不是被人格结构决定的。心理是文化的建构。所以心理现象的分析不能与文化隔离，必须在文化历史过程中分析心理是怎样被语词建构的，这些建构又受到哪些文化历史因素的影响。②"人的心理过程基本上是社会性的，是通过会话的公共实践而获

---

① DRURY J.What Critical Psychology Can't Do for the "Anti-Capitalist Movement"［J］. Annual Review of Critical Psychology，2003（3）：90–113.

② MORROW S L.Qualitative Research in Counseling Psychology：Conceptual Foundations ［J］.The Counseling Psychologist，2007，35（2）：209–235.

得的。"①

马克思主义的唯物史观在方法论上为批判理论奠定了基础，成为批判理论家们锐利的思想武器。卢卡奇（Lukács）认为，历史唯物主义"提供给我们历史地因而是科学地观察现实的观点，从而使我们能够透过历史表层，洞察到在现实中控制着事件的深层的历史力量"，"是所有无产阶级的武器中最重要的武器之一"。② 马尔库塞（Marcuse）也认为历史唯物主义"是揭露使人受物质生产盲目结构奴役的社会批判工具"③。

资产阶级心理学内部的唯心主义和机械决定论，导致科学心理学成为资产阶级的心理学，成为一种抽象的孤立的个体心理学，泯灭了心理差异性。因此须通过心理学的理论来指导人们更清楚地认识自己的阶级立场和经济地位，通过人与人之间的合作斗争来达到自己以及大众的心理健康。首先，心理学的研究对象应当为全体的人。正如许多主流心理学家混淆了人类的主体性和动物的差异，资产阶级心理学同时也抹杀了工人阶级和资产阶级主观经验的差异。因而心理学应当是人的共性心理的研究，研究的意义在于指导全体人的心理发展，而不是某个阶级群体。其次，应否定资产阶级心理学对心理学的"变量研究范式"观点。该种研究途径实际上割裂了心理学研究对象的属性与社会人的属性之间的必然关联，并导致心理学的研究方法局限于模拟个体行为，而使研究对象的社会性背景被最大限度地控制。这个问题直击科学心理学的软肋，同时也代表着实证科学的统治地位受到挑战。正是因为看到了资产阶级心理学研究的以点带面，批判心理学创始人霍兹坎普提出了新的研究思路，即在马克思主义自然辩证法的思想指导下，使用历史经验法追溯了心理机能与结构的起源和发展。最后，心理学必须是一门具有历史性和社会文化性的学科。运用历史经验法是站在高处俯视人类的心理，不是微

① HIBBERD F J.Unfolding Social Constructionism［M］.New York：Springer Science & Business Media，2006：19.

② 卢卡奇.历史和阶级意识：马克思主义辩证法研究［M］.张西平，译.重庆：重庆出版社，1989：240.

③ 马尔库塞.理性与革命：黑格尔和社会理论的兴起［M］.程志民，等译.重庆：重庆出版社，1993：267.

观的。

在批判心理学者看来，马克思主义的相关概念，人作为社会关系的总和、家庭、物质、私有财产和国家，剩余价值和文化资本、异化和剥削以及思想体系的神秘化等分析元素将与标准心理学概念相对照，心理学中常用主体、社会、功利主义透明度，不健康经历和错误信念，论点、反射点、阶级意识，制度空间和社会革命，这些概念来反对传统中立概念、理性主义、个体高峰体验、科学知识和适应以及改善，马克思主义与之相对应，其概念是永恒的变化，相对永久结构的从事，理论实践，唯物辩证法和预示政治，这些概念能与主流心理学中的概念相抗衡，主流心理学中用准入的标准程序，实用主义、经验主义、实证主义以及勾勒的蓝图等，批判心理学家需要评估和挑战、恢复的程序，一种恢复是如此有效，以至于只有一种理论资源——革命的马克思主义——用来处理问题和再一次确保对心理学学术、职业和文化各方面有正确的基础立场。①

前面我们通过对国际心理学研究中的马克思主义取向的梳理可以发现，部分心理学家自觉或不自觉地运用马克思主义来表达自己的理论观点。马克思主义在心理学学科的发展中产生了不可忽视的影响，在学科建制以及心理学的知识生产方面充当着发起者与促进者的角色，重新学习和审视马克思主义理论在心理学研究中的地位、作用与价值，反思在当今时代背景下面临的种种社会问题；学习和掌握心理学流派的马克思主义取向的主要观点、重点问题和发展限度，确实会为切实贯彻马克思主义的科学精神，为促进心理学的发展提供有益的借鉴和重要的启迪。

（三）关怀性思维：马克思主义心理学研究需要的科学思维方法

科学思维是指进行思维活动的态度精神和采取的手段与方法。多年来，学术界对科学思维方法有许多不同的见解和提法。在马克思主义哲学中，科学思维被表达为唯物主义辩证法，即唯物主义是科学，辩证法是方法。科学是如实反映客观事物固有规律的系统知识。因此，所谓科学的思维方法，其

---

① PARKER I.Critical Psychology and Revolutionary Marxism［J］.Theory & Psychology，2009，19（1）：71-92.

核心在于强调思维的态度与方法的科学性，也就是要求人们的正确思维能够尊重事实，从事实出发，如实反映客观事物的固有规律。客观事物是不断发展变化的，那么我们能不能做到"如实"和能不能如实反映客观事物的"固有规律"，就成为"科学性"的重要标志。

回顾人类认识的发展历史，在许多情况下人们的思维方法经常会出现各种各样的偏差、失误，陷入因循守旧、脱离实际、主观唯心论、机械论和迷信论，特别是片面化、极端化、绝对化的泥潭而不能自拔。因此，强调坚持科学的思维方法就显得特别重要。

近年来，许多人在讲到科学的思维方法时，特别强调"科学的思维方法主要包括批判性思维和创造性思维"。诚然，批判性思维和创造性思维是推动人类文明进步的主要动力和发展机制，批判性和创造性是发现、评价真理以及维护社会公平正义的重要条件和必要程序。应该说，推崇批判性思维与创造性思维自然有其合理性和优势，然而人类社会的进步仅有批判性思维元素是远远不够的。从某种意义上讲，批判容易导致建设难。如果缺乏建设性和关怀性的批判，抑或是破坏性或情绪性的批判，不仅对人们的生存和发展带来极大的危害，而且会对年轻一代特别是后世子孙产生极大的误导。良好的社会建设事业既是批判出来的，更是积极鼓励出来的。建立在科学理性的批判性思维基础上的关怀性思维会具有更强的生命力。

当前批判性思维作为一种观念、一种认知与情绪已经得到了多数人的认同与关注，然而作为一种思维立场与方法，还没有得到广泛的重视。更令人担忧的是，当前批判性思维已经出现了甚嚣尘上的异化问题，正如有学者撰文指出的那样："由于当代社会'动态社会'成为常态，道德教育乃至全部教育应该以'教会选择'为使命，培育'批判性思维'成为全球教育的共同选择。但是由于人们对于'批判性思维'的误解，教育生活逐步形成了一种破坏性的教育逻辑。这一点可以从伦理规范的无节制否定导致的价值虚无，以及到处都是'愤怒公民'的政治生活现实以及不同政治主张的非此即彼、你死我活的精神状态中不难得以确证。"美国有学者也指出："批判性思维本身需要依据一定的标准，故如果我们试图对所有标准提出怀疑或挑战时，则批判性思维无以成立。因此，批判性思维不等于只有否定，批判思维应当有某种文明的底线，批判性思维应当在否定、挑战既定结论的同时具有建设性创新。"①这当然是从道德教育意义上谈这个问题的，可实际上这有可能逐渐演变为一个普遍性的哲学社会科学问题。国内学术界一些所谓的批判性思维出现了违反"底线思维"的迷途，甚至出现怀疑及砍掉中国特色社会主义建设"赖以栖息的树枝"的所谓"学术新观点"。像前几年有人提出"中国历史上的黄金时期往往出现于分裂割据时期"的怪论。在现实生活中，我们经常可以看到不少人为了解决眼下突出的问题，常常采取立即否定前面的做法，极端性思维立场、情绪性思维立场、破坏性思维立场，而不是建设性立场、关怀性立场。人们的思维总是由理由和价值观假设构成结论。价值观假设是"在特定的情形下没有明确说出来的喜欢一种价值观超过另一种价值观的偏向"。与价值观假设相对应的还有描述性假设。人们有时为了证明自己结论的正确性，不得不采用一些推理谬误，也许在这个过程中，其可能是无意识的，这时便需要相信自己的判断力，需要有科学理性与辩证理性联手运用的智慧。

当前我国社会繁荣发展的背后还面临着许多深层次的、高难度的发展问题。在改革进入深水区和攻坚阶段之后，各种社会问题矛盾交错在一起。旧的问题远远没有解决，而新的问题又在不断地产生与聚集。因此，需要不断反思本质、总结实践经验，积极寻找正确解决问题的方法途径。在这方面，科学的思维态度和方法便显得异常重要。

关怀性思维与批判性、创造性思维存在着密切的关系。学术研究的思维取向与方法往往决定着科学思维的深刻程度与发展前景。在有关思维取向问题上，许多人对批判性思维和创造性思维十分重视，而对关怀性思维的探讨比较缺乏。"关怀，一个美丽而充满爱的字眼，含有帮助、爱护、照顾的意思。关怀性，指一种'投注或全身心投入'的状态，即在精神上有某种责任感，对某事或某人抱有担心和牵挂感。"关怀性作为一种社会伦理品质，自古以来就是东西方传统文化中亘古不变的话语体系的重要组成部分，进入新世纪以来已经得到了多数人的认同与关注。近20年来，随着社会各界对关怀性问题

---

① 王华，霍涌泉. 关怀性：理论范式与实践探索 [J]. 国外社会科学，2014（5）：143-150.

认识的普遍加深，关怀性已从一种观念、一种思维发展到一种伦理、一种思潮，对培养和塑造人的价值观念有着积极的意义，成为当今时代一个新的研究热点和理论增长点。

在西方，最早将关怀性列入思维范畴的是美国心理学家布鲁姆（Bloom），他于1964年在认知过程分类学中提出，人类的复合性思维由创造性思维、批判性思维和关怀性思维三方面组成。布鲁姆将批判性思维（评价）和创造性思维（综合）确认为高级组成部分，即将关怀性思维视为一个独立的实体。1994年，李普曼（Lippmann）在第六届国际思维会议上进一步提出了"关怀性思维教育"这一问题，这就是国际上著名的"3C"理论。其中"3C"是指批判性方面（Critical aspect）、创造性方面（Creative aspect）、关怀性方面（Caring aspect）。这三种要素涵盖了人类天赋智能的本质。

关于批判性思维的概念，国内有一些学者主张把批判性思维译为"审慎性思维"，因为是建构而非破坏的社会逻辑例证之一，应当落实到各个环节之中。美国学者恩尼斯（Ennis）提出，批判性思维是指在确定相信什么或者做什么时所进行的合理而成熟的思考，包括情感倾向（批判精神）与认知技能（批判技能）两个部分。批判性思维的核心是解释、分析、评价、推论、说明和自我调节。"有一套相互关联、环环相扣的关键问题的意识；恰如其分地提出和回答关键问题的能力；积极主动利用关键问题的强力愿望。批判性思维是对日常问题有价值地识别和评价的方法。"英国的两位学者尼尔（Neil）和基利（Kiely）在2013年进一步提出，批判性思维可以分为两种"弱势批判性思维和强势批判性思维"。弱势批判性思维主要是指捍卫自己的观点，感情用事。强势批判性思维是理性科学的思维。具有批判性思维的人应该理性思考，切勿感情用事，应当学会运用充足的证据说话。批判性思维由"论题、结论和支持结论的理由"三要素组成。

创造性思维是以感知、记忆、思考、联想、理解等能力为基础，以综合性、探索性和求新性为特点的心智活动。其是大脑皮层区域不断恢复联系和形成联系的过程。

关怀性思维是存在于评价与综合之中的高级情感思维，其伴随着批判性思维与创造性思维进程的欣赏、关注、照顾等的情感智慧。西方学者将关怀性思维归为高级思维，不仅因为关怀性思维由诸如描绘、过滤、区分和权衡等低明显性的心理行为组成，而且是高级思维的价值所在。关怀性思维所蕴含的特征体现在欣赏思维、情感思维、动作思维和移情思维四种类型上，即主要体现在承认、重视、尊重、珍惜、关照、培育、同情、欣赏和回应等方面。这一观点对关怀性研究的最大贡献是将人的情感与智能这两个相对独立的领域研究进行融合。

关怀性思维与批判性思维、创造性思维这三者之间存在着密切的内在联系。批判性思维往往趋向于构建规范系统，旨在回答"确切的问题是什么"，其常常会消除判断的必要性；而创造性思维会趋向建立启发式论据，重点回答的是"什么令人惊奇而又未曾提出问题"，但极端化的启发式论据代表着缺乏推理的判断。关怀性思维的成分二者皆有，其关心对重要事物的保存，能够结合情景思考了解伴随着人们的批判性判断和创造性判断的显性和隐性价值，激发关于重要事物的评价性关怀思维。培养学生推理判断的批判性、创造性和关怀性就是培养他们掌握事物的能力。

近十年来，国内外认知科学和心理学界掀起了一场认知神经科学研究的新浪潮。有学者曾预言运用认知神经科学能够打开大脑的"黑匣子"，揭开"大脑产生心理"的奥秘。社会认知神经科学对人类关怀性的兴趣主要集中于道德判断、共情和利他行为等脑机制研究，这方面的研究不仅为我们提供了新的视野，而且提供了更为精确的神经生物学模型，使停留在道德哲学、伦理学范畴内的无定论理论思辨，获得了较为科学的客观证明。人类早期的关怀品质由社会性基因逐渐转化为自然基因，世代相传，积淀为人类特有的高级需要、情感方式和行为方式。当前认知神经科学通过在基因分子水平和进化水平上对关怀性心理行为模式的研究，不但深化了社会文化研究的理论基础，也开辟了新的学术领域。

可以说，关怀性问题已经从一种观念、一种思维、一个过程发展到一种思潮和一种伦理，从本体论到方法论，从人类的情感领域到认知领域、行动领域，从理论立场到实践探索，关怀性成为贯穿其中的一条或明或暗的主线，成为当今世界哲学社会科学研究的重要主题。

虽然关怀性思维问题自古以来便是伦理学探讨的主题，但是其中也存在着许多难以克服的理论与实践困境。伦理学视野下的关怀性研究继承了人道主义和人性论的思想精粹，强调人与人之间的情感、关系及相互关怀，提出人具有潜在的美德和善性，并试图通过教育和理想的社会来发掘人的这种美好天性。这显然存在着过于理想化的色彩，在强硬的现实面前经常显得相当软弱而无力、失助。近年来，随着我国社会物质生活条件的不断改善，人们的精神生活却日渐空落，出现了一系列的社会问题，社会道德滑坡、网络暴力、信仰缺失、娱乐至上、社会焦虑症等严重地影响着人们的社会情绪和心境，人与人之间似乎变得淡漠，而"关怀"的成分在社会体系中日益稀薄，加之层出不穷的突发性事件的发生，在一定程度上严重阻碍了和谐社会的良性运行进程。不少有远见卓识的思想者逐渐认识到关怀性取向和思维方式在解决社会现实问题中的独特价值。而要将关怀性逐步确立为一种立场与方法，还需要从理论和实践层面探索许多具有内生性的发展线索。

马克思主义的关怀性思想无疑要求我们确立人的心理活动的自然性与社会性相适应的规律，即"以生命为本"和"以人为本"的精神。所谓"以生命为本"就是指：人的心理总是与生命联系在一起。生命活动是人心理活动的唯一物质本体存在。心理活动与生命活动直接同一。生命是自然给予的，具有先天规定。生命现象是自然界物质运动的高级形式，是物质进化到一定阶段出现的系统。这种系统是能够不断自我更新的、主要由核酸和蛋白质组成的多分子系统，其具有自我调节、自我复制和对体内外环境做出选择性反应的功能。生命系统在物质与能量交换过程中只有借助于这些基本功能，才能保持自身的稳定，延续自己的生物机体活力。人类的各种心理、意识都必须是以生命的存在和延续为前提条件的。生命活动是心理活动的基础性前提，心理始终伴随着人类生命活动的全过程。一个人的生命停止了，心理意识也就终止了。生命本身就具有一种认识世界并对世界做出反应的认知行为，因此对人生命的全面理解也就是对心理的基本把握。对心理的科学研究确立的一个重要前提，是在新的科学实验的基础上对人生命本身和心理生活的全面理解与尊重。生命过程遵循着趋利避害的基本规律。马克思说过，在人类社会中，"第一个需要确定的具体事实就是这些个人的肉体组织"。"不伤害、有利、尊重和公正"是生命伦理学的四个基本原则，也应该成为心理学引导人们生活的一大本质性原则。人的生命具有完整性，即生命的概念是既有生物性意义的自然生命，同时又是具有社会性意义的精神类生命。心理类生命也是人生命自身的内在规定性。人本身具有维持和延续作为生命存在的义务，生命在心理学科中具有本体论地位及价值。心理学的知识目的就是在对生命本身进行肯定的同时趋于完善。生命的脆弱性和限度隐含了人具有维护自然存在的绝对义务与至上法则。对健康的决定因素的分析表明，"与生物因素相互作用的心理社会因素，在人类健康与疾病中有重要作用。心理社会因素可以某些方式影响神经内分泌系统及其他生理系统，损害机体机能，改变抵抗传染源传染的能力"[①]。美国著名心理学者班杜拉指出，医疗方面的开支对预期寿命只有极小的影响。但是，预防性的医药与免疫计划的质的进展，会影响人的寿命。除了遗传天赋不能改变，身体健康主要取决于生活方式与环境条件。人类寿命的上限已在生理上限制在100岁左右。人们生来在器官机能上的储备远远超过其所需要的。从健康的心理学观点来看，改变生活方式和周围环境中的生产实践，会得到最大的健康收益。

　　所谓"以人为本"就是指人的心理活动的本质规律，人是世界的中心和尺度，把人作为理论研究的出发点和核心问题或最高问题，高度肯定、张扬人的价值和自由，并以此为理论研究的最终目标，主张通过自我认识、自我完善、自我创造去实现个人的发展。以人为本是现代人本主义心理学、管理学对人类行为活动规律的认识和揭示，更是我国古代伟大的先哲们对人性和人心问题思考探讨的结晶。其核心是强调在对待人的问题上，要遵循尊重人、信任人、关心人、理解人和爱护人的原则，"并把调动人的积极性、发挥能动性和创造性作为人的一切活动的宗旨和重心"。以人为本的内涵包括这样几个方面的意思：一是相信人的潜能、欲望，相信人的发展。人固然有性恶的一面，但是在人的社会活动中，按照恶的策略行事，最终将会被人类唾弃。二是以积极乐观的心态对待人。三是以人为本为主体。企业管理上以人为本、以职工为本，在学校中以教师为本、学生为本。从人的需要、欲望、利益出

---

① 班杜拉．思想和行动的社会基础：社会认知论［M］．林颖，等译．上海：华东师范大学出版社，2001：247.

发。四是需要提升心理发展的未来方向。人的心灵有固有的能动性。只有以人为本才能提升人的心灵层次。

当然，要实现以生命为本、以人为本的关怀性思维，还必须重视处理好以下几个方面的问题。

第一，关怀性思维需要与科学思维相结合。只有建立在客观性、科学理性基础上的关怀性才具有更强的生命力。具有客观性和科学理性基础上的思维也就是实事求是。因为空有关怀性感情，没有科学的方法，则没有什么实际价值。从科学的观点来看，解决问题的思维立场首先需要我们实事求是地分析把握哪些问题是主要问题、关键性问题、短期性问题和中长远性问题，主结构问题、侧结构问题以及全局性问题。同时，还需要处理好规律与常识、理想与现实、不确定性与可能性的矛盾及问题。这就需要坚持以问题为导向，用科学性的思维方法寻求解决问题的正确路径。

第二，关怀性思维需要与批判性思维相结合。缺乏科学客观性和批判性的关怀性思维立场是软弱无力的。只有建立在客观性、科学理性和批判性思维基础上的关怀性才具有更强的生命力。一切无原则的和以批判性为前提的关怀性立场及行为，必将会沦为一种"平庸的邪恶"。"最大的恶不是根本的，而是没有根基的，它就没有界限，于是它能够到达无法思考的极端并席卷整个世界。"[①] 关怀性思维必须以关系为中心。"关怀最重要的意义在于它的关系性，关怀是出于关系之中的一种生命状态，它最基本的表现形式是两个人之间的一种连接和接触，一方付出关怀，另一方接受关怀"。

第三，关怀性思维需要与实践性相结合。社会规律不同于自然规律。社会规律之所以具有真理性，并不是其具有普遍意义的真，而在于人们通过实践使其为真。没有实践的关怀性思维立场便只能是高空中喊口号。在实践中不成功的关怀性活动，也是没有价值的。同时，已经在实践中解决了的问题，则再也没有关心的必要了。因此，实践行动性不仅是关怀性思维方法的一种品质，一种关系，更是一种实践。行动实践性无疑是关怀需要的目标，也是

---

① 阿伦特．"平庸之恶"：《责任与判断》中文修订版［M］．陈联营，译．上海：上海人民出版社，2014：166.

关怀性思维的核心表达。

第二节　马克思主义心理学研究的当代论领域及其价值引领

伴随着当前心理学研究热潮学术发展的变奏产生了极其重要的影响，国内心理学如何汇聚时代精神，配合国际潮流，在新的起点上进一步将心理学科建设推向新的发展平台呢？

一、马克思主义心理学研究的当代论域

"心理学是一门特别的现代科学，它打破了以往的文化传统，使得个体得以解放。中立价值观的解放价值是这个科学思想体系功能的核心。它为我们进军勇敢的新世界扫清了道路，致力建立一个没有异议的别具一格的理论，它是一个历史的进步和对权威的挑战。"[①]要提升我国心理学基础理论研究的原创性，还要进一步解放思想，更新观念，不能只停留在对西方心理学理论的验证上，而应当充满自信，面向世界心理科学前沿，选择重点，实现跨越，进而带动中国心理学的整体发展，形成有中国特色的心理学。

第一，完善马克思主义是心理学研究的科学观和方法论思想工具。总的来讲，马克思主义心理学研究需要从"学科问题"与"时代现实问题"两条主线索加以继承和创新：就学科问题而言，紧密结合马克思主义关于心理问题的经典论述与当代马克思主义心理学发展的新取向，建构"理论心理学的马克思主义分支"，或者逐步形成"马克思主义理论心理学研究"。就时代现实问题而言，根据国内外相关研究确立一系列重大及重要理论和实践需要问题，开展专题化、问题性的马克思主义心理学探讨，形成比较系统而完整的新马克思主义研究形态。理查德曾说："马克思开启的一个内容庞大的形

---

① 平克.理性的启蒙［M］.北京：中国人民大学出版社，2019：137.

而上学问题"。即假如思想可以用一种不等同于存在之物运作的方式来运作（operate），那么这就可能意味着我们无法去思考存在之物。① 矛盾之中的同一便成为可能。马克思主义心理学重视对科学本质的解释、对人的本质和人性问题的理解，重视对西方现实异化的批判、对追求精神理想的肯定、对伦理价值的高扬，等等。这些主张为心理学的发展注入了新的生命活力，值得引起我们中国的心理学研究者的高度重视。伴随着近年来国内社会科学界关于马克思主义时代化、科学化、大众化教育运动的步伐，我国心理学界需要对马克思主义心理学发展的新取向加以比较系统的介绍、研究与清理，加强对马克思主义引领心理学思潮问题的研究。这对于应对当代西方各种社会思潮的冲击，变被动回应为主动挑战，改善国内心理学研究的滞后及错位状态，恢复及捍卫辩证唯物主义的应有权威，提升心理学服务社会的水平，具有突出的理论意义和实际价值。

当今，在心理学学科的发展过程中，心理学工作者在心理学的研究中确实应当思考的一个问题是，如何真正利用马克思主义的科学理论来武装自己的头脑，指导心理学的研究。像一切伟大的思想一样，马克思主义是一定时代的产物，随着时代的发展它也要增加新的内容。随着科学技术日新月异，心理学日益热衷于实证式的研究和切片式的研究，从历史的发展趋势来看，这是一种必然的现象，也是一种进步发展的体现，是无可非议的。然而，事物总是朝着相反方向转化，也不能忽视或者否定经验的和整体的。理论心理学的复兴就是一种明显的信号。马克思主义理论心理学有助于把实证的研究与经验法的研究结合起来，把切片式的研究和整体式的研究结合起来。进一步拓宽心理学的研究方向。

按照当前认知科学研究的观点，需要有四种认知水平和解释水平。一旦我们能够从如何（how）、为何（why）、何处（where）、何时（when）这四个层次上理解思维，就可以用纳米科学技术来建造，用生物技术和医学，用信息技术操作控制，从生态的、社会的和文化视角看待进化，就会有神经层级

---

① 邢建昌.后理论及其相关问题［J］.河北师范大学学报（哲学社会科学版），2021，44（1）：93–103.

的认知、心理层级的认知、语言层级的认知、思维层级的认知、文化层级的认知。[①]

在低阶认知与高阶认知的关系问题方面，美国学者塞尔指出需要坚持两个基本点：第一是全部心灵现象不论是有意识的还是无意识的，不论是痛觉，还是思想，都是由在脑中进行的过程产生的；第二是心灵现象正是脑的特征。过去是以粗糙的心脑因果关系模式来理解物理的东西与心理的东西之间的相互关系，改正这个错误的方法需要建立一种更精致的因果观，即从脑功能导致心理状态的角度来说明心脑关系。"人们必须像认可胃的消化现象那样，一开始就认同心智（因而物理）现象。"[②] 因此，心理主义与物理主义彼此是完全一致的。而且它们不仅是一致的，同时两者皆为真。波兰尼（Polanyi）也认为，心灵是自然主义的一部分，对精神现象存在的解释方式应该是生物学的，与之相对的还有计算机式的、行为的、社会的和语言的解释方式。心身问题已成为生物现象的默认冲突点。既要承认身心两者之间的相互作用，也要强调相互作用的发生只能在物质之间存在。同时，需要将身心关系确认为辅助注意与中心注意之间的逻辑关系的特例。身体和心灵之间的关系，与线索和线索所指向的图像之间的关系，具有同样的逻辑结构。身体是辅助事物，它关涉作为其意义的心灵。心灵和精神不是由低层次的事物组成的事物。心灵的整合服从分层的"双重控制的原则"，即低原则与高原则的联合缄默知识的逻辑结构，可以被视为适用于联合双层标准的本体论结构。当然波兰尼也指出，可以用神经学来补充解释心灵，但心灵不能在自身中发现神经学的事实，心灵必须由有心灵的经验和可靠判断来补充。

诺贝尔奖获得者斯佩里（Sperry）主张针对人的心理地位的提高，需要涉及包括精神价值问题在内的高阶认知问题。人类的价值是需要认真对待的一个问题，意识的反思、内省和控制的心理主义模型中，脑突现的产生与价值控制的关系十分密切。认知革命即意识革命需要从一种价值的空白，转向一种内涵丰富的价值问题的客观描述。在他看来，所谓认知革命即是"价值革

---

① 蔡曙山. 认知科学：世界的和中国的［J］. 学术界，2007（4）：7–19.

② SPERRY R W.Turnabout on Consciousness：A Mentalist View［J］.The Journal of Mind and Behavior，1992，13（3）：259–280.

命"。"价值依赖于我们的信念、生活意义和道德伦理的正确与否。"这是一种自上而下的因果控制。斯佩里强调说："我认为主观的精神现象是居首位的因果性的有效的实在，它们能被主观地经验到。"[①] 人的心理经验的统一性是由精神提供的，而不是由神经事件提供的。心理活动在人脑中是一个综合空间—时间—质量—能量的多元结合体。为此他把突现论的脑—意识相互作用理论推广到了解释人类的价值观和道德伦理意识的形成机制。斯佩里认为价值是心理主观性的集中表现，同样也是大脑突现的产物，并且对人类及世界起着原因性的作用。科学最终可以把意识或价值的脑活动过程研究清楚。价值和道德可以像意识一样成为解释人的行为的因果性动因。美国心理学家哈瓦德提出，人类具有两种特性：一是自反性，二是价值性。他认为这两种特性是科学研究对象中独特的。心理学作为科学需要面对自反性问题。科学家要观察自然，但是自然不会在被观察过程中反映自己。科学的基本目的或目标是"理解"，而这种理解是通过理论知识达到的。然而，经验的"事实"可以支持众多相互矛盾的理论立场，科学中的观察实际上是理论相互依赖的。但同时理论与观察之间的联系一定是暂时的。也就是说，对理论的评估在很重要的方面看来，与规则支配的推论认为哲学科学中经典的传统是当然的观点相比，它在结构上更接近于价值判断。

在这方面，马克思主义自上而下的科学理论对心理学的价值规范方面无疑可以发挥更大的思想价值引领作用。在目前的研究中我们更加迫切地需要重新审视马克思主义及其辩证唯物主义在心理学中的地位，反思新的时代背景下面临的问题，做到真正利用马克思主义理论来武装、指导心理学的发展。这同时也是我国当前心理学工作者必须思考的一个重要现实理论课题。"无疑如果真正掌握了马克思主义的基本精神，并结合心理学的具体情况，创造性地运用马克思主义原理和方法，是可以取得重要的成果并推动心理学的发展的。"[②]

第二，完善"多元一体"的研究范式，在重点突破的过程中需要重视研

---

① 魏明德.全球化与中国［M］.北京：商务印书馆，2002：35-36.

② 车文博.人类心理学思想史上的伟大变革：学习马克思心理学思想札记［J］.心理学探新，1983（1）：4-11.

究偏差的调整。当前心理学的三大热潮给我们带来了新的信息事实和研究冲击，特别是脑神经科技、文化实证化、社会技术化将使心理学出现前所未有的面貌。神经热会给心理学带来新的神经科技成果，进一步"滋润"心理学；运用神经科学研究方法和技术，使其"服务"于心理学研究，从脑神经机制的探索中获得启发而构建心理学理论。脑计划和人工智能对于健康、教育学习和技术开发意义重大，这是神经科学对心理学研究的真正学术意义之所在。文化热将会推动实证化、解释化和社会技术化进程，在此基础上进一步催生大量应用人才，职业化、专业化学术成果被实践，反过来促进基础研究、推动政策制定，建设社会心理健康服务体系。未来心理学特点将更强调科学性、社会相关性和跨文化性，进一步致力于职业化和专业化的应用服务水准。同时，也需要重视研究偏差的纠正，克服片面化、极端化的发展模式。因为在新千年快速发展的里程中，对于不同方向和层面的研究成果仍需保持谨慎乐观和科学理性的态度，"科学心理学似乎仍然是一个健全和不断成长的年轻人。这与理论危机和被觉察和讨论的进步形成对比。我们现在没有处在一场危机之中，但是心理学被形容处于真空期……太多的活动和没有主要的主导方向或理论的承诺。"[①]近20年来，心理学的三大研究热潮虽然取得了一定的成果，但是从目前发展所面临的复杂问题和艰巨任务来看，当前心理学科本身具有未定型的特征。在理论和实践上还面临着很大的挑战和考验，其中最为突出的问题有两方面：一是没有建构形成比较统一的科学理论基础；二是回应社会需要的重大理论成果还不多。要克服这两方面的薄弱环节，必须积极借鉴西方的思想资源和方法论立场，建构具有"多元一体"特征的心理学理论范式。应该使心理学由点的突破上升到面的突破，从零散的贡献提高到内核性、系统性、框架性的知识贡献。为此，首先需要从基础理论和学科发展的战略、前瞻、全局的高度，加强对西方实证主义危机的研究，以进一步加强和完善中国心理学研究的"一导多元"指导思想与研究评价标准体系。[②]

①　MANDLER G.Crises and Problems Seen from Experimental Psychology［J］.Journal of Theoretical and Philosophical Psychology，2011，31（4）：240–246.

②　SUGIMAN T.Theory in the Context of Collaborative Inquiry［J］.Theory & Psychology，2006，16（3）：311–325.

　　第三，坚定不移地以专业化、标准化来引领心理学的学科方向。面对各种新热潮对心理学全方位、深层次和广泛渗透的发展势态，需要进一步提高心理学服务于社会的专业化水平，从数量增长走向内涵式发展的道路，通过坚持标准化引领心理学的发展。所谓标准化是指具有专业化性质的科学、技术和实践准则，是为了在一定的范围内获得最佳秩序，由权威部门制定、发布、实施的对实际的或潜在的问题进行指导的共同规范。坚持高标准化、规范化引领基础心理学和应用心理学的专业发展水平。心理学的学术研究与职业实践普遍面临许多难以解决的问题，只有通过"应用—理论—实践—研究"这样一种持续的双向交互循环作用，才能不断提升为职业实践服务的效能。这就需要"把理论建构视为心理学研究与心理学知识之间、心理学知识与心理学应用和实践之间的永无休止的解释学桥梁"。

　　第四，积极推进心理学的"理论＋应用"模式，提升应用性研究的学术水平。每一门发展成熟的学科都包含基础理论研究和应用研究两大密切相关的领域。随着心理学在基础研究领域获得了突飞猛进的发展，其应用研究也在国民经济生活的各个领域蓬勃兴起。一方面，心理学的实践应用不仅是学术研究发展到一定阶段的天然产物，也是促进其基础理论研究的强大动力。另一方面，生动丰富的实践经验会渗透、延伸和整合为鲜活澎湃的思想、理论，为理论的创新提供支持。因此，"理论＋应用"模式，即理论探索和应用研究并举已成为当今心理学建设中不可偏废的两翼。心理学的生命力体现在对人的心理行为预测、改变人的心理行为、提高心理生活质量方面，其应用研究也同样涉及一些重大的理论问题。这些问题的解决依赖于心理学的理论总结探讨，而对这些问题的恰当的解决又会推动心理学的实际应用。加强理论研究和学术创新，"提高心理科学的理论水平，是未来心理学发展的重要走向之一"，理论水平的高低很大程度上取决于其对社会实践的回应力和解释力。实践应用是催生理论的沃土，理论总结实践应用的成果。理论指导实践应用，又在实践应用中提升理论；没有应用型学术理论水平的提高，实践应用的步伐也走不了多远。心理学应该正视所面临的现实挑战，切实地将心理学服务于社会，向国外心理学研究的先进水平学习，去研究一个占世界人口五分之一、正在经历着快速社会变革的民族的心理学。有专家列举了当前中国面临的多个方面的具体问题：像独生子女教育、老龄化、道德教育、教育心理研究、心理健康、心理产品的开发、文化冲突及犯罪行为等，指出这些问题都是当代中国心理学界所承担的重要任务。"中国心理学家面临的主要问题是，如何处理中国心理学所面对的艰巨任务与他们所能得到的极少资源间存在的矛盾。"[①] 改革开放以来我国心理学科学研究事业进入了快速发展的黄金时期。但是，蓬勃发展中的中国心理学依然面临着不少问题，旧的问题远远没有解决，新的困境在不断地产生。这些新旧问题和困境日益成为我国心理学未来发展的瓶颈性因素。其中这些瓶颈性因素主要表现在与发达国家的心理学发展水平差距还较大。改革开放40年是我国现代心理学发展史上少有的黄金时代，取得了国际公认的进步。但是，我国仍然是世界上心理学发展落后的国家，尤其是与以美国为代表的发达国家的心理学研究相比存在较大差距（美国有30多万心理学工作者，日本和英国各有5万，而我国仅有1万5千多名心理学会员）。当然，各国有各国的国情，但是从这个悬殊的差异中我们可以体会到，我国心理学工作的规模确实是比较小的。从心理学事业发展的结构内容来看，我国的心理学依然还是小学科、边缘学科和轻型学科，而西方国家的心理学早在半个世纪以前便成为一门大学科、热门学科和重型学科，如美国大学现有1000多个心理学系。国外服务于健康领域的心理学专业人员占52%，高等教育15%，商业和政府机构12%，中小学教育机构19%，私人独立执业人员达到8%。而我国的心理学专业工作者绝大多数在高校，且80%在高等师范院校工作。而在师范院校里，又有70%以上的心理学家从事发展心理学、教育心理学的教学和研究，服务于健康领域的心理学专业人员明显不足。多年来，尽管我国广大的心理学工作者已经开始重视社会应用问题，然而远远不能适应中国特色社会主义市场经济建设和人民群众日益增长的迫切需要。国内大学心理学毕业生长期以来就业困难、全国高校心理学教学与研究人员多处于饱和状态，这需要我们继续努力推进心理学的改革进程，更好地提高服务于我国的经济社会发展的能力水平。

---

① 傅小兰.荆其诚心理学文选［M］.北京：人民教育出版社，2006：27.

二、以新科技、新人文引领心理学的未来发展

当前，整个人类社会进入了一个反思的时代。"反思科学、批判社会"汇成了这一时代的主旋律。正如布鲁纳所言"世界性的反思不仅在人类科学中，而且在文学、艺术和文化中。心理活动的实现在如何改变世界中发挥着更加明显而重要的作用。影响到了整个人的心理世界"[①]。例如，在面对"新科技"这一新的突出问题时，布鲁纳认为，如果科技是心灵的问题，那么科技无论如何也得在某种非科技的理解方式中存在。"科技本身的解释语言是特殊的人工语言如数学，但叙述科技的语言则是日常语言，而它的方法是叙事法"。需要以"新科技／新人文"来引领未来"心理学下一章"的发展。

近20年来，高科技提高了我们社会的生产力，提供了丰富的物质资源，改变了我们人类的学习、工作和生活方式，但如果没有人文关怀，新科技也容易违反科学精神，不但不能给人类带来光明与幸福，还可能带来灭顶之灾。反之，传统的人文主义如果不能与时俱进，坚持实事求是，将真善美内化为人的良知与尊严，并用来合理地协调和有效地控制人们的认知、情感和行为，同样也会固化成一种僵死和虚伪的教条，或被某些人用来做浑水摸鱼的思想工具。因此，在客观真实和科学昌明的基础上，构建和发展渗透科学人文主义的现代哲学社会科学体系，培植良知与道义，促进和平与进步将是人类文明进步的标志，也是哲学社会科学发展的首要任务。从某种意义上讲，好的自然科学和哲学社会科学研究及教育工作是一种集体性防癌、治癌教育。值得注意的是，21世纪是一个高度信息化的时代，自然科学和哲学社会科学研究因其自身的影响力成为引领社会思潮的舵手，这些研究应当从关怀性和建设性的思维方式出发，对社会大众思想进行正确的启迪和引领。我们应着眼当代和未来人类心理的共性问题，继承自然科学向度研究历史传统和精神的同时融入人文向度研究的价值与精神，提升人的生命意义和价值。心理学人文向度建设并非高喊马克思主义口号式的价值导向，也需要具体工具导向和方法技术。作为一门日益为当代社会发展所重视的心理学研究，必须在自身

---

① 布鲁纳.布鲁纳教育文化观［M］.黄小鹏，宋文星，译.北京：首都师范大学出版社，2011：315.

的专业化发展进程中，追随时代精神的大趋势，积极配合时代发展的最新要求，及时调整改变旧的科学观。我国学者需要具有世界性的长远眼光，重视理论创新、方法创新和实践创新，提升自身研究的高度和力度。立足于实践，服务于社会，勇于不断反思变革，不懈努力。

主要参考文献

中文参考文献

1. 专著

［1］《马克思恩格斯列宁哲学经典著作导读》编写组. 马克思恩格斯列宁哲学经典著作导读［M］. 北京：人民出版社，高等教育出版社，2012.

［2］《马克思主义理论研究和建设工程重点教材》编写组. 马克思主义哲学［M］. 北京：高等教育出版社，人民出版社，2009.

［3］北京师范大学教育系心理学教研组. 心理学批判集［M］. 北京：高等教育出版社，1958.

［4］车文博，郭本禹. 弗洛伊德主义新论［M］. 上海：上海教育出版社，2018.

［5］车文博. 20世纪西方心理学大师述评丛书［M］. 武汉：湖北教育出版社，2000.

［6］车文博. 车文博文集［M］. 北京：首都师范大学出版社，2010.

［7］车文博. 人本主义心理学［M］. 杭州：浙江教育出版社，2004.

［8］车文博. 透视西方心理学［M］. 北京：北京师范大学出版社，2007.

［9］车文博. 车文博文集：第一卷［M］. 北京：首都师范大学出版社，2010.

［10］车文博. 西方心理学史［M］. 杭州：浙江教育出版社，2004.

［11］车文博. 中外心理学比较思想史［M］. 上海：上海教育出版社，2009.

［12］陈立. 陈立心理科学论著选［M］. 杭州：杭州大学出版社，1992.

[13]陈学明，黄力之，吴新文.中国为什么还需要马克思主义：答关于马克思主义的十大疑问[M].天津：天津人民出版社，2013.

[14]陈学明.西方马克思主义教程[M].北京：高等教育出版社，2001.

[15]陈永明.心智活动的探索[M].北京：北京师范大学出版社，2006.

[16]成中英.中国文化的现代化与世界化[M].北京：中国和平出版社，1988.

[17]崔龙水，马振锋.马克思主义与儒学[M].北京：当代中国出版社，1996.

[18]窦宗仪.儒学与马克思主义[M].兰州：兰州大学出版社，1993.

[19]法律出版社.中华人民共和国精神卫生法[M].北京：法律出版社，2012.

[20]范玉秋.马克思主义中国化与儒学的关系[M].天津：天津人民出版社，2020.

[21]方俊明.认知心理学与人格教育[M].西安：陕西师范大学出版社，1990.

[22]方克立.中国哲学史上的知行观[M].北京：人民出版社，1982.

[23]高觉敷.高觉敷心理学文选[M].南京：江苏教育出版，1986.

[24]高尚仁.心理学新论[M].北京：北京师范大学出版社，1998.

[25]高新民.心灵的解构[M].北京：中国社会科学出版社，2005.

[26]葛鲁嘉.心理文化论要[M].大连：辽宁师范大学出版社，1995.

[27]葛鲁嘉.新心性心理学宣言：中国本土心理学原创性理论建构[M].北京：人民出版社，2008.

[28]顾明远.中国教育的文化基础[M].太原：山西教育出版社，2004.

[29]郭祖仪.人格心理学新编[M].西安：陕西师范大学出版社，2018.

[30]韩庆祥.马克思人学思想研究[M].郑州：河南人民出版社，1996.

[31]何中华.马克思与孔夫子：一个历史的相遇[M].北京：中国人民大学出版社，2021.

［32］胡寄南.胡寄南心理学论文选［M］.上海：学林出版社，1985.

［33］黄楠森.马克思主义哲学史［M］.北京：高等教育出版社，2002.

［34］黄希庭.人格心理学［M］.杭州：浙江教育出版社，2004.

［35］黄希庭.时间与人格心理学探索［M］.北京：北京师范大学出版社，2006.

［36］黄希庭.中国高校哲学社会科学发展报告：1978—2008心理学［M］.桂林：广西师范大学出版社，2008.

［37］江怡.当代西方哲学演变史［M］.北京：人民出版社，2009.

［38］江怡.思想的镜像：从哲学拓扑学的观点看［M］.芜湖：安徽师范大学出版社，2010.

［39］蒋荣.马克思主义信仰的现代困境及出路［M］.北京：中央编译出版社，2015.

［40］荆其诚.现代心理学发展趋势［M］.北京：人民出版社，1990.

［41］寇东亮，张永超，张晓芳.人文关怀论［M］.北京：中国社会科学出版社，2015.

［42］赖蕴慧，刘梁剑.剑桥中国哲学导论［M］.北京：世界图书出版公司，2013.

［43］乐国安.认知心理学［M］.天津：南开大学出版社，2011.

［44］李炳全.文化心理学［M］.上海：上海教育出版社，2007.

［45］李淮春.马克思主义哲学全书［M］.北京：中国人民大学出版社，1996.

［46］李杰.马克思开辟的人学道路及其当代价值［M］.北京：人民出版社，2012.

［47］列宁.哲学笔记［M］.北京：人民出版社，1993.

［48］中共中央马克思恩格斯列宁斯大林著作编译局.列宁专题文集·论社会主义［M］.北京：人民出版社，2009.

［49］林崇德.发展心理学［M］.杭州：浙江教育出版社，2002.

［50］林仲贤.林仲贤心理学文集［M］.北京：中国林业出版社，2003.

［51］刘翔平.积极心理学［M］.北京：中国人民大学出版社，2018.

［52］刘晓力.认知科学对当代哲学的挑战［M］.北京：科学出版社，2020.

［53］刘泽如.心理学基本理论问题研究［M］.西安：陕西人民出版社，1985.

［54］马克思，恩格斯.德意志意识形态：节选本［M］.北京：人民出版社，2018.

［55］马克思，恩格斯.共产党宣言［M］.北京：人民出版社，2018.

［56］马克思.资本论［M］.北京：人民出版社，2018.

［57］潘菽.中国古代心理学思想［M］.北京：北京出版社，2018.

［58］任俊.积极心理学［M］.上海：上海教育出版社，2006.

［59］沈德立.揭开儿童心理与行为之谜［M］.北京：北京师范大学出版社，2006.

［60］石向实.认识论与心理学［M］.上海：东方出版社，2006.

［61］孙隆基.中国文化的深层结构［M］.桂林：广西师范大学出版社，2004.

［62］唐孝威.脑与心智（意识与脑科学丛书）［M］.杭州：浙江大学出版社，2008.

［63］陶德麟，汪信砚.马克思主义哲学的当代论域［M］.北京：人民出版社，2005.

［64］汪明，孟勇，杨震，等.中外心理学简史［M］.北京：中国科学技术大学出版社，2007.

［65］王海侠.马克思经济学人文关怀思想研究［M］.北京：光明出版社，2017.

［66］王丕.马克思主义与心理学［M］.郑州：河南大学出版社，1987.

［67］王启康.格心致本：理论心理学研究及其发展道路［M］.武汉：华

中师范大学出版社，1999.

［68］王强．马克思的思想轨迹：文本导读的视角［M］．北京：人民出版社，2019.

［69］王甦，汪安圣．认知心理学［M］．北京：北京大学出版社，1992.

［70］王甦．中国心理科学［M］．长春：吉林教育出版社，1997.

［71］王晓田，陆静怡．进化的智慧与决策的理性［M］．上海：华东师范大学出版社，2016.

［72］魏萍，陈洪波．心理学流派中的马克思主义［M］．西安：西安电子科技大学出版社，2014.

［73］肖前．马克思主义哲学原理［M］．北京：中国人民大学出版社，1994.

［74］徐崇温．国外马克思主义和社会主义研究丛书［M］．重庆：重庆出版社，1989.

［75］徐联仓．走出丛林的管理心理学［M］．北京：北京师范大学出版社，2007.

［76］严国红．马克思主义视域下的社会心理研究［M］．北京：知识产权出版社，2013.

［77］严泽胜．拉康与后马克思主义思潮［M］．北京：人民出版社，2013.

［78］阎书昌．中国近代心理学史［M］．上海：上海教育出版社，2015.

［79］燕国材．中国心理学史［M］．杭州：浙江教育出版社，2004.

［80］杨春贵．马克思主义哲学发展史教程［M］．北京：中共中央党校出版社，1995.

［81］杨国枢，文崇一．社会及行为科学研究的中国化［M］．台北："中央研究院"民族学研究所，1982.

［82］杨鑫辉．心理学通史：第四卷［M］．济南：山东教育出版社，2000.

［83］杨治良．记忆的探索［M］．北京：北京师范大学出版社，2009.

［84］叶浩生．具身认知的原理与应用［M］．北京：商务印书馆，2017.

［85］叶浩生.西方心理学理论与流派［M］.广州：广东高等教育出版社，2004.

［86］《美学原理》编写组.美学原理［M］.北京：高等教育出版社，2015.

［87］俞敏，李小珊.列宁后期重要著作与理论创新［M］.北京：人民出版社，2012.

［88］俞吾金.当代国外马克思主义评论［M］.北京：人民出版社，2010.

［89］《西方文学理论》编写组.西方文学理论：第二版［M］.北京：高等教育出版社，2018.

［90］曾枝盛.国外学者对马克思主义若干问题的最新研究［M］.北京：中国人民大学出版社，2006.

［91］张春兴.现代心理学：现代人研究自身问题的科学［M］.上海：上海人民出版社，2014.

［92］张厚粲，徐建平.现代心理与教育统计学：第3版［M］.北京：北京师范大学出版社，2009.

［93］张一兵.当代国外马克思主义哲学思潮［M］.南京：江苏人民出版社，2012.

［94］张一兵.社会批判理论纪事［M］.北京：中央编译出版社，2006.

［95］赵璧如.现代心理学发展中的几个基本理论问题［M］.北京：中国社会科学出版社，1982.

［96］赵敦华.现代西方哲学新编：第2版［M］.北京：北京大学出版社，2014.

［97］赵莉如.曹日昌心理学文选［M］.北京：人民教育出版社，2005.

［98］赵志裕.文化社会心理学［M］.北京：中国人民大学出版社，2011.

［99］中共中央马克思恩格斯列宁斯大林著作编译局.马克思恩格斯全集［M］.北京：人民出版社，1995—2016.

［100］中共中央马克思恩格斯列宁斯大林著作编译局.马克思恩格斯选集［M］.北京：人民出版社，2012.

［101］中共中央马克思恩格斯列宁斯大林著作编译局.列宁全集［M］.北京：人民出版社，2017.

［102］中共中央马克思恩格斯列宁斯大林著作编译局.马克思主义经典著作选读［M］.北京：人民出版社，1999.

［103］中共中央文献研究室.毛泽东文集［M］.北京：人民出版社，1999.

［104］中共中央文献研究室.习近平关于实现中华民族伟大复兴的中国梦论述摘编［M］.北京：中央文献出版社，2013.

［105］中共中央宣传部理论局.全面小康热点面对面［M］.北京：人民出版社，2016.

［106］中国科学院心理研究所.潘菽全集［M］.北京：人民教育出版社，2007.

［107］中国现代心理学家文库［M］.人民教育出版社，2005.

［108］朱滢.文化与自我［M］.北京：北京师范大学出版社，2007.

［109］朱智贤.朱智贤心理学文选［M］.北京：人民教育出版社，1989.

［110］庄福龄.简明马克思主义史［M］.北京：人民出版社，2004.

2.译著

［111］A.B.彼得罗夫斯基教授.心理学文选［M］.张世臣，江青，等译.北京：人民教育出版社，1986.

［112］乔纳森·波特，玛格丽特·韦斯雷尔.话语和社会心理学：超越态度与行为［M］.肖文朋，吴新利，张擘，译.北京：中国人民大学出版社，2006.

［113］雅克·德里达.马克思的幽灵：债务国家、哀悼活动和新国际［M］.何一，译.北京：中国人民大学出版社，1999.

［114］弗兰克·戈布尔.第三思潮：马斯洛心理学［M］.吕明，陈红雯，译.上海：上海译文出版社，1987.

［115］戴维·麦克莱伦.马克思以后的马克思主义［M］.李智，译.北京：中国人民大学出版社，2008.

［116］司马贺.人类的认知：思维的信息加工理论［M］.荆其诚，张厚粲，译.北京：科学出版社，1986.

［117］A.A.斯米尔诺夫，A.P.鲁利亚，B.Ⅱ.涅贝利岑.心理学的自然科学基础［M］.李翼鹏，魏明库，等译.北京：科学出版社，1984.

［118］罗伯特·索拉索.21世纪的心理科学与脑科学［M］.朱滢，陈烜之，等译.北京：北京大学出版社，2002.

［119］托马斯·梯欧.心理学的批判：从康德到后殖民主义理论［M］.王波，曹富涛，译.北京：北京师范大学出版社，2020.

［120］丹尼尔·韦格纳，库尔特·格雷.人心的本质［M］.黄珏苹，译.杭州：浙江教育出版社，2020.

［121］丹尼尔·韦斯科鲁夫，弗雷德·亚当斯.心理学哲学导论［M］.张建新，译.北京：北京师范大学出版社，2018.

［122］乔纳森·沃尔夫.当今为什么还要研读马克思［M］.段忠桥，译.北京：高等教育出版社，2006.

［123］丹尼尔·扬克洛维奇.新价值观：人能自我实现吗？［M］.罗雅，姜涛，译.北京：东方出版社，1989.

3.期刊

［124］佚名.《中国现代心理学的起源和发展》一书简介［J］.心理学动态，1992（2）.

［125］本刊编辑部.中国心理学六十年的回顾与展望（摘要）［J］.心理科学通讯，1982（4）.

［126］彼得罗夫斯基，韩向前.马克思主义和社会心理学［J］.国外社会科学，1986（11）.

［127］雷金斯基.作为心理学概念的强力意志（英文）［J］.自然辩证法通讯，2017（6）.

［128］曹日昌.心理学界的论争［J］.心理学报，1959（3）.

［129］车文博.人类心理学思想史上的伟大变革：学习马克思心理学思想

札记［J］.心理学探新，1983（1）.

［130］车文博.十年来中国心理学基本理论与心理学史研究的进展［J］.心理学报，1991（1）.

［131］陈炳辉.后马克思主义与西方马克思主义［J］.厦门大学学报（哲学社会科学版），2007（5）.

［132］陈大柔.国际上心理学辩证理论探索的兴起［J］.心理科学通讯，1982（4）.

［133］陈大柔.马克思与当代西方心理学［J］.心理学探新，1983（1）.

［134］陈新夏.马克思主义人的发展理论形成和发展的文本溯源［J］.马克思主义理论学科研究，2020（5）.

［135］陈学明.论西方马克思主义的当代意义：从与后现代主义对立的视角看［J］.复旦学报（社会科学版），2003（4）.

［136］迟延萍，霍涌泉.试论理论心理学及其应用价值［J］.心理学探新，2008（2）.

［137］单传友.中国马克思主义哲学话语体系的百年探索［J］.新华文摘，2021（15）.

［138］丁学良.马克思的"人的全面发展观"概览［J］.中国社会科学，1983，（3）

［139］段忠桥.20世纪70年代以来英美的马克思主义研究［J］.中国社会科学，2005（5）.

［140］费多益.个人同一性：融贯的经验重构［J］.中国社会科学，2021（8）.

［141］费多益.认知研究的现象学趋向［J］.哲学动态，2007（6）.

［142］费多益.同中之异：心智的表观遗传视角［J］.自然辩证法通讯，2014（6）.

［143］冯鹏志.重温《自然辩证法》与马克思主义科技观的当代建构［J］.哲学研究，2020（12）.

［144］龚浩然.六十年代以来苏联心理学的发展［J］.中国社会科学，

1987（5）.

［145］顾海良.打牢马克思主义学科建设的根基［J］.求是，2015（8）.

［146］韩秋红.生态学马克思主义解放理论批判［J］.马克思主义研究，2021（2）.

［147］郝宁湘.计算哲学：21世纪科学哲学的新趋向［J］.自然辩证法通讯，2003（6）.

［148］兹瓦特.自然辩证法：一个富有生机的研究主题——纪念弗里德里希·恩格斯（1820—2020）（英文）［J］.自然辩证法通讯，2020（12）.

［149］胡万年，叶浩生.中国心理学界具身认知研究进展［J］.自然辩证法通讯，2013（6）.

［150］胡志刚，王贤文，刘则渊.库恩《科学革命的结构》被引50年［J］.自然辩证法通讯，2014（4）.

［151］华南师范大学心理学团队.基于马克思主义实践观的学习心理理论体系的构建：华南师范大学阮镜清心理学团队的贡献［J］.华南师范大学学报（社会科学版），2019（6）.

［152］荆其诚，张航.时代精神与当代心理学［J］.心理科学进展，2005（2）.

［153］格根，王波.历史与关系：社会建构论的社会建构：与肯尼斯·格根教授的对话［J］.国外社会科学，2016（5）.

［154］乐国安.评现代认知心理学［J］.中国社会科学，1990（5）.

［155］乐国安.评现代认知心理学中的计算机类比［J］.哲学研究，1984，（11）.

［156］李恒威，黄华新."第二代认知科学"的认知观［J］.哲学研究，2006（6）.

［157］李建会，于小晶."4E+S"：认知科学的一场新革命？［J］.哲学研究，2014（1）.

［158］李其维."认知革命"与"第二代认知科学"刍议［J］.心理学报，2008（12）.

［159］李昕桐.马克思实践概念的经验完整性意蕴［J］.哲学研究，2021（5）.

［160］李养林.对马克思主义心理学的有益探索：刘泽如"两个决定、两个辩证发展"理论简介［J］.陕西师范大学学报（哲学社会科学版），1983（2）.

［161］李越.马克思的自我实现观点与人本主义心理学的自我实现［J］.陕西师范大学学报（哲学社会科学版），1998（3）.

［162］梁军，陈学琴.新科技革命视野下科学与人文融合发展的世界图景：《自然辩证法》及其理论范式的再思考［J］.自然辩证法通讯，2020（12）.

［163］林崇德."顶天立地"的中国心理学，明天会更美好![J].心理科学，2011（1）.

［164］林方.马克思主义和人本心理学［J］.心理学报，1982（2）.

［165］林仲贤，赵莉如.中国心理举会七十年发展史略［J］.心理学报，1992（2）.

［166］刘金忠，孟维杰.从"无身"到"有身"：认知观的逻辑线索与检讨［J］.自然辩证法通讯，2016（2）.

［167］刘晓力.当代哲学如何面对认知科学的意识难题[J].中国社会科学，2014（6）.

［168］刘晓力.认知科学研究纲领的困境与走向［J］.中国社会科学，2003（1）.

［169］刘泽如.马克思论心理学［J］.心理学探新，1983（1）.

［170］马胜祥，周景辉，李佳健.中国经济心理学的现状与出路：关于心理学在中国经济学领域应用性研究的思考［J］.心理科学，2008（1）.

［171］马文驹，王承璐.马克思主义哲学与心理学方法论［J］.心理科学通讯，1983（2）.

［172］倪梁康.意识现象学与无意识研究的可能性［J］.中国社会科学，2021（3）.

［173］倪梁康．意识作为哲学的问题和科学的课题［J］．自然辩证法通讯，2019（10）．

［174］欧阳谦．文化哲学的当代视域及其理论建构［J］．社会科学战线，2019（1）．

［175］潘菽．《马克思主义与心理学》一书序言［J］．心理学探新，1987（2）．

［176］潘菽．略论心理学的科学体系［J］．中国社会科学，1986（4）．

［177］潘菽．论心理学基本理论问题的研究［J］．心理学报，1980（1）．

［178］潘菽．面临着新时期的我国心理学［J］．心理学报，1979（1）．

［179］钱兆华．皮亚杰建构学说与马克思主义认识论的比较研究［J］．辽宁大学学报：哲学社会科学版，1999（4）．

［180］陕西师范大学教育系心理学教研室．中国心理学三十年［J］．心理学报，1979（3）．

［181］邵华，郝思哲．美好生活的生态心理学思考［J］．自然辩证法通讯，2019（6）

［182］史烨．对马克思主义心理学的有益探索：《马克思主义与心理学》审读札记［J］．心理学探新，1987（2）．

［183］孙利天，常羽菲．实践：中西马哲学会通的理论结点［J］．社会科学战线，2021（5）．

［184］王波．马克思主义哲学与批判心理学前沿进展［J］．南京大学学报（哲学·人文科学·社会科学），2014（3）．

［185］王波．中国马克思主义心理学研究的再思考［J］．马克思主义研究，2018（4）．

［186］王冬晓．回顾与展望：马克思主义与文化心理学［J］．马克思主义哲学研究，2016（1）．

［187］王景和，林方，陈大柔，等．马克思与心理学：纪念马克思逝世一百周年［J］．心理学报，1983（2）．

［188］王立胜．中国马克思主义哲学何以可能［J］．哲学研究，2021（7）．

［189］王启康.加强马克思主义的指导,开创心理学发展的新局面［J］.心理学探新,1983(4).

［190］王振武.认识定义新探［J］.哲学研究,1986(4).

［191］魏萍.西方马克思主义心理学对适应力研究的质疑与反思［J］.内蒙古社会科学(汉文版),2015(3).

［192］奚彦辉,李建珊.西方科学心理学研究述评［J］.自然辩证法通讯,2015(4).

［193］谢伟.从尼斯比特等人的研究看认知心理学的发展［J］.西南交通大学学报(社会科学版),2008(6).

［194］徐世京.马克思关于思维心理学的重要原理［J］.心理科学通讯,1983(3).

［195］徐瑜霞."事"中成己:主体性建构与物象化的内在性反思［J］.哲学研究,2021(6).

［196］薛蓉.弗罗姆的社会心理学批判［J］.现代哲学,2007(3).

［197］颜中军.试论弗雷格的反心理主义逻辑观［J］.自然辩证法研究,2008(8).

［198］燕国材.中国心理学的过去、现在与未来［J］.心理学探新,2006(3).

［199］杨文登,丁道群.马克思主义实践哲学视域中的心理学研究［J］.中南大学学报(社会科学版),2009(3).

［200］杨文登,叶浩生.心理学中的生物决定论探析［J］.自然辩证法通讯,2009(1).

［201］杨玉芳.中国心理学研究的现状与展望［J］.中国科学基金,2003(3).

［202］姚介厚."后现代"问题和后现代主义的哲学与文化［J］.国外社会科学,2001(5).

［203］叶冬娜.理论应然与实践必然:人与自然、科学与人文的新对话［J］.自然辩证法通讯,2020(10).

［204］叶浩生，杨文登.理论心理学：概念与展望［J］.中国科学院院刊，2012（S1）.

［205］叶浩生，曾红，杨文登.生成认知：理论基础与实践走向［J］.心理学报，2019（11）.

［206］叶浩生.社会建构论与心理学理论的未来发展［J］.心理学报，2009（6）.

［207］叶浩生.试论心理学的分裂与整合［J］.自然辩证法通讯，1998（4）.

［208］叶浩生.试析现代西方心理学的文化转向［J］.心理学报，2001（3）.

［209］张江.阐释与自证：心理学视域下的阐释本质［J］.哲学研究，2020（10）.

［210］张军，安维复.马克思主义作为科学哲学在国外的历史与现状［J］.自然辩证法通讯，2021（3）.

［211］张侃.我国心理学的现状与发展对策［J］.心理与行为研究，2003（2）.

［212］张之沧.西方马克思主义伦理思想研究［J］.马克思主义与现实，2010（2）.

［213］赵璧如.马克思关于实践活动的学说和心理学［J］.心理学探新，1983（1）.

［214］赵国友.审视马克思主义永不褪色的历史地位及当代价值：兼评"千年思想家"评选活动及西方各种社会主义思潮［J］.中共中央党校学报，2010（2）.

［215］赵卫.对马克思关于"人的全面发展"涵义的重新理解［J］.哲学研究，1990（4）.

［216］赵玉兰.《德意志意识形态》百年文献学研究的逻辑、主题与启示［J］.哲学研究，2021（4）.

［217］中国心理学六十年的回顾与展望：纪念中国心理学会成立六十周年［J］.心理学报，1982（2）.

［218］钟年.中文语境下的"心理"和"心理学"［J］.心理学报,2008（6）.

4.报纸

［219］陈妍秀.开放科学对心理学理论发展的意义［N］.中国社会科学报,2021-06-03.

［220］贺来.马克思哲学的理论探索对新文科建设的启示［N］.光明日报,2021-02-22.

［221］林崇德.中国心理学的三十年［N］.光明日报,2008-12-07.

［222］刘将,葛鲁嘉.阿德勒个体心理学受马克思影响［N］.中国社会科学报,2016-06-27.

［223］麻彦坤,李婷.维果茨基心理学倡导马克思主义方法论逻辑［N］.中国社会科学报,2021-07-22.

［224］王波,李惠雅.恩格斯的心理学思想及其时代价值［N］.中国社会科学报,2021-07-08.

［225］杨飒.心理学何以成为科学［N］.光明日报,2021-04-01.

英文参考文献

［1］AMBADY N. Culture, Brain, and Behavior［M］//GELFAND M J, CHIU C, HONG Y. Advances in Culture and Psychology. Oxford: Oxford University Press, 2011.

［2］YASNITSKY A. A History of Marxist Psychology: The Golden Age of Soviet Science［M］.New York: Taylor and Francis, 2020.

［3］ENGEL P, KOCHAN M. The Norm of Truth: An Introduction to the Philosophy of Logic［M］. Toronto: University of Toronto Press, 1991.

［4］FEIGENBAUM P. What Makes Vygotsky's Theory of Psychology a Marxist Theory?［M］//Vygotsky and Marx.Lodon: Routledge, 2017.

［5］GERGEN K. The Saturated Self: Dilemmas of Identity in Contemporary Life［M］. New York: Basic Books, 1991.

［6］GERGEN M. Feminist Reconstructions in Psychology: Narrative, Gender, and Performance［M］. Thousand Oaks: Sage Publications, 2001.

［7］HIBBERD F J. Unfolding Social Constructionism［M］. New York: Springer Science & Business Media, 2006.

［8］HOWARD H. Neuromimetic Semantics［M］. Amsterdam: Elsevier Science B.V, 2004.

［9］ISRAEL J. Alienation: From Marx to Modern Sociology A Macrosociologicalanalysis［M］. Boston: Allyn & Bacon, 1971.

［10］JACQUETTE D. Boole's Logic［M］//GABBAY D M, WOODS J.North-Holland: Handbook of the History of Logic, 2008.

［11］JACQUETTE D. Philosophy, Psychology, and Psychologism: Critical and Historical Readings on the Psychological Turn in Philosophy［M］. Netherlands: Springer Netherlands, 2003.

［12］ROCHE J. Marxism, Psychology and Social Science Analysis［M］. London: Routledge, 2018.

［13］LAINE-FRIGREN T. Marxist Influences in Psychology［M］Oxford: Research Encyclopedia of Psychology, 2020.

［14］MARTIN J. Palgrave Studies in the Theory and History of Psychology［M］. London: Palgrave Macmillan, 2014.

［15］NICOLSON P. Feminism and Psychology［M］//SMITH J A, HARRE R, LANGENHOVE L. Rethinking Psychology. London: Sage Publications, 1995.

［16］NOTTURNO M A. Perspectives on Psychologism［M］.Netherlands: Brill, 1989.

［17］O' NEILL N. Marxism and Psychology［M］//Marxist Sociology Revisited. London: Palgrave Macmillan, 1985.

［18］PARKER I. Critical Discursive Psychology［M］.London: Palgrave Macmillan, 2002.

［19］PARKER I. Revolution in Psychology: Alienation to Emancipation［M］. London: Pluto Press, 2007.

［20］PECHER D, BOOT I, VAN DANTZI S. Abstract Concepts: Sensory-Motor Grounding, Metaphors, and Beyond［M］//ROSS B H. Psychology of Learning and Motivation. New York: Academic Press, 2011.

［21］SCHNEIDER K J. The Handbook of Humanistic Psychology［M］. Lodon: Sage Publications, 2014.

［22］SEARLE J. Minds, Brain and Science［M］. Cambridge: Harvard University Press, 1984.

［23］TEO T.Varieties of Theoretical Psychology［M］.Concord, ON: Captus University Publications, 2019.

［24］TOASSA G, ASBAHR FD S F, Souza M P RD. The Golden Age of Soviet Psychology in the Mirror of Contemporary Marxist Psychology in Brazil［M］//A History of Marxist Psychology.London: Routledge, 2020.

［25］WOLFENSTEIN E V. Psychoanalytic-Marxism: Groundwork［M］. New York: Guilford Press, 1993.

［26］BRAUM C M J. The Marxist Categories of the "Abstract" and "Concrete" and the Cultural-Historical School of Psychology［J］. Multidisciplinary Newsletter for Activity Theory, 1991（4）.

［27］COHEN S, JOHNSON R, WEST R. Marxist Psychology in America: A Critique［J］. Science & Society, 1957（1）.

［28］COR R, PHILIP J. The Biological Mind: How Brain, Body, and Environment Collaborate to Make Us Who We Are［J］. The Psychologist, 2018（1）.

［29］DRURY J. What Critical Psychology can't do for the "Anti-Capitalist Movement"［J］. Annual Review of Critical Psychology, 2003（3）.

［30］ESKOLA A. The Legacy of Marxist Influences in Finnish Psychology［J］. Nordisk Psykologi, 1992（2）.

［31］GAO Z P. Forging Marxist Psychology in China's Cold War Geopolitics, 1949 - 1965. ［J］.New York: History of Psychology, 2019（4）.

［32］GERGEN K J. Psychological Science in a Postmodern Context［J］. American Psychologist, 2001（10）.

［33］GOERTZEN J R. Dialectical Pluralism: A Theoretical Conceptualization of Pluralism in Psychology［J］. New Ideas in Psychology, 2010（2）.

［34］HEZEWIJK R V. The Century of Theoretical Psychology［J］. Theory & Psychology, 2000（1）.

［35］HOLZKAMP I. On Doing Psychology Critically［J］. Theory & Psychology, 1992（2）.

［36］HOOK D. A Critical Psychology of the Postcolonial［J］. Theory & Psychology, 2005（4）.

［37］JACQUETTE D. Psychologism Revisited in Logic, Metaphysics, and Epistemology［J］. Metaphilosophy, 2001（3）.

［38］JORNE T. Vygotsky and Marx: Towards a Marxist Psychology［J］. Mind, Culture, and Activity, 2018（3）.

［39］JOST L J, JOST J T. Why Marx Left Philosophy for Social Science［J］. Theory &Psychology, 2007（2）.

［40］KASHIMA Y, BAIN P G, PERFORS A . The Psychology of Cultural Dynamics: What Is It, What Do We Know, and What Is Yet to Be Known?［J］. Annual Review of Psychology, 2019, 70（1）.

［41］KOZULIN A. The Concept of Activity in Soviet Psychology: Vygotsky, his Disciples and Critics［J］. American Psychologist, 1986（3）.

［42］LEONTEV A N. The Problem of Activity in the History of Soviet Psychology ［J］. Soviet Psychology, 1989（1）.

［43］MARTIN J. Review of Problems of Theoretical Psychology［J］. Canadian Psychology/Psychologie Canadienne, 1999（3）.

［44］MARTIN J. What can Theoretical Psychology do? ［J］. Journal of Theoretical and Philosophical Psychology, 2004（1）.

［45］MATHER R. Hegemony and Marxist Psychology［J］. Theory & Psychology, 2003（4）.

［46］MELANCHOLIC T. Anti-Capitalism［J］. Annual Review of Critical Psychology, 2003（1）.

［47］MILLER J G. Taking Culture Into Account in Social Cognitive Development ［J］. Psychology & Developing Societies, 1997, 9（1）.

［48］MORROW S L. Qualitative Research in Counseling Psychology: Conceptual Foundations［J］. The Counseling Psychologist, 2007（2）.

［49］MUTHUKRISHNA M , HENRICH J , SLINGERLAND E . Psychology as a Historical Science［J］. Annual Review of Psychology, 2021（72）.

［50］NORD W A. Marxist Critique of Humanistic Psychology［J］. Journal of Humanistic Psychology, 1977（4）.

［51］PARKER I. Critical Psychology and Revolutionary Marxism［J］. Theory & Psychology, 2009, 19（1）.

［52］PARKER I. Introduction: Marxism, Ideology, and Psychology［J］. Theory & Psychology, 1999, 9（3）.

［53］PARKER I. Marxism & Psychology Conference-2010［J］. Psychology in Society, 2010（39）.

［54］PARKERI. Critical Psychology: Critical Links［J］.Annual Review of Critical Psychology, 1999（1）.

［55］PEDERSEN P B. Multiculturalism and the Paradigm Shift in Counseling: Controversies and Alternative Futures［J］. Canadian Journal of Counseling, 2001（1）.

［56］PLÉH C. Two Versions of Marxist Concrete Psychology: Politzer and Mérei Compared［J］. History of Psychology, 2021（1）.

［57］PULVERMVLLER F. Brain Mechanisms Linking Language and Action［J］.

Nature Reviews Neuroscience, 2005, 6（7）.

　　[58] RUBINŠTEJN S L, BLAKELEY T J. Problems of Psychology in the Works of Karl Marx [J] . Studies in Soviet Thought, 1987（2）.

　　[59] SLIFE B D, WILLIAMS R N. Toward a Theoretical Psychology: Should a Subdiscipline be Formally Recognized? [J]American Psychologist, 1997, 52（2）.

　　[60] SOKOLOVA E. How AN Leontiev Revived Spinozism in Marxist Psychology, or On the Implicit Philosophical Basis of the Theory of Activity [J] . Psychology Journal of Higher School of Economics, 2019（4）.

　　[61] TEO T. Marxist Psychologists: Bald Intellectuals, Officials of Truth or Revolutionaries? [J] . Theory & Psychology, 1999（3）.

　　[62] VERESOV N N. Marxist and Non-Marxist Aspects of the Cultural-Historical Psychology of LS Vygotsky [J] . Psychology Review, 2010（1）.

　　[63] YANG W, YE H. Methodological Implications of Marxist Practical Philosophy for Psychology: A Perspective From China [J] . Theory & Psychology, 2013（3）.

　　[64] ANTHONY S. Australian Marxist Review [C] .Sydney: Conference in Critical Psychology, 1999.

附录：国内外马克思主义心理学发展大事记

1909年3月，阿德勒《论马克思主义心理学》，这是心理学家首次提出马克思主义心理学。

1918年，阿德勒《布尔什维主义与心理学》发表于《国际评论》（*Internationale Rundschau*）。

1923年，苏联心理学家科尔尼洛夫发表《现代心理学与马克思主义》一书，首次提出要自觉地在马克思主义基础上建立心理学。随后，莫斯科出版《心理学与马克思主义（文集）》和科尔尼洛夫的《从辩证唯物主义的观点阐释的心理学教科书》等著作。他们根据马克思主义的基本原理，提出了苏联心理学的主要原则，如"心理是人脑的特性和机能""心理具有反映环境的功能""动物和人的心理有本质的区别""个性原则""决定论原则"，等等。但是，总体说来这个阶段的研究还是较为朴素的、粗略的，主要停留在一般的概念解释上。随后，苏联的许多著名心理学家对马克思主义心理思想进行了比较系统深入的研究，确立了马克思主义在心理学研究中的核心地位。

20世纪20年代末，弗洛伊德也在其著作中，阐述了自己对待马克思主义关于人、所有制形式的学说以及科学共产主义思想的态度，他认为他的心理分析理论在许多方面与马克思主义理论并不矛盾。

1925年，康斯坦丁·科尔尼洛夫《现代心理学和马克思主义》。

1929年，瓦伦丁·沃洛希诺夫《马克思主义与语言哲学》。

1929年，波利策在《评论具体心理学》一文中，明确指出他已从"心理学的"和哲学的人本主义转变到包含历史唯物主义的人的本质的科学概念上来。他一生自始至终强调要在马克思的辩证唯物主义和历史唯物主义的指导下建设个性心理学。

1934年，鲁宾斯坦出版《马克思著作中的心理学问题》。

1934年，郭一岑编译巴甫洛夫、科尔尼洛夫和别赫捷列夫的论文，以题名《苏俄新兴心理学》一书出版，这是中国介绍苏联心理学较早的一本译著。

1935年，埃里希·特伦姆特罗茨基《流亡日记》。

1937年，郭一岑出版的《现代心理学概述》是我国较早用马克思主义哲学指导研究心理学和心理学史的著作。

1938年，波利策《法国和马克思主义》。

1946年，瓦隆《辩证唯物主义和心理学》。

1961年，弗洛姆《马克思论人》。

1969年，塞夫《马克思主义与人格理论》。

1975年，扎佐《心理学与马克思主义：亨利·瓦隆的生平与工作》。

1976年，里格尔《辩证心理学宣言》。

1977年，塞夫和克莱门特《马克思主义对精神分析理论的批判》。

1978年，塞夫《马克思主义理论中的人与人格心理学》。

1977年，塞夫和克莱门特《马克思主义对精神分析理论的批判》。

1978年，塞夫《马克思主义理论中的人与人格心理学》。

1980年，塞夫《马克思主义哲学导论》。

1982年，帕瑞克《马克思思想的理论体系》。

1982年，巴斯《辩证法心理学》。

1983年，佩切克斯《重新思考意识形态：马克思主义的辩论》。

1985年，亨利·德·曼、伊顿·保罗、希德尔·保罗、彼得·斯坦伯格《马克思社会主义心理学》。

1988年，佩切克斯《话语：结构还是事件？马克思主义和文化的解释》。

1993年，沃芬斯滕《精神分析马克思主义：基础》。

1997年，伊瓦内斯和伊尼格斯《社会马克思主义心理学》。

2000年后，又出现了以英国批判心理学家帕克为主要倡导者的国际马克思主义与心理学组织（Marxism Psychology Research Group，简称 MPRG），在该组织中，马克思主义已成为哲学、社会科学、历史学等人文学科的学术准则中重要而且被认同的组成部分。

2002年，本赛德《马克思对我们时代的意义：批判的利弊》。

2004年，塞夫《马克思和我们》。

2004年，塞夫《今天和马克思一起思考》。

2006年，拉特纳《文化心理学：心理功能和社会改革的视角》。

2007年，帕克《心理学的革命：从异化到解放》。

2010年，8月在加拿大爱德华王子岛大学召开首届国际马克思主义与心理学大会。

2012年，8月在墨西哥的墨雷利亚召开第二届国际马克思主义与心理学大会。

2017年，大卫·帕文－奎拉尔《马克思主义与精神分析：反对还是反对心理学？》。

2017年，彼得·费根鲍姆《维果茨基和马克思——是什么让维果茨基的心理学理论成为马克思主义理论？》。

2020年，安东·亚斯尼茨基《马克思主义心理学史——苏联科学的黄金时代》。

后 记

积极推进马克思主义与心理学研究的融合，是作为兼有自然科学与社会科学双重属性的现代重要学科之一的心理学面临的一项重要任务。近十年来，国内外心理学研究的一个发展趋势是重新重视对心理学重要理论性知识的贡献，并崛起了理论心理学这一新的学科分支。这一新的学科分支一方面延续了心理学的基本理论与历史研究的优良传统，另一方面积极运用新的科学研究范式促进心理学理论研究的深化发展。马克思主义心理学研究取向已汇成理论心理学的重要组成部分。

理论心理学是陕西师范大学心理学传统的研究方向，前辈学者刘泽如先生、杨永明老师、方俊明老师、郭祖仪老师等学者在国内学术界享有盛誉。目前我校心理学院的研究团队本着"延续传统，开拓创新"的学术宗旨，近年来在这一领域又取得了新的标志性成果，争取到了教育部人文社会科学项目、国家社会科学基金项目，在《心理学报》《心理科学》《教育研究》和国际理论心理学顶级刊物 *Theory&Psychology*、*History of Psychology* 杂志上发表了高水平论文，许多论文被全国社会科学基金办公室、人民网、光明网、中央党校网、人大复印资料等媒体转载，出版了《心理学理论价值的再发现》（中国社会科学出版社，2009）、《现代心理学基本理论研究》《新中国心理学发展史研究》（科学出版社，2015）等专著，参与了荣获教育部人文社会科学一等奖的车文博先生主编的《中外心理学思想比较研究》、叶浩生教授主编的国家精品教材奖和大百科全书心理学理论分卷编著等重要工作。获得了3项省哲学社会科学优秀成果二等奖、省高校人文社会科学一等奖等奖项。同时，积极参加国际马克思主义心理学研究会组织的学术活动。

本专著以国家社会科学基金后期资助项目为依托，坚持"马学为体，西学为用，一导多元，综合创新"的原则，以当前心理学研究的主要时代潮流为探讨重点，研究马克思主义与心理学理论的当代形态建构问题，具有重要的学术价值与现实针对性。心理学是科学，马克思主义自身的科学性，同样也是心理学理论中的根本问题。心理学的研究需要马克思主义。同样，马克思主义的科学研究中也十分需要心理学，因为凡是科学都必须建立在唯物论和辩证法的理论基础之上，只有马克思主义理论才是唯物论和辩证法兼而有之的科学。当前，我国自然科学、哲学社会科学的主要学术研究发展目标是：融入国际学科体系，打造中国特色的学科体系、学术体系、话语体系这"三大体系"，为世界做出中国人应有的贡献。而要把包括我们中国心理学在内的科学与理论研究推向新的层次和高度，仍然离不开坚持马克思主义的道统、学统与知识谱系统，进一步加强马克思主义研究的时代性与现实针对性。提升当前心理学前沿理论研究的新境界、思想高度及深度。坚持"多元一体"的方法论立场，强调在全球化视野内反思和探索心理学未来发展的模式，就不能不借鉴马克思主义的精神资源。

　　这一专著的出版得到了许多专家学者和我们单位学科建设的扶助。特别感谢我的导师叶浩生教授拨冗撰写了序言，感谢陕西师范大学心理学院几任领导游旭群教授、王振宏教授、何宁教授、杨剑锋教授等学者的积极支持。同时本书也凝聚了集体的心血汗水。以上各章撰写和修改完善者是我和我的老师及博士生们完成的，其中第三章前三节是郭祖仪、杨卓，第四节是康彬、李翔宇，第四章是刘佳、周俊，第五章是王静、杨雪婷。繁重的统稿工作由王静博士完成。鉴于本研究的难度，其中存在的问题主要由我和王静来负责。幸逢太平年代，还可以做好多事情。

作者于古城西安

2023 年 7 月 19 日